Technikeinsatz und Verlagerungsprozesse in Unternehmensnetzwerken

Jessica Longen

Technikeinsatz und Verlagerungsprozesse in Unternehmensnetzwerken

Die Organisation von Callcenter-Dienstleistungen in Deutschland

Jessica Longen
Darmstadt, Deutschland

Dissertation an der Technischen Universität Darmstadt (D 17), 2012

ISBN 978-3-658-08480-6   ISBN 978-3-658-08481-3 (eBook)
DOI 10.1007/978-3-658-08481-3

Die Deutsche Nationalbibliothek verzeichnet diese Publikation in der Deutschen Nationalbibliografie; detaillierte bibliografische Daten sind im Internet über http://dnb.d-nb.de abrufbar.

Springer VS
© Springer Fachmedien Wiesbaden 2015
Das Werk einschließlich aller seiner Teile ist urheberrechtlich geschützt. Jede Verwertung, die nicht ausdrücklich vom Urheberrechtsgesetz zugelassen ist, bedarf der vorherigen Zustimmung des Verlags. Das gilt insbesondere für Vervielfältigungen, Bearbeitungen, Übersetzungen, Mikroverfilmungen und die Einspeicherung und Verarbeitung in elektronischen Systemen.
Die Wiedergabe von Gebrauchsnamen, Handelsnamen, Warenbezeichnungen usw. in diesem Werk berechtigt auch ohne besondere Kennzeichnung nicht zu der Annahme, dass solche Namen im Sinne der Warenzeichen- und Markenschutz-Gesetzgebung als frei zu betrachten wären und daher von jedermann benutzt werden dürften.
Der Verlag, die Autoren und die Herausgeber gehen davon aus, dass die Angaben und Informationen in diesem Werk zum Zeitpunkt der Veröffentlichung vollständig und korrekt sind. Weder der Verlag noch die Autoren oder die Herausgeber übernehmen, ausdrücklich oder implizit, Gewähr für den Inhalt des Werkes, etwaige Fehler oder Äußerungen.

Gedruckt auf säurefreiem und chlorfrei gebleichtem Papier

Springer Fachmedien Wiesbaden ist Teil der Fachverlagsgruppe Springer Science+Business Media
(www.springer.com)

Geleitwort

Jessica Longen hat sich in der vorliegenden Studie einem in Deutschland bislang von der Soziologie kaum untersuchten Bereich der gesellschaftlichen Arbeit zugewandt, nämlich den Arbeitsprozessen und der Organisation von Callcentern. Sie integriert dabei Ansätze und Ergebnisse der Arbeits-, Industrie- und Organisationssoziologie, der Techniksoziologie, der Netzwerkforschung sowie der Untersuchungen zur Globalisierung und zu multinationalen Unternehmen. Zudem fügt sie die Ergebnisse ihrer eigenen empirischen Erhebung – in Form qualitativer Interviews und Fallstudien in der Callcenterbranche – mit den Erkenntnissen aus der bisherigen Forschung zusammen, so dass insgesamt ein differenziertes und in sich stimmiges Bild des Untersuchungsfelds der Callcenter-Dienstleistungen entsteht.

Frau Longen präzisiert den Zusammenhang zwischen der Nutzung von Technik und Verlagerungsprozessen von Arbeit als ihre Problemstellung. Sie geht von der Hypothese aus, dass auch technisierte bzw. informatisierte Arbeiten an lokale Kontexte und soziale Zusammenhänge gebunden bleiben. Sie geht dieser Frage mittels der Integration organisations- und techniksoziologischer Konzepte – deren jeweilige Einseitigkeit sie kritisiert – nach und folgt dabei den Überlegungen von Orlikowski zur „Dualität der Technik" (1992), d.h. der These eines bidirektionalen Zusammenhangs, innerhalb dessen sich Technik und Organisation wechselseitig beeinflussen und deswegen zu nicht eindeutigen Entwicklungstendenzen zusammenfließen. Dieses duale Konzept verwendet sie für ihre Analyse der Nutzung von IuK-Technologien und der Gestaltung von Netzwerken. Die Verfasserin betont entsprechend, dass Callcenter immer in Bezugssysteme eingeordnet, „Knoten in Netzwerken" sind und ihre Dienstleistungen immer innerhalb organisationaler Netzwerke erbracht werden. Sie verdeutlicht ferner, dass es erhebliche nationalkulturelle Unterschiede in deren Organisation gibt. Ihre Gemeinsamkeit ist, dass sie auf dem Einsatz von IuK-Technologien basieren, d.h. es wird dort informatisierte Kommunikationsarbeit oder „eWork" (Huws 2006) geleistet.

Die Autorin setzt sich kritisch mit der vorherrschenden These der technikinduzierten Verlagerung auseinander und weist darauf hin, dass die Tendenz zum Outsourcing und Offshoring weltweit keineswegs eindeutig ist. Die Unternehmensentscheidungen über solche Verlagerungen sind i.d.R. Abwägungen des relativen Gewichts einer Vielzahl von Kriterien und Gründen (Lohnkosten, Transaktionskosten, Produktivität, Verfügbarkeit von Fachpersonal, Zugang zu Wissen, Kontrollfragen), die für oder gegen die räumliche Veränderung sprechen. Dazu kommen weitere günstige oder ungünstige Voraussetzungen wie Modularität von Prozessen, Standardisierung, Spezifizierung, Dokumentation und Formalisierung von Aufgaben, das Vorhandensein von Erfahrungen und Lernprozessen, die Beteiligung der Beschäftigten. Es wird deutlich, dass für die Branche in Deutschland Offshoring kaum eine Rolle spielt, dagegen Outsourcing bedeutsam ist. Letzteres geschieht meist mit klar abgrenzbaren Dienstleistungen. Dagegen werden komplexere Vorgänge, z.b. bei Finanzdienstleistern oder Fluggesellschaften, i.d.R. durch Inhouse-Callcenter bearbeitet.

Die Interaktion von Macht und Expertise werden für Outsourcing- und Netzwerkbeziehungen als prägend angesehen, dagegen scheinen vertrauensvolle und etablierte Beziehungen nur eine geringe Rolle zu spielen. Während sich im englischsprachigen Bereich in nennenswertem Umfang Offshoring findet, dominiert im deutschsprachigen Bereich – auch wenn es insgesamt selten ist – das Nearshoring, vor allem nach Ostmitteleuropa. Es ist zudem weitgehend auf multinational agierende Unternehmen begrenzt. Insgesamt macht diese Analyse die wichtige Rolle von bestehenden Kontexten für die Standortwahl sichtbar. IuK-Technologien ermöglichen zwar die räumliche Verlagerung, üben aber selbst keinen Druck in eine bestimmte organisatorische Richtung aus; rein technologisch motivierte Projekte scheiterten daher auch meist.

Die Verfasserin erläutert den inneren Zusammenhang zwischen netzwerktheoretischen und akteursorientierten Zugängen. Sie hebt hervor, dass es dabei immer um Verteilungen von Kontrolle und Macht geht. Die Typologisierung von Netzwerken bietet jedoch keine Hilfe für das Verständnis des Technikeinsatzes in den Organisationen. Sie geht deshalb der Frage nach, was denn für Unternehmen die Motive sind, sich in Netzwerken zu organisieren. Auch hier wird eine Vielfalt möglicher Konstellationen sichtbar, wobei für die konkrete Entscheidung vor allem die eigene Entwicklung, die „Pfadabhängigkeit", zählt. An multinationalen Unternehmen wird schließlich das Nebeneinander von kollektiven Akteuren in weiträumigen Netzwerken und bleibenden glokalen Kontexten deutlich; sie sind ein Netz im Netz und unterliegen einer Vielzahl von Rationalitäten, Vorgehensweisen, aber auch Bedrohungen.

Zum Verhältnis von Technik und Netzwerkorganisation findet die Autorin weder in der Technik- noch in der Netzwerkforschung viel an brauchbaren Anknüpfungspunkten. Sie kann aber eine ganze Reihe von Anhaltspunkten und Einzelbelegen für die wechselseitige Strukturierung von Netzwerkorganisation und IuK-Technologien zusammentragen. Im Hinblick auf die Technikanbieter lässt sich zeigen, dass deren Angebote sich weder in der Software noch im Service groß unterscheiden; die Differenz entsteht eher durch Unterschiede in der Technikverwendung. Zudem wird deutlich, dass als weitere Akteure die IT-Dienstleister, IT-Provider und die Unternehmensberatungen jeweils mitgestaltenden Einfluss nehmen. Ferner wird sichtbar, dass diese unterschiedlichen Funktionen sich bei vielen Organisationen überschneiden und nicht klar zu trennen sind. Stattdessen zeigt die genauere Analyse, dass paradoxe Effekte wie Kontrollverlust oder Hyperkomplexität durch erhöhten Organisationsaufwand gemildert werden sollen, im Ergebnis aber diese Effekte verstärken. Ähnliche Effekte treten durch die Aufgabenteilung zwischen unterschiedlichen internen und externen Einheiten auf. Die Konsequenz ist oft eine stark segmentierte Nutzung verschiedener IuK-Technologien.

Frau Longen bringt dann den Technikeinsatz mit seinen organisatorischen Komplementen und die räumliche Restrukturierung in Unternehmensnetzwerken zusammen, um – vor allem auf Basis der eigenen Fallstudien – daraus ein Gesamtbild zu formen. Es wird deutlich, dass die Einbettung der callcenterspezifischen Technologien in das Gesamtunternehmen eine wichtige Rolle spielt, aber zwischen den Unternehmen erheblich variiert. Insgesamt ist die organisatorische Prägung stärker als die technische. „Zusammenfassend bleibt festzuhalten, dass sich in den meisten Fallstudien durchaus ein Einfluss multinationaler Konzernstrukturen auf eine Nutzung von IuK-Technologien zeigt, die mit einer Veränderung der räumlichen Bezüge der Organisation von Arbeit einhergeht. Jedoch bleiben die Einflüsse multinationaler Konzernstrukturen zumeist auf das eigene Unternehmen begrenzt." Die Autorin kommt zu dem Ergebnis, „dass sich in Unternehmensnetzwerken – vermittelt durch die Handlungen der (kollektiven) Akteure – internationale, nationale, regionale und lokale Bezugsrahmen auch im Hinblick auf den Einsatz callcenterspezifischer Technologien auswirken." Sie sieht die weitere Selbstbedienung und Automatisierung (vor allem durch Spracherkennung) als wahrscheinlichere Alternative zu wachsendem Offshoring. Trotzdem bleibt aber das Erfordernis der menschlichen Bearbeitung nicht-standardisierter Probleme und Anfragen.

Frau Longen betont den nur losen Zusammenhang zwischen Verlagerungsprozessen und dem Einsatz der IuK-Technologien; vielmehr müsse man eine ganze Reihe anderer organisatorischer und sozialer Faktoren mit einbeziehen, um die realen Prozesse zu verstehen. Dazu gehöre nicht zuletzt die Koproduktionstätigkeit des Kunden als „Prosumer". Ferner müsse man einen genauen Blick auf die lokalen Bindungen werfen; sie seien viel einflussreicher als die Globalisierung. Von einem globalen „Informationsraum" (Boes/Kämpf 2011) könne deshalb (noch oder prinzipiell?) keine Rede sein. Denn: „Der Technikeinsatz in den Callcentern der Fallstudien wird kaum durch ‚global' geltende Strategien und Richtlinien der Konzernzentrale, sondern vielmehr durch deren lokale

Umsetzung vor Ort gestaltet." Allenfalls wirkten lokale Vorgehensweisen innerhalb von Unternehmen vorbildhaft. Freilich erlaubt die Technik die Etablierung einer ständigen konkurrenzfördernden Vergleichssituation (interne Vermarktlichung) und ist damit ein wichtiger Faktor in Kontroll- und Machtkämpfen. Diese Verlagerungs- und Vernetzungsprozesse entwickeln jedoch ihre Eigendynamik (als Spirale). „Unternehmen werden also nicht nur jeweils durch Netzwerkbildung und Technikeinsatz mit paradoxen Effekten konfrontiert. Vielmehr heben sich die entsprechenden paradoxen Effekte nicht wechselseitig auf, sondern erfahren eine wechselseitige Verstärkung."

Mit dem Blick auf die weitere Forschung gelangt Jessica Longen zu dem Urteil, dass die soziologische Forschung, weil sie den Blick auf die soziale Einbettung von Technik und Organisation richtet, wesentlich zur weiteren Erhellung der neuen Arbeits- und Organisationsformen beitragen kann; allerdings müssten dazu die wechselseitigen blinden Flecken zwischen Technik-, Arbeits- und Organisationssoziologie ausgeräumt und verstärkt netzwerktheoretische Analysen einbezogen werden. Sie empfiehlt schließlich eine Orientierung an den realen Wertschöpfungsketten (Huws 2006), um nicht in grenzenloser Komplexität verloren zu gehen. Die Studie von Jessica Longen hat damit wegweisenden Charakter für die künftige sozialwissenschaftliche Erforschung verteilter Technik- und Organisationsstrukturen und insbesondere der sich weiterhin ausbreitenden Callcenter-Organisationen.

Darmstadt, im September 2014
Rudi Schmiede

Inhaltsverzeichnis

Abbildungs- und Tabellenverzeichnis 13

1 **Zur Einleitung: Technikeinsatz und Verlagerungsprozesse von Arbeit in Unternehmensnetzwerken am Beispiel von Callcenter-Dienstleistungen in Deutschland** **15**

2 **Methode(n) und Anlage der Studien** **21**
   2.1 Zur Auswahl der Forschungsstrategie und der -methoden 21
   2.2 Vorbereitung und Durchführung der Interviews: Gestaltung des Leitfadens, Zugang zum Feld und Sampling 24
   2.3 Die Integration von quantitativen Daten aus dem „Global Callcentre Industry Project" 27

3 **Callcenter: Entering the field** **29**
   3.1 Zur Organisation von Callcenter-Dienstleistungen in Deutschland 29
   3.2 Zu den Fallstudien in Callcentern 33
      3.2.1 Inhouse-Center 35
      3.2.2 Outgesourcte Tochterunternehmen 39
      3.2.3 Fallstudien bei Callcenter-Dienstleistern 41

4 **Die räumliche Restrukturierung von Dienstleistungsarbeit: Verlagerungsprozesse und Verstandortung von Callcenter-Dienstleistungen** **45**
   4.1 Forschungsbefunde zur Verlagerung von Dienstleistungsarbeit allgemein 45
      4.1.1 Vor der Verlagerung: Voraussetzungen und Strategien der Verlagerung von Dienstleistungsarbeit 47
      4.1.2 Während der Verlagerung: Hindernisse und Dynamiken der Verlagerung 50
      4.1.3 Internes Offshoring bei multinationalen Dienstleistungsunternehmen: Zwischen lokaler Anpassung und globaler Standardisierung 56

4.2 Zur Standortstruktur und Dynamiken räumlicher Verteilung von
Callcenter-Dienstleistungen 59
    4.2.1 Empirische Ergebnisse zu den Kriterien des Standortwahl....... 60
    4.2.2 Verstandortung in action: Auswirkungen und Dynamiken
einer räumlich verteilten Standortstruktur 65
    4.2.3 Zur räumlichen Restrukturierung von deutschsprachigen
Callcenter-Dienstleistungen in Form von Outsourcing und
Offshoring 69
4.3 Zusammenfassende Betrachtungen zur räumlichen
Restrukturierung von Dienstleistungsarbeit: Verlagerungsprozesse
und Verstandortung bei Callcentern............... 88
4.4 Bringing Technologie in I: Folgen und Funktionen des
Technikeinsatzes in Verlagerungsprozessen............... 91

5 Zur netzwerkförmigen Organisation informatisierter Arbeit............... 95
5.1 Besonderheiten netzwerktheoretischer und akteursorientierter
Zugänge............... 95
5.2 Kriterien zur Beschreibung von und Differenzierung zwischen
Netzwerken............... 99
5.3 Vom Nutzen von Netzwerktypologisierungen unter
Berücksichtigung der Aspekte des Einsatzes von IuK-Technik
und der glokalen Einbettung von Netzwerken............... 103
5.4 Funktionen und Folgen netzwerkförmiger Organisation von
Unternehmen............... 106
5.5 Multinationale Unternehmen als Netzwerke kollektiver Akteure
in glokaler Kontextuierung 110
    5.5.1 Die Anwendung einer akteursorientierten
Netzwerkperspektive auf multinationale Unternehmen:
Glocal Networks 110
    5.5.2 Netzwerktypologien revisited: Beiträge der Forschung zu
multinationalen Unternehmen zur systematischen
Unterscheidung verschiedener Formen von
Unternehmensnetzwerken............... 115
5.6 Bringing technology in II: Zum Einsatz von Technik in
Unternehmensnetzwerken............... 118
    5.6.1 Technikeinsatz und Akteure in Netzwerken............... 119
    5.6.2 Technisierte Prozesse in Unternehmensnetzwerken............... 126
    5.6.3 Zusammenfassung 133

6 Technikeinsatz und räumliche Restrukturierung in Unternehmensnetzwerken ... 135

6.1 Zur Nutzung von callcenterspezifischer IuK-Technologien in multinationalen Unternehmensnetzwerken: Ergebnisse der Fallstudien ... 136

6.2 Technisierte Gestaltung von Callcenternetzwerken: Zur Einbindung externer und interner Unternehmenseinheiten ins Callrouting ... 142

    6.2.1 Die Verteilung von Anrufen innerhalb virtueller Callcenter ... 143

    6.2.2 Die „einfache" Weiterleitung von Anrufen als Alternative zu virtuellen Callcentern ... 146

6.3 Mechanismen und Strategien technisierter Anrufverteilung von Callcenter-Dienstleistungen ... 148

    6.3.1 Über die Kriterien der Anrufverteilung, strategische Manipulationen und interne Differenzierung von Aufgabenbereichen ... 149

    6.3.2 „... drücken Sie die Eins": Telefonmenüs und sonstige Technologien zur Sortierung von Anrufen ... 152

6.4 Callrouting-Enactment im Netzwerk ... 156

6.5 Zusammenfassung ... 159

6.6 Ausblick: Selbstbedienung und verstärkte Automatisierung im Kundenservice als Alternative zu Offshoring ... 161

7 Fazit: Callcenter-Dienstleistungen in Deutschland als globalisierte und informatisierte Dienstleistungsarbeit? ... 167

Literaturverzeichnis ... 179

Verzeichnis über Abbildungen und Tabellen

Abbildung 1: Hauptvorteil des Standortes ... 60
Abbildung 2: Nationale und internationale Marktausrichtung von Callcentern ... 79
Abbildung 3: Unterscheidung multinationaler Unternehmen ... 117
Abbildung 4: Einordnung der zuvor aufgeführten Fallstudien in Bezug des Einflusses des Technikeinsatzes in Callcentern durch ... 132
Abbildung 5: Einordnung der aufgeführten Callcenter multinationaler Unternehmen in Bezug auf die Beeinflussung des Technikeinsatzes in Callcentern durch ... 141

Tabelle 1: Gesamtübersicht über die Fallstudien ... 26
Tabelle 2: Fallstudien in Callcentern ... 34
Tabelle 3: Outsourcing vs. Offshoring in Anlehnung an Bottini (2007: 3) ... 46
Tabelle 4: Verschiedene Formen von Netzwerken nach Sydow (2001) ... 104
Tabelle 5: Fallstudien bei Technologienanbietern und Beratungsunternehmen ... 122

Verzeichnis der Abbildungen und Tabellen

1 Zur Einleitung: Technikeinsatz und Verlagerungsprozesse von Arbeit in Unternehmensnetzwerken am Beispiel von Callcenter-Dienstleistungen in Deutschland

Welche Rolle spielt der Einsatz von Informations- und Kommunikationstechnologien (IuK-Technologien) bei Verlagerungsprozessen innerhalb von Unternehmensnetzwerken? Auf diese Frage soll im Folgenden Antwort gegeben werden. Zur Erforschung der Wechselwirkungen zwischen Verlagerungsprozessen von Arbeit und dem Einsatz von Technologien in netzwerkförmig organisierten Unternehmen greift die vorliegende Studie auf das Beispiel von Callcenter-Dienstleistungen zurück. Das Vorhaben erweitert zudem die Perspektive über die Einzelorganisation hinaus, indem es Strukturen und Prozesse zwischen Unternehmen in den Blick nimmt. Kennzeichnend ist weiterhin die Ausgangsvermutung, dass sich das Verhältnis von Techniknutzung und Verlagerungsprozessen als bidirektionale Beeinflussung beschreiben lässt, das durch diverse korporative Akteure in rekursiven Prozessen gestaltet wird. Zum einen prägt also der Einsatz von Technologien die Prozesse der Verlagerung und der Verteilung von Arbeit in sowie zwischen Unternehmen. Zum anderen hängt die konkrete Nutzung der Technik von ihrer Einbettung in Arbeitsabläufe und in organisationale Kontexte durch verschiedene Akteure – Auftraggeber, Dienstleister etc. – ab. Eben jene Arbeitsabläufe und organisationalen Kontexte werden jedoch zunehmend durch Reorganisationsprozesse, in Form von Verlagerung und Umverteilung von Arbeit sowie durch die zunehmende Vernetzung des Unternehmens mit anderen Unternehmen, verändert.

Die Problemstellung umfasst also den Zusammenhang zwischen der Nutzung von Technik und Verlagerungsprozessen von Arbeit. Sie bezieht sich hierbei auf Outsourcing- und Offshoringprozesse im Bereich der Dienstleistungsarbeit sowie auf den Einsatz verschiedener IuK-Technologien in netzwerkförmig organisierten Unternehmen. Nutzen aber Arbeitsorganisationen die Optionen, die der Einsatz von IuK-Technologien bietet, wirklich in der Form, dass Grenzen innerhalb und zwischen organisationalen Netzwerken verschwimmen und Arbeitsprozesse über Organisations- und Landesgrenzen hinweg ausgeweitet werden (Marchington et al. 2005a; Baukrowitz et al. 2000, 2001)? Die Autorin steht der Vermutung, dass technisch vermittelte Möglichkeiten in ein dekontextuiertes Arbeiten münden, skeptisch gegenüber. Vielmehr geht sie davon aus, dass der konkrete Arbeitsvollzug, in dem die konkreten Dienstleistungen erbracht werden, weit stärker an lokale Kontexte gebunden ist, als es der Blick auf technische Optionen der „Entbettung" von Arbeit vermuten lässt. Zudem erscheint es wahrscheinlicher, dass sich im Hinblick auf den Einfluss von IuK-Technologien in multinationalen Unternehmen jenseits von Offshoringprozessen andere Prozesse der Transnationalisierung von Dienstleistungsarbeit ausmachen lassen. Diese Transnationalisierungsprozesse, so steht zu vermuten, äußern sich im Einfluss, den Konzernzentralen von multinationalen Unternehmen (MNCs) länderübergreifend nehmen. In Bezug auf den Technikeinsatz in multinationalen Unternehmen bedeutet dies, dass die Umsetzung „global" geltender Strategien und Richtlinien der Konzernzentrale und deren lokale Umsetzung vor Ort zu berücksichtigen sind. Zu überprüfen ist also, ob die „Glokalisierungsprozesse" in multi- bzw. transnationalen Konzernen (Kristensen/Zeitlin 2001, 2005; Whitley 2001; Morgan 2005; Smith 2005; Mense-Petermann 2006) auch in einen glokalisierten Einsatz von IuK-Technologien in den entsprechenden Unternehmen münden.

Die Fragestellung erfordert die Kombination verschiedener sozialwissenschaftlicher Forschungsrichtungen. Sie bezieht sich sowohl auf Befunde aus dem Bereich der arbeits- und organisationssoziologischen Forschung zur Internationalisierung von Dienstleistungsarbeit als auch auf techniksoziologische und netzwerktheoretische Ansätze. Die Kombination der verschiedenen o.a. Perspektiven ist von den verschiedenen Forschungsbereichen bislang nur in Ausnahmefällen erfolgt (für den Bereich der Organisations- und Techniksoziologie siehe Burkhard/Rammert 2000; Kling 1996a, 1996b). Die Integration der verschiedenen Forschungsansätze erfolgt unter Rückgriff auf die Idee der „Dualität von Technik" (Orlikowski 1992). Anknüpfend an Giddens' Strukturationstheorie (Giddens 1984) konzipiert Orlikowski genau jenen bidirektionalen Zusammenhang, der die Grundannahme der Studie darstellt, als reflexive Strukturation: Technik wirkt sowohl als einschränkende als auch als ermöglichende Struktur auf Prozesse in Organisationen. Gleichzeitig fördern oder unterbinden Strukturen sowie Prozesse in Organisationen Einsatzmöglichkeiten und Verwendungen von Technik. Das Konzept der Dualität von Technik und Organisation berücksichtigt dabei explizit die Handlungsebene. Denn sowohl technische als auch organisationale Strukturen und Prozesse realisieren sich in den Handlungen der Akteure. Und diese Handlungen, die Suchman (1999, 2000) als „situated action" bezeichnet, werden durch ihre Einbettung in verschiedene Kontexte beeinflusst, wie sie beispielsweise Organisationen und Netzwerke darstellen.

Methodisch legen sowohl Suchmans Konzept kontextuierter Handlungen als auch die Idee der Dualität von Technik und Organisation handlungstheoreti-

1 Zur Einleitung

sche Perspektiven nahe. Als konkreten Kontext, der den Einsatz und die Verwendung von Technik beeinflusst, betrachte ich die netzwerkförmige Organisation von Dienstleistungsunternehmen. Zudem erfolgt eine Differenzierung zum Konzept der Dualität von Technik: Nicht die Betrachtung von Wechselwirkungen zwischen Technik und Organisation im Allgemeinen, sondern zwischen Technik und Reorganisation in Form von *Verlagerungsprozessen in Unternehmensnetzwerken* im Besonderen steht im Mittelpunkt der Analyse.

Des Weiteren sind zur Beschreibung verschiedener Formen von Netzwerken und der Analyse von Prozessen in Netzwerken netzwerktheoretische Konzepte unumgänglich zu berücksichtigen. Bei der Analyse der Wechselwirkungen zwischen diesen Netzwerken und dem Einsatz von Technik zeigt sich allerdings die gleiche Problemlage wie im Hinblick auf die Kombination organisations- und techniksoziologischer Ansätze: Sowohl in netzwerktheoretischen als auch in techniksoziologischen Arbeiten fehlen Ansätze, die auf den Zusammenhang zwischen der Gestaltung von Netzwerken und dem Einsatz verschiedener Technologien abzielen. Der IuK-technologische Fortschritt wird zwar als eine Ursache der Entstehung der „Netzwerkgesellschaft" (Castells 1996) beschrieben, wie sich der Technikeinsatz aber konkret auf Strukturen und Prozesse in Netzwerken auswirkt, bleibt unberücksichtigt.

Entsprechend bleibt zusammenfassend festzuhalten: Welche konkrete Rolle der Einsatz von IuK-Technologien auf die Gestaltung von Unternehmensnetzwerken im Zuge von Verlagerungsprozessen hat, ist zu erarbeiten. Momentan konstatiert die Forschung lediglich die Ermöglichung von Vernetzung und Grenzüberschreitung von Unternehmensprozessen durch den Einsatz von IuK-Technologien. Wie sich diese Optionen in konkreten Unternehmensstrukturen und -prozessen realisieren, bleibt bisher unklar und bildet somit die Ausgangsfragestellung der empirischen Untersuchung dieser Arbeit.

Als empirische Grundlage dienen qualitative Fallstudien, die in Callcentern und bei Anbietern von callcenterspezifischer Software durchgeführt wurden. Callcenter bieten sich als Forschungsfeld an. Sie stellen einerseits einen typischen und gleichzeitig bisher wenig beachteten Fall informatisierter Organisation dar. Bislang haben sich nämlich, obwohl Aufgabenverteilung und Arbeitsteilung in Callcentern in erster Linie durch die Verknüpfung einer Vielzahl von IuK-Technologien geprägt werden und Callcenter mehr als andere Unternehmensformen von einer Vielzahl von Technologien durchsetzt werden, sowohl Techniksoziologie als auch Studien zur Informatisierung von Arbeit kaum für Callcenter interessiert. Umgekehrt greifen auch Studien im Bereich der Callcenterforschung selten den Einsatz unterschiedlicher Technologien als eigenständiges Thema auf. Vielmehr beschränkt sich die Forschung in diesem Bereich auf die Betrachtung der Einflüsse von Technik auf die Organisation bzw. auf deren Leistung (Batt 1999). Der Zusammenhang zwischen Technikeinsatz und der Gestaltung organisationaler Netzwerke stellt also auch im Bereich der Callcenterforschung eine Lücke des empirischen Forschungsfeldes dar, die die vorliegende Arbeit zu schließen sucht. Entsprechend der Fragestellung konzentriere ich mich hierbei auf die Technologien, die zum Management organisationaler Prozesse, also zum schnellen und flexiblen (Re-)Arrangement von Aufgaben bzw. Anrufen, eingesetzt werden. Im Falle von (Inbound-)Callcentern werden hierzu insbesondere Callrouting-Anwendungen genutzt.[1]

Des Weiteren eignen sich Fallstudien in Callcentern zur Beantwortung der Fragestellung, da Dienstleistungen von Callcentern in netzwerkförmigen Strukturen erbracht werden. Callcenter sind nicht nur organisationale Grenzstellen (Thompson 1969), die den Kontakt zur Umwelt abwickeln. Vielmehr können Callcenter auch in ihrer Beziehung untereinander sowie zu ihren internen und externen Auftraggebern als netzwerkförmige Unternehmensorganisation untersucht werden. Die Vernetzung zwischen den einzelnen „Knoten", also zwischen verschiedenen Standorten von Inhouse-Callcentern sowie zwischen den Dienstleistern und Auftraggebern, beruht zunächst auf der IT-Infrastruktur. Zudem ermöglicht der Einsatz entsprechender IuK-Technologien die zunehmende Verlagerung von Callcenter-Dienstleistungen ins Ausland. Deswegen dienen Callcenter-Services in den Medien auch immer wieder als Beispiele für Dienstleistungen, die von Verlagerungsprozessen – insbesondere vom Offshoring in Niedriglohnländer – betroffen sind. Solchen Berichten zufolge konkurrieren nicht nur Inhouse-Callcenter des Unternehmens oder Dienstleister im Inland, sondern auch im Ausland um Aufträge. Lassen sich diese Befunde jedoch auch aus wissenschaftlicher Sicht bestätigen? Zudem stellt sich auch im konkreten Fall der Callcenter-Dienstleistungen die Frage, welche Rolle der Einsatz von IuK-Technologien spielt. Zunächst bleibt jedoch hinsichtlich des Technikeinsatzes im Rahmen vernetzter Dienstleistungsarbeit in Callcentern festzuhalten: Auch in der empirischen Forschung zu Callcentern bleibt die Rolle des Technikeinsatzes – jenseits des Befundes einer generellen Ermöglichung von entsprechenden Prozessen und Strukturen – unbeachtet. Sowohl in Bezug auf die Gestaltung konkreter Unternehmensnetzwerke, die an der Erbringung von Callcenter-Dienstleistungen beteiligt sind, als auch im Hinblick auf die „Ortsungebundenheit" von Callcenter-Dienstleistungen wurde der konkrete Einfluss des Einsatzes von IuK-Technologien bisher nicht untersucht.[2] Die Analyse der Fallbeispiele dient also

---

1 Inbound-Callcenter nehmen lediglich Anrufe entgegen und rufen selbst nicht aktiv den Kunden an. Zur Unterscheidung verschiedener Formen von Callcentern siehe Abschnitt 3.1.
2 Mit der Erforschung der Auswirkungen des Technikeinsatzes für die Organisation von Callcenter-Dienstleistungen könnte also auch ein Beitrag zur Callcenterforschung geleistet werden, jedoch ist dies nicht das primäre Ziel der Analyse.

der Überprüfung von Befunden zur Verlagerung und Internationalisierung informatisierter Arbeit, wie sie bisher vor allem auf der Basis von Fallstudien aus dem Bereich der Softwareentwicklung gewonnen wurden. Sie stellt zudem in den Mittelpunkt der Betrachtung, wie sich entsprechende Potentiale in den Verlagerungs- und Vernetzungspraktiken der Unternehmen konkret *realisieren*.

Zum Aufbau der Arbeit

Zunächst erfolgt eine Darstellung methodischer Überlegungen bezüglich der Anlage und Vorbereitung der Fallstudien sowie bezüglich der Nutzung von quantitativem Datenmaterial zur Beschreibung des Forschungsfeldes „Callcenter". Anschließend werden kurz dessen allgemeine Charakteristika und Besonderheiten beschrieben sowie die einzelnen Fallstudien vorgestellt. Das dritte Kapitel fokussiert auf die Darstellung theoretischer Arbeiten zur Verlagerung und Internationalisierung von Dienstleistungsarbeit im Allgemeinen und stellt empirische Ergebnisse zu Verlagerungsprozessen von Callcenter-Dienstleistungen für den deutschen Markt im Besonderen dar. Zudem wird in diesem Abschnitt beschrieben, welche Folgen und Funktionen des Einsatzes diverser IuK-Technologien seitens der arbeits- und organisationssoziologischen Forschung hinsichtlich der Gestaltung von Verlagerungsprozessen ausgemacht werden. Das nächste Kapitel widmet sich der netzwerktheoretischen Perspektive auf Unternehmen. In seinem letzten Abschnitt (5.6ff) beleuchtet es, parallel zum vorangehenden Kapitel (4.4), den Einsatz von IuK-Technologien in Unternehmensnetzwerken. Abschließend bringt das fünfte Kapitel unter Rekurs auf die Fallstudien die Themen der räumlichen Restrukturierung, der netzwerkförmigen Organisation und des Technikeinsatzes zusammen. Es beschäftigt sich damit, wie die korporativen Akteure Callcenter-Dienstleistungen in Netzwerken organisieren. Zum einen behandelt das Kapitel die Praktiken, die in multinationalen Unternehmen mit der Nutzung von callcenterspezifischen IuK-Technologien verbunden sind. Des Weiteren beschreibt es, wie die Einbindung externer und interner Unternehmenseinheiten ins Callrouting erfolgt sowie durch welche Mechanismen und Strategien sich die technisierte Anrufverteilung in den Fallstudien auszeichnet. Es richtet den Blick abschließend auf die Folgen, Chancen und Problemlagen des „vernetzten" Handelns in Bezug auf die Steuerung des Callroutings (Abschnitt 6.4) und beschreibt technisierte Alternativen zur Verlagerung von Unternehmenstätigkeiten ins Ausland (Abschnitt 6.6).

2 Methode(n) und Anlage der Studien

2.1 Zur Auswahl der Forschungsstrategie und der -methoden

Die Auswahl der Forschungsstrategie orientiert sich an der Fragestellung und der Zielsetzung der Arbeit, den Zusammenhang von Verlagerungsprozessen in organisationalen Netzwerken und dem Einsatz von Technologien zu erforschen. An die zu verwendende Methode wird zum einen der Anspruch gestellt, dass sie die Rekonstruktion von Prozessen der Gestaltung sowie der Verwendung von Technik ermöglicht. Sie soll im Sinne einer Technografie „ins Feld zu den vielen strategischen Orten, wo Techniken gemacht, Techniken verwendet und Techniken verändert werden" gehen und aufzeigen, wie „Technik in Aktion, d.h. durch die spezifischen Gebrauchsweisen als praktische Techniken konstituiert und in die Arbeitszusammenhänge eingebettet wird" (Rammert/Schubert 2006: 12).

Die Arbeitszusammenhänge, in die die verschiedenen Techniken „eingebettet sind" und die von Verlagerungsprozessen betroffen sind, erstrecken sich über Unternehmensgrenzen hinweg. Entsprechend erscheint der Einsatz von netzwerkanalytischen Methoden, die auf die Erfassung von Prozessen in netzwerkförmigen Unternehmenskontexten abzielen, notwendig. Das Methodenspektrum der Netzwerkforschung umfasst zum einen die an quantitative Verfahren angelehnte formale Netzwerkanalyse (exemplarisch Wasserman/Galaskiewicz 1994, Jansen 2000, Weyer 2000a: 16f, Schmiede 2005). Mit Hilfe der formalen Netzwerkanalyse kann eine Vielzahl von Beziehungen zwischen Akteuren bzw. „Knoten" erfasst werden. Über die Beschaffenheit der Beziehungen kann allerdings relativ wenig ausgesagt werden (Smith-Doerr/Powell 2003: 37). Qualitative Methoden der Netzwerkforschung beziehen dagegen die Deutungen, Relevanzsetzungen und Handlungen der (Netzwerk-)Akteure ein (Hollstein 2006). So wird es möglich, die Bewegungen und Veränderungen in Netzwerken und die dahinter stehenden Strategien zu verstehen. Sie eignen sich deshalb eher zur Beantwortung der Fragestellung, wie sich unter dem Einsatz bestimmter Technologien Outsourcing- und Offshoring-Dynamiken zwischen Callcentern entwickeln. Die Verwendung dieser qualitativen Methoden wird zudem den Ansprüchen dieser Arbeit gerecht, die Handlungen der Akteure als Grundlage der Analyse zu betrachten. Kurz: Die Ansprüche der Arbeit – die Erfassung von vernetzten, technisierten Handlungsprozessen – decken sich mit den Zielsetzungen qualitativer Forschung (Kühl/Strodtholz 2002a: 16f) und legen somit allgemein eine qualitative Vorgehensweise nahe.

Die akteursorientierte Perspektive macht es weiterhin notwendig darzustellen, wie der Begriff „Akteur" angewendet und wem unter welchen Vorannahmen Handlungsträgerschaft zugeschrieben wird. Grade in der techniksoziologischen Forschung finden sich unterschiedliche Definitionen des Begriffs „Akteur" (zur Übersicht siehe Avgerou 2007: 56). Der Diskurs des Akteursbegriffes im Bereich der Techniksoziologie bezieht sich auf die Frage, ob nicht nur menschliche Akteure, sondern auch der Technik Handlungsfähigkeit zugesprochen werden kann[3]. Ich verwende den Begriff „Akteur" nicht nur in Bezug auf einzelne, bewusstseinsfähige, menschliche Akteure, sondern auch in Hinblick auf kollektive Akteure (Cook 1977: 63), wie es größtenteils auch in der Netzwerkforschung geläufig ist: "The term actor in the theory refers not only to individuals but also to collective actors or corporate groups." (Ghosal/Bartlett 2005: 76).

Die Entscheidung qualitativ zu forschen legt noch nicht die zu verwendende Forschungsmethode fest. Auch die qualitative Netzwerkforschung lässt den Einsatz verschiedener Instrumente wie Netzwerkkarten, unterschiedliche Formen von Interviews, Dokumentenanalyse und Beobachtungsmethoden zu (Hollstein 2006). Es ist also eine an den Kriterien der Gegenstandsangemessenheit orientierte Wahl zwischen verschiedenen qualitativen Forschungsmethoden zu treffen. Somit ist im Folgenden zu klären, welche Möglichkeiten die unterschiedlichen Methoden der qualitativen Sozialforschung bieten und wie mit diesen in Bezug auf die Fragestellung sinnvoll umgegangen werden kann.

Als typische Methoden technografischer Forschungsarbeiten werden allgemein ethnografische Methoden (Rammert 2007: 11) und im Besonderen die teilnehmende Beobachtung (Waddington 1994) sowie Dokumentenanalyse (Forster 1994) genannt. Alternativ böte sich auch eine Mischform von Arbeitsplatzbeobachtung und Interview in Form von Beobachtungsinterviews (Kuhlmann 2002) an. In Callcentern jedoch waren die technischen Leiter und Manager mit der Demonstration von entsprechenden Programmen ausgesprochen vorsichtig, obgleich dort eine enorme Datenmenge zu Anrufverläufen, Kundenhistorien, Mitarbeiterevaluationen etc. mit Hilfe verschiedener IT-Anwendungen gesammelt werden. So war es nicht nur schwierig, die entsprechenden Abteilungen während ihrer Arbeit und bei der Nutzung der Technologien direkt zu beobachten. Vielmehr konnten visuelle Elemente, wie Computeranwendungen, im Rahmen einer Artefaktanalyse (Ciborra/Lanzara 1990; Scholz 1990; Bergmann/

---

3   Im Unterschied zur Actor-Network-Theorie betrachte ich im Nachfolgenden technische Artefakte nicht als Akteure. Eine Begründung, warum diese Symmetrisierung menschlicher und nicht-menschlicher Aktanten abzulehnen ist, findet sich u.a. bei Burkhard/Rammert 2000.

2.1 Zur Auswahl der Forschungsstrategie und der -methoden

Meier 2000; Froschauer 2002) auch nur in vergleichsweise begrenztem Maße in die Untersuchung integriert werden. Zur Beantwortung der Fragestellung konnte somit auf die zuvor aufgeführten Methoden nicht in ausreichendem Umfang zurückgegriffen werden. Als realisierbare Alternative bot sich als Haupterhebungsinstrument die Durchführung von Experteninterviews an. Diese eignen sich besonders zur Erforschung von Fragestellungen, die verschiedene organisationale Kontexte, wie Unternehmen oder Netzwerke, betreffen. Sie stellen somit ein wichtiges Instrument zur Erforschung der Fragestellung dieser Arbeit sowie allgemein von organisationssoziologischen Fragestellungen dar (Liebold/Trinczek 2002; Deeke 1995). Mit Experteninterviews berücksichtigt man den Bezug der Akteure zum Funktionskontext der Organisation bzw. des Unternehmens. Eine Befragung in Form von Experteninterviews zielt also idealerweise auf den Experten als Träger von Verantwortung und Wissen mit privilegiertem Zugang zu Informationen im organisatorischen oder institutionellen Kontext. Interviewt werden also „(...) nicht x-beliebige Organisationsmitglieder, sondern solche in privilegierter Stellung, ausgestattet mit Reputation, Kompetenz und (über Koalitionsbildung gefestigter) Durchsetzungsmacht" (Dolata 2003: 29). Sie agieren „nicht einfach aus strukturellen Zwängen ableitbare und extern determinierte strategische Interessen ihrer Organisation, sondern sind mit eigenen Zielen und Problemwahrnehmungen an deren Formulierungen, Umsetzung und Veränderung zugleich aktiv beteiligt" (ebd.). Mit Experteninterviews können also auf der Basis der Befragung individueller Akteure in bestimmten Funktionen Aussagen über kollektive Akteure gewonnen werden. Bei der Durchführung von Experteninterviews bleibt zu beachten, dass die Trennung zwischen Expertenwissen und dem weiteren Erfahrungshintergrund der Person unvollständig (Bogner/Menz 2001: 485) bleibt, da Einflüsse, die der Befragte außerhalb erfährt, im Rahmen seiner Mitgliedschaft in Organisationen nicht komplett abgeblockt werden. Die Ziele der Organisation werden nur zu einem gewissen Maße übernommen. Teilweise bleibt die Organisation für den Akteur „Umwelt", der gegenüber er ein gewisses Repertoire an Reaktionsweisen und Umgangsformen entwickelt und mit der er sich nur bedingt identifiziert.

Experteninterviews passen sich den Regeln der Kommunikation in Organisationen an (Trinczek 1995: 61). Befragte erwarten eine Konfrontation mit Fragen, deren Beantwortung argumentativ erfolgt sowie die Darstellung von Legitimität und Effizienz verlangt (Walgenbach 2001). Durch die Kombination mit techniksoziologischen Fragestellungen sehen sich die Interviewten häufig noch stärker veranlasst, Legitimität und Effizienz ihrer Handlungen darzustellen. Die Erfahrungen, die in den Unternehmen bezüglich Analysen der Technikverwendung und der Gestaltung von Reorganisationsprozessen existieren, strukturieren die Erwartung der Interviewpartner an entsprechende Studien und deren Zielsetzung in der Form, dass nicht von einer bewertungsneutralen und evaluationsfreien Untersuchung ausgegangen wird. Gerade in Callcentern werden unter Einbezug technischer Hilfsmittel nicht nur regelmäßig Arbeitsprozesse und Beschäftigte auf ihre Effizienz hin untersucht und bewertet. Auch der Einsatz von Technik in Callcentern wird regelmäßig Evaluationen unterzogen, in denen die jeweiligen Anwendungen ihre Effizienz unter Beweis stellen müssen. Kurz: Auch in den Unternehmen der Fallstudien wird von der Legitimationsbedürftigkeit der eigenen Handlungen, der Notwendigkeit von Nachweisen der Effizienz und der Folgenhaftigkeit des Interviews ausgegangen. Umso dringlicher war es in den Interviews, immer wieder darauf hinzuweisen, dass die Anonymität einzelner Befragter bzw. des ganzen Unternehmens gesichert ist. Trotzdem sind die Schilderung von Abläufen mit Rechtfertigungen sowie Darstellungen von Effizienz und Kompetenz durchzogen. Die Thematisierung von Schwierigkeiten und Widersprüchen seitens des Interviewers riskierte, dass der Befragte in der Folge nur zögerlich und einsilbig antwortete, und gestaltete sich entsprechend schwierig. Hinzu kam, dass auch die Verlagerungsaktivitäten des Unternehmens ungern gegenüber Dritten bzw. „außerhalb" der Branche thematisiert oder gar ausführlich erörtert wurden. Seitens der Befragten ist also ein gewisser Bias zu erwarten, die Effizienz und Legitimität der entsprechenden Verlagerungs- oder Implementierungsmaßnahmen von IuK-Technologie positiv darzustellen. Im Gegenzug fällt die Thematisierung entsprechender Probleme und Schwierigkeiten teils recht oberflächlich aus. Teilweise relativierte sich ein entsprechender Bias in Bezug auf das eigene Unternehmen durch Berichte von Befragten in anderen Unternehmen oder in anderen Funktionen im gleichen Unternehmen. Die wechselseitige Korrektur der Darstellung wird besonders zwischen den Perspektiven sowohl von verschiedenen (Abteilungen eines) Unternehmen(s) als auch von Inhouse-Callcentern und Dienstleistern sowie von Callcentern und Technikanbietern deutlich.

2.2 Vorbereitung und Durchführung der Interviews: Gestaltung des Leitfadens, Zugang zum Feld und Sampling

Neben dem vorangehend beschriebenen Grundgedanken der Gegenstandsangemessenheit der Methoden in Bezug auf die Fragestellung und der Methodenvielfalt zeichnet sich qualitative Sozialforschung insbesondere durch die Offenheit des Forschungsprozesses aus (Flick/von Kardorff/Steinke: 2000: 23f). In Bezug auf die Interviewführung wirkt sich dies dahingehend aus, dass die Interviews relativ offen und nicht streng strukturiert gehalten werden. In einem gewissen

2.2 Vorbereitung und Durchführung der Interviews

Rahmen wird die Schwerpunktsetzung des Gesprächs also durch die Interviewten vorgenommen. Die Befragten können also die für sie besonders relevanten Punkte ausführlich erörtern. Um jedoch die Vergleichbarkeit der Interviews zu sichern, orientierten sich die Interviews an einem Leitfaden.

Der Leitfaden strukturiert sich wie folgt: Er fragt zunächst Hintergrundinformationen zum Befragten und zum Unternehmen ab und fokussiert dann auf Entwicklungsverläufe im jeweiligen organisationalen Netzwerk sowie auf den Einsatz entsprechender Technologien. Konkret wird danach gefragt, wie Anrufe in den Callcentern zwischen verschiedenen Standorten verteilt wird, also wie sich die jeweiligen Unternehmensnetzwerke gestalten. Es sollten die relevanten Akteure benannt werden, die zum einen Teil der Unternehmensnetzwerke sind, zum anderen in sonstiger Form Einfluss auf die Verteilung der Anrufe nehmen. Außerdem sollten Gründe und Strategien dargestellt werden, warum bestimmte Aufgaben an bestimmten Standorten – intern oder extern, im Inland oder Ausland – erfolgen. Fragen zum Technikeinsatz dienten nicht nur dazu, in Erfahrung zu bringen, welche IuK-Technologien hierbei zum Einsatz kommen, sondern auch, wie diese verwendet werden. Abschließend konnten die Interviewpartner eine Einschätzung über zukünftige Entwicklungen im Bereich Technikeinsatz, Outsourcing und Offshoring abgeben sowie auf thematische Erweiterungen oder Fokussierungen der Fragestellung eingehen.

Die Kontaktaufnahme erfolgte per E-Mail oder per Telefon – teils im Schneeballverfahren. Bis auf ein Telefoninterview wurden alle Gespräche vor Ort geführt. So konnten entsprechende Programme demonstriert werden, kurze Skizzen oder Screenshots durch die Befragten angefertigt und mir anschließend in anonymisierter Form überlassen werden. Insbesondere die technischen Leiter von Callcentern, aber auch Befragte bei den Technologieanbietern machten von dieser Form der Darstellung Gebrauch. Neben der Analyse dieser „Artefakte" wurden die Interviews durch Beobachtungsprotokolle, Pressemitteilungen, Artikel aus Fachzeitschriften, – teils interne – Unternehmensbroschüren, sowie Daten des „European Restructuring Monitors"[4] und sonstige (Internet-)Quellen ergänzt.

Die nachfolgende Tabelle 1 gibt einen Überblick über die durchgeführten Fallstudien. Es lassen sich grob zwei Gruppen von Fallstudien unterscheiden; zum einen die Studien, die in Callcentern durchgeführt wurden (siehe Abschnitt 3.2), zum anderen die Fallstudien bei sonstigen Akteuren, die Einfluss auf den Einsatz der entsprechenden Technologien in Callcentern nehmen (siehe Abschnitt 5.6.1). Bei Letzteren handelt es sich um Anbieter von spezifischer Callcenter-Software und um ein Consultingunternehmen, das sich auf die Beratung

---

4 (http://www.eurofound.europa.eu/emcc/)

von Callcentern hinsichtlich der technologischen Infrastruktur – und hier insbesondere auf die Implementierung von sogenannten Sprachportalen – spezialisiert hat.

Tabelle 1: Gesamtübersicht über die Fallstudien

	Anzahl der Fallstudien	Anzahl der Interviews	Anzahl der interviewten Personen
In Callcentern	Neun	18 (davon vier Gruppeninterviews mit je zwei Interviewpartnern)	21 (davon drei mehrfach interviewt in Form von Follow-Ups)
Bei Technologieanbietern und Unternehmensberatern	Fünf	Fünf	Fünf
Insgesamt	14	23 (davon vier Gruppeninterviews mit je zwei Personen)	26 (davon drei mehrfach interviewt in Form von Follow-Ups)

Die Interviewdauer betrug in der Regel zwischen einer und 1,5 Stunden. Ein Großteil der Interviews liegt in wörtlicher Transkription vor; in vier Fällen basiert die Analyse der Fallstudie auf handschriftlichen Notizen und einem Gedächtnisprotokoll, da ein Mitschnitt des Gesprächs nicht erwünscht war. In Unternehmen, in denen sich schon zum Zeitpunkt des ersten Interviews interessante Veränderungen abzeichneten oder in denen sich schon in der ersten Interviewrunde aufschlussreiche Ergebnisse abgezeichnet hatten, wurden Follow-Up-Interviews durchgeführt, d.h. einige der Befragten wurden nach einem längeren Zeitraum noch einmal interviewt. Bei den befragten Personen in Callcentern handelt es sich zumeist um den Callcenter-Manager bzw. um den technischen Leiter von Callcentern.

2.3 Die Integration von quantitativen Daten aus dem „Global Callcentre Industry Project"

Neben den Fallstudien nutzt diese Arbeit auch die Ergebnisse der Analyse eines Datensatzes, der auf einer quantitativen Befragung von Callcentern basiert. Die Kombination von quantitativen und qualitativen Methoden zielt auf eine wechselseitige Korrektur und Validierung der Ergebnisse der Fallstudien mit Ergebnissen des Datensatzes im Sinne einer Triangulation[5]. Die Befragung ist Teil des international vergleichenden „Global Call Centre Industry Project" (GCC-Projekt).[6]

Studien zur Callcenterforschung stehen vor dem Problem, die Grundgesamtheit zu erfassen. Die Gesamtzahl von Callcentern kann – in Deutschland und anderswo – allenfalls geschätzt werden. Doch selbst diese Schätzungen schwanken beträchtlich (Bittner et al. 2002), weil Callcenter als eigenständige Betriebe, outgesourcte Tochterunternehmen und als Inhouse-Abteilungen anderer Unternehmen auftreten können. Häufig stützen sich Berichte auf Prognosen der Unternehmensberatung „Datamonitor", deren Forschungsberichte allerdings weder öffentlich noch in ihrer Erhebungsmethodik transparent sind. Der Deutsche Direktmarketing Verband (DDV) gibt zum Beispiel unter Bezug auf den „Datamonitor" an, dass 2005 ca. 350.000 Beschäftigte, also ungefähr 1,2% der Gesamtbeschäftigten, in 5.550 Callcentern arbeiten (DDV 2005). Für das Jahr 2002 belief sich die entsprechende Anzahl von Callcentern noch auf 2.800 (Datamonitor 2002). In der amtlichen Statistik sind Callcenter in Form von externen Dienstleistern erst seit 2003 als eigenständige Teilbranche erfasst[7]. Hier liegt die Anzahl der Unternehmen im Jahr 2003 bei 564 Callcenter-Dienstleistern. Diese Anzahl erhöhte sich auf 812 Unternehmen im Jahre 2004. Mit der Grundgesamtheit von 2.800 Callcentern in Deutschland liegt der Telefonsurvey also im Mittelfeld der Schätzungen.

Die quantitative Befragung umfasst ein relativ weites Themenspektrum, das nicht in allen Punkten Anschlüsse an die zentralen Themen der Verlagerung von Callcenter-Dienstleistungen und der Technikverwendung bietet. Einige Items der Telefonumfrage bzw. der internationalen Befragung lassen sich aber sehr wohl

---

5   Zur Relevanz und Möglichkeiten der Triangulation von qualitativen und quantitativen Daten für das Forschungsgebiet „Netzwerke" siehe Hollstein 2006; Jütte 2006; Smith-Doerr/Powell 2003: 38.
6   Der Autorin sind die Daten zugänglich, da sie zwischen 2004 und 2006 als wissenschaftliche Mitarbeiterin in dem deutsch-polnischen Projektteam beschäftigt war. Weitere Informationen zur Telefonumfrage finden sich in Scholten/Holtgrewe (2006). Eine ausführliche Beschreibung des gesamten Projektes sowie der Vorgehensweisen in den einzelnen Ländern findet sich auf der Projekthomepage unter http://www.ilr.cornell.edu/globalcallcenter/.
7   http://www.destatis.de/download/d/klassif/wz03.pdf, S. 46.

zur Triangulation mit den Fallstudien nutzen. Hierzu gehören die allgemeinen Informationen (Organisationstyp, Branche, Unternehmensgröße etc.) die Fragen zum nationalen bzw. internationalen Marktfokus des Callcenters bzw. zum Hauptvorteil des Standortes sowie Fragen nach der Zugehörigkeit zu Netzwerken und nach dem Einfluss, welchen die Befragten seitens Technologieentwickler und Unternehmensberatungen ausmachen. Außerdem wurde auch in der Telefonumfrage der Einsatz verschiedener IuK-Technologien in Callcentern abgefragt (Scholten/Holtgrewe 2006: 22ff). Auch wenn die Antworten aus dem Survey für sich genommen noch keine Aussagen über die konkreten Praktiken der Verwendung von IuK-Technologien zulassen, so geben sie doch einen allgemeinen Überblick über deren Verbreitung in Callcentern zum Zeitpunkt der Befragung. Und obschon diese Daten teils überholt schienen, so war der Rückgriff auf die quantitativen Ergebnisse beim Design der Fallstudien hilfreich. So basiert nicht nur die Konstruktion des Leitfadens auf den bereits durch die Analyse des quantitativen Datensatzes gewonnenen Erkenntnissen. Vielmehr mussten in Unternehmen, die bereits im Rahmen der deutschen Telefonumfrage befragt wurden, viele Basisinformationen nicht erneut erfragt werden, und es konnten häufig schon vorab Hinweise auf fallspezifische Besonderheiten gewonnen werden. Dies ermöglicht es, einen Großteil der Interviewfragen gezielt an die aktuelle Situation des Unternehmens anzupassen und so unzutreffende Schwerpunkte des Leitfadens auszulassen bzw. fallspezifisch relevante Aspekte besonders intensiv abzufragen.

Last but not least lassen sich durch die Kombination von quantitativen Methoden und Fallstudien, die über einen längeren Untersuchungszeitraum laufen, darin einzelne kurzfristige Tendenzen innerhalb des sehr dynamischen Forschungsfeldes der Callcenter ausbalancieren. So können unzutreffende Extrapolationen, beispielsweise die Überschätzung von Globalisierungstendenzen, die sich bei Fallstudien in Pionier-Unternehmen abzuzeichnen schienen (Taylor/Bain 2005), vermieden werden. Mit den Fallstudien über einen längeren Beobachtungszeitraum und dem umfassenden quantitativen Datensatz ist diese Gefahr deutlich geringer, da sie auf einem größeren Querschnitt basieren und langfristigere Entwicklungen in den Blick nehmen.

3 Callcenter: Entering the field

3.1 Zur Organisation von Callcenter-Dienstleistungen in Deutschland

Globalisierung und Verlagerung von Dienstleistungen finden zunehmend die Aufmerksamkeit arbeits- und organisationssoziologischer Forschung (Huws 2003; Gereffi/Humphrey/Sturgeon 2005; Krenn et al. 2003). In der Folge dienen Callcenter neben IT-Dienstleistern immer öfter als Beispiel für eine neue, flexible und potenziell globale Dienstleistungsarbeit (Kadritze 2003: 237). Entsprechende Berichte beruhen allerdings selten auf wissenschaftlich basierten Fallstudien, sondern auf Veröffentlichungen in den Massenmedien. So lenkten vor einiger Zeit der Dokumentarfilm „John & Jane" (Regie: A. Ahluwalia) oder die sozialkritischen Feldexperimente von Günter Wallraff (2007) den Blick der Öffentlichkeit auf Callcenter. Wissenschaftlich verlässliches Datenmaterial gab es jedoch kaum (Bittner et al 2002). Kurz: Fragen nach der tatsächlichen „Globalität" von Callcenter-Dienstleistungen konnten bislang nicht wissenschaftlich fundiert beantwortet werden (als Ausnahme ist Holtgrewe et al. 2009 zu nennen). Bevor ich in den nachfolgenden Kapiteln räumliche Restrukturierungsprozesse von Callcenter-Dienstleistungen auf ihre Beeinflussung durch Globalisierungstendenzen hin untersuche und auf die Rolle des Einsatzes von IuK-Technologien bei grenz- und unternehmensübergreifenden Restrukturierungsprozessen in Unternehmensnetzwerken eingehe, werde ich im Folgenden die Besonderheiten und Relevanz des empirischen Feldes „Callcenter" genauer beschreiben.

Definitionen von Callcentern gibt es viele. Ihnen gemeinsam ist, dass sie Callcenter als spezialisierte Unternehmenseinheiten beschreiben, in denen Beschäftigte aus der Ferne Informationen liefern, Dienstleistungen erbringen und Verkaufsgespräche führen. Integraler Bestandteil des Arbeitsprozesses ist eine Kombination von Telefon und IuK-Technologien (McPhail 2002: 9f). Zwar bietet sich auch die Möglichkeit der Kontaktaufnahme via Internetchat, E-Mail oder Fax (und viele Callcenter-Betreiber bevorzugen die Bezeichnung „Contact-Center"), die Haupttätigkeit liegt jedoch auf der Beantwortung von Anrufen (Scholten/Holtgrewe 2006: 22f). Callcenter erfüllen für ein Unternehmen die Funktion von „boundary spanning units" (Thompson 1969), die sich zwischen Unternehmen und Kunde positionieren (Huws 2009). Als organisationale Grenzposten dienen sie dazu, eine Organisation von Anfragen aus der Umwelt abzuschirmen. Sie selektieren Umwelteinflüsse nach bestimmten Relevanzkriterien, ohne dabei selbst in Erscheinung zu treten (Kerst/Holtgrewe 2003). Die wissenschaftliche Erfassung von Callcentern erweist sich allein schon deshalb als ausgesprochen schwierig. Sie sind praktisch weder in Deutschland noch auf internationaler Ebene zu zählen und auch zur Verbreitung von Outsourcing-Aktivitäten der Betriebe gibt es wenig statistisches Material (Boegh Nielsen 2007).

Die Schwierigkeiten, die Grundgesamtheit von Callcentern zu erfassen, beruhen nicht nur auf der Grenzposten-Funktion von Callcentern, sondern auch darauf, dass Callcenter sich nur schwer als singuläre Einheiten fassen lassen. Callcenter sind nicht mehr nur spezialisierte und technisch hochgerüstete Grenzstellen zum Kunden, wie in der Perspektive der „ersten Welle" der Callcenterforschung dargestellt (Kleemann/Matuschek 2003). Sie sind vielmehr mittels einer IuK-technischen Infrastruktur in verschiedene Formen von Unternehmenszusammenhängen eingebunden. Callcenter-Dienstleistungen werden also in organisationalen Netzwerken erbracht, die sich zwischen verschiedenen Standorten von externen Dienstleistern bzw. Inhouse-Callcentern spannen und die im Zuge von Verlagerungsprozessen restrukturiert werden. Entsprechend ist es im Sinne einer Fragestellung, die nach dem Zusammenhang von Verlagerungsprozessen und Technikeinsatz fragt, sinnvoll, die Erbringung von Callcenter-Dienstleistungen als Prozesse in interorganisationalen Netzwerken zu untersuchen (siehe Kapitel 5).

Callcenter erweisen sich als ein heterogenes Untersuchungsfeld. Zum einen lassen sich per Telefon Dienstleistungen für die verschiedensten Branchen erbringen. Zum anderen lassen sich drei verschiedene Organisationsformen von Callcentern unterscheiden: Bei Inhouse-Callcentern handelt es sich um die Abteilungen in Unternehmen, die sich auf den Kontakt mit Kunden, Bürgern, Zuhörern etc. spezialisiert haben. Andere Unternehmen haben zur Übernahme dieser Funktion Tochterunternehmen gegründet. Im Gegensatz zu externen Dienstleistern bearbeiten die outgesourcten Tochterunternehmen zumeist Aufträge des Mutterkonzerns. Sie unterscheiden sich jedoch bezüglich der Arbeitsbedingungen, der Strukturierung der Arbeitsprozesse etc. sowohl von den externen Dienstleistern als auch von den Ursprungsunternehmen beträchtlich. Die externen Dienstleister schließlich bearbeiten Anrufe verschiedener Auftraggeber aus unterschiedlichen Branchen. Sowohl zwischen den verschiedenen Unternehmensformen, also zwischen den externen Dienstleistern und den Inhouse-Callcentern, als auch zwischen den verschiedenen Branchen, für die Callcenter-Dienstleistungen erbracht werden, zeigen sich Unterschiede (für Deutschland: Scholten/Holtgrewe 2006). Im internationalen Vergleich von Callcentern zeigen sich zudem länderspezifische Besonderheiten (Shire et al. 2002; Holman et al. 2007, Batt et al. 2009).

Insgesamt gesehen handelt es sich bei Callcentern um ein vergleichsweise junges Phänomen, dessen Entwicklung in Deutschland sich auf die zweite Hälfte der 90er Jahre datieren lässt. Auch auf internationaler Ebene zeigen sich um das Jahr 2000 bei Callcenter in den industrialisierten Ländern starke Zuwächse, die sie zu einer der am schnellsten wachsenden Organisations- und Beschäftigungsformen machten. Zwei Drittel der Kundenanfragen werden in Europa nach Deery und Kinnie (2004: 8) unter Einbezug von Callcentern abgewickelt. Schätzungen gehen davon aus, dass 3% aller Beschäftigten in den USA sowie in Großbritannien und 1% der Arbeitenden in Kontinentaleuropa als Callcenter-Agenten tätig sind (Holman et al. 2005, 2007). Hinzu kommt, dass immer mehr Branchen Callcenter einsetzen. Inzwischen hat sich der Kundenkontakt am Telefon weit über die ursprünglichen Pionierbranchen hinaus verbreitet. Nach Telekommunikationsunternehmen, Versandhändlern und Finanzdienstleistern nutzen nunmehr in Deutschland auch Krankenkassen, Stadtverwaltungen etc. Callcenter als telefonische Anlaufstelle. Kurz: Callcenter sind inzwischen in Deutschland und anderswo eine gängige Organisationsform, mit der in verschiedensten Produktions- und Dienstleistungsbranchen der Kundenkontakt abgewickelt wird. Ihr Erfolg geht darauf zurück, dass sie sowohl Kunden- und Marktnähe sowie Optionen des flexiblen Reagierens auf Veränderungen als auch Möglichkeiten der Kostenreduzierung versprechen (Korcynski 2002; Holtgrewe/Kerst 2002; Holtgrewe 2006; Bain/Taylor 2002).

Die Arbeit in Callcentern zeigt sich nicht nur durch die verschiedensten Arbeitsinhalte facettenreich. Auch in Bezug auf ihre Form lässt sich Callcenter-Arbeit durchaus als heterogen bezeichnen. Sie ist zum einen eine stark standardisierte und hoch reglementierte Form von Dienstleistungsarbeit, weswegen Callcenter gelegentlich auch als „sweatshops" genannt werden. Zum anderen lässt sich die Arbeit in Callcentern als flexible Wissensarbeit beschreiben. Sie zeichnet sich durch den Umgang mit Unsicherheiten, der Konfrontation mit nicht-standardisierbaren Problemen sowie durch die Erbringung der Leistung in Echtzeit und unter Zeitdruck aus (D'Cruz/Noronha 2007: 62). „Wissensgesellschaft [ist] nicht nur in den Bereichen der High Potentials anzutreffen, sondern auch im Arbeitsalltag von angelernten und eher gering bezahlten Call-Center-AgentInnen." (Braun-Thürmann et al. 2006: 394). Die Annahme, Callcenter seien eine autonomiefreie Zone ohne Handlungsspielräume für die Beschäftigten, trifft demnach nicht zu (McPhail 2002: 47). Der Rückgriff auf flexibles menschliches Interpretations- und Interaktionsvermögen jenseits vorgegebener Regeln ist zum Abarbeiten vieler Anfragen in potentiell unsicheren Interaktionsverläufen unumgänglich. Gleichwohl bleibt eine entsprechende (finanzielle) Anerkennung dieses Vermögens zumeist aus[8].

So verschieden die einzelnen Formen von Callcenter-Arbeit auch sein können, ihnen ist eins gemeinsam: Ihr Vollzug ist an den Einsatz von IuK-Technologien gebunden. Den zuvor aufgeführten Attributen lässt sich also noch die Bezeichnung von Callcenter-Arbeit als „informatisierte Kommunikationsarbeit" (Matuschek et al. 2007, Kleemann/Matuschek 2003) oder „eWork" (Huws 2006) hinzufügen. Gleichwohl finden Callcenter in den gängigen Debatten zur Informatisierung der Arbeit (Baukrowitz et al. 2000, 2001) bisher wenig Berücksichtigung. Dabei lässt sich der Blick auf die Arbeitsorganisation von Callcentern als Vergleichsmöglichkeit nutzen, um interessante Gemeinsamkeiten, aber auch Unterschiede zu anderen Formen informatisierter Arbeit sowie zu den Verlagerungsprozessen derselben herausarbeiten. In der Interaktion mit dem Kunden kommen nicht nur Telefonie und Computer zum Einsatz. Vielmehr werden im Arbeitsvollzug verschiedenste IT-Systeme und -Anwendungen genutzt: In verknüpften Datenbanken finden sich Informationen zu Produkten, Serviceleistungen, Kunden etc. Die Telefonfunktion beruht auf technischen Ressourcen wie computerisierten Telefonanlagen und einer Vielzahl digitaler Netze von Telefon, Mobilfunk bis hin zum Internet und der Integration von Daten- und Sprachverkehr über Voice over IP. „Um es deutlicher zu formulieren: AgentInnen kommunizieren nicht einfach nur mit den KundInnen, sie recherchieren, interpretieren und protokollieren in unterschiedlichsten Datenbanken gleichzeitig (Kundendatenbanken, Gesprächsverlaufsdatenbanken, Internet, Dateien, Memos und Notizen), ganz zu schweigen von den Aktivitäten, die der menschlichen Wahrnehmung entzogen in den Routern und Servern des Call-Centers ablaufen." (Braun-Thürmann et al.: 2006: 376). Arbeit im Callcenter ohne Rückgriff auf IuK-Technologien ist schlichtweg unmöglich (Huws 2009: 5). Entsprechend sind sowohl die Verbreitung von Callcentern als auch die Arbeitsprozesse, die in ihnen ablaufen, eng mit der (Weiter-)Entwicklung und dem Einsatz einer Vielzahl von IuK-technologischen Anwendungen verknüpft (Trommel et al. 2007: 8). Der Schwerpunkt der Studien zum Technikeinsatz in Callcentern liegt allerdings zumeist auf den Auswirkungen auf die Qualität der Arbeit für die Beschäftigten und die Kunden sowie auf dem Einsatz von IuK-Technologien zur Kontrolle der Beschäftigten. Ich konzentriere mich jedoch nachfolgend auf solche IuK-Technologien, die in Callcentern dem Management und der Restrukturierung organisationaler Prozesse nicht nur an einzelnen Standorten, sondern auch zwischen verschiedenen Standorten dienen[9]. Hierzu zählen insbesondere

---

8   Im Gegenzug gelten Callcenter-Agenten als besonders Burn-out-gefährdet.
9   Eine Übersicht über die verschiedenen IT-Anwendungen, die in Callcentern angewendet werden, findet sich bei McPhail (2002: 61ff) und Greenan et al. (2009: 19f).

Callrouting-Anwendungen. Sie sind IuK-technologische Grundlagen des vernetzten Arbeitens in Callcentern und ermöglichen die Verteilung von Anrufen zwischen verschiedenen Standorten bzw. Arbeitsgruppen sowie (damit einhergehend) die Spezialisierung entsprechender Abteilungen.

3.2 Zu den Fallstudien in Callcentern

Unter dem Begriff „Callcenter" lassen sich, wie zuvor gezeigt, viele verschiedene Formen von Unternehmen in den unterschiedlichsten Bereichen subsumieren. Anhand der nachfolgenden Tabelle 2 lassen sich nicht nur die Organisationsform (Inhouse-Callcenter, outgesourcte Tochterunternehmen und externe Dienstleister), sondern auch die branchenspezifischen Tätigkeitsschwerpunkte der Callcenter, die als Fallstudien dienten, nachvollziehen. Bei der Akquise der Fallstudien habe ich den Schwerpunkt auf Callcenter in den Branchen gelegt, in denen diese Form der Organisation des Kundenkontakts am häufigsten eingesetzt wird. Die empirische Basis der Arbeit beruht somit auf Fallstudien von Callcentern aus den Bereichen Support von Soft- und Hardware, Handel, Telekommunikation, Internetproviding und Finanzdienstleistungen. Unabhängig von Organisationstyp und Branche handelt es sich bei allen Callcentern im Sample um Inbound-Center, also um Callcenter, die eingehende Anfragen entgegennehmen und nicht – wie im Fall von Outbound-Centern – Kunden aktiv anrufen. Des Weiteren handelt es sich bei den untersuchten Unternehmen um Callcenter mit Standort(en) in Deutschland, die lediglich für den deutschen Markt eingesetzt werden.

Um Unterschiede zwischen verschiedenen Arten von Callcentern auch während der Fallbeschreibung aufzuzeigen, wurde zur Anonymisierung ein Unternehmenskürzel gewählt, das sowohl Aufschluss über den jeweiligen Organisationstyp als auch über die Branche gibt, die das Callcenter (hauptsächlich) bedient. Verteilen sich die Dienstleistungen eines Callcenters auf mehrere Branchen zu gleichen Teilen, wurde das Suffix „Div" vergeben. Die Angaben zur Branche – und im Falle von Inhouse-Centern die Angaben zum Einsatz von freien Dienstleistern – beziehen sich ebenfalls jeweils auf den Teil des Unternehmens, der in die Fallstudie einbezogen wurde. Sie spiegeln im Ausnahmefall von [IN_Telco1] nicht die Situation des Gesamtkonzerns wider. Auch die Angaben zum Kundensegment in der Tabelle beziehen sich in dieser Fallstudie nur auf den Teil des Unternehmens, der in die Fallstudie einbezogen wurde.

Tabelle 2: Fallstudien in Callcentern

Unternehmen [Kürzel]	Organisationstyp (Einsatz von EDs)	Branche	Kundensegment	Multinationales Unternehmen (Ursprung)	Anzahl der Interviews (Personen)
[IN_Han]	IN (nein)	Han	PK	Ja (S)	2 Interviews (2,1), inkl. 1 Follow-Up
[OT_FiDi]	OT	FiDi	PK	Nein (D)	2 Interviews (1,1)
[IN_PC]	IN (nein)	PC	PK und GK	Ja, (US)	1 Interview (1)
[ED_Div1]	ED	TK, PC, IuK	PK	Ja, (US)	2 Interviews (1,1)
[ED_Div]	ED	TK, Han*	PK	Ja (versuchsweise), (D)*	2 Interviews (2,2)
[IN_IuK]	IN (ja)	IuK	PK	4 Ja, (US, zum Follow-Up I)	4 Interviews, (1,2,1,1) inkl. 1 Follow-Up
[IN_Telco1]	IN (ja)	TK*	PK	Nein (D)*	4 Interviews (1,2,1,1), inkl. 1 Follow-Up
[IN_Telco2]	IN (ja)	TK, IuK	PK und GK	Nein, (D)	1 Interview (1)
[OT_Telco1]	OT von [Telco1]	TK + IuK, Han*	PK	Nein, (D)	2 Interviews (1,1)

Abkürzungsverzeichnis:
Organisationstyp: IN = Inhouse-Callcenter, OT = outgesourctes Tochterunternehmen, ED = externer Dienstleister
Branche: Han = Handel, TK = Telekommunikation (i.d.R. Festnetztelefonie), IuK = Internet-Dienstleistungen, PC = Support von Hardware und PC-Peripheriegeräten, FiDi = Finanzdienstleistungen
Kundensegment: PK = Privatkunden, GK = Geschäftskunden, -- = ohne Differenzierung von GK und PK
Das * verweist auf Ausnahmen in anderen Bereichen des Konzerns bzw. auf wichtige ergänzende Hinweise in den detaillierten Beschreibungen der Fallstudie

Fallstudienübersicht Callcenter:
Gesamtzahl der Fallstudien = 9, Gesamtzahl der Interviews = 18 (davon Gruppeninterview mit je zwei Interviewpartnern = 4), Gesamtzahl der interviewten Personen = 21 (davon mehrfach interviewt in Form von Follow-Ups = 3)

3.2 Zu den Fallstudien in Callcentern

Die folgende kurze Vorstellung der Fallstudien in Callcentern dient dazu, Gemeinsamkeiten bzw. Unterschiede allgemeiner Natur zwischen den Callcentern aufzuzeigen. Die Darstellung der Standortstruktur und -politik, Verlagerungstaktiken und -prozesse sowie der Rolle der Nutzung(smöglichkeiten) von IuK-Technologie bei den zuvor aufgeführten Aspekten erfolgt in den jeweiligen nachfolgenden Kapiteln.

3.2.1 Inhouse-Center

[IN_Han]: Dienstleister für die Filialen I

Das Unternehmen bietet via Filialgeschäfte und Versandhandel Einrichtungsgegenstände sowie Möbel für den Massenmarkt an. Und dies ausgesprochen erfolgreich, sowohl Mitarbeiterzahl als auch Umsatz wachsen ständig. In Deutschland macht der Konzern den höchsten Umsatz und beschäftigt am meisten Mitarbeiter. Im Geschäftsjahr 2009 arbeiteten im Gesamtkonzern in Deutschland knapp 14.000 Mitarbeiter. Weltweit beschäftigt der Konzern mehr als 120.000 Mitarbeiter, davon arbeitet allerdings nur ca. ein Zehntel im Bereich Service (also nicht im Verkauf in den Filialen vor Ort). Die Geschäftstätigkeit umfasst knapp 40 Länder, mit 80% des Gesamtumsatzes liegt der Schwerpunkt des Unternehmens aber klar auf dem europäischen Markt. Länderübergreifend lässt sich festhalten, dass zwar generell mit Anzahl der Filialen auch die der Callcenter steigt; die Anzahl der Filialen, für die ein Callcenter des Konzerns im Durchschnitt zuständig ist, variiert jedoch stark[10].

In Deutschland waren die Expansionsbestrebungen Anfang 2000 am größten. Um kontraproduktiven Effekten einer Übersättigung zu begegnen, konzentrieren sich die Expansions- und Wachstumsbestrebungen des Konzerns in den nachfolgenden Jahren auf andere Länder. Der deutsche Markt wird von zwei Standorten bedient. Das „erste" Callcenter befindet sich im Rhein-Main-Gebiet am Rande der kleinen Ortschaft [Maindorf] und wurde 1998 gegründet. Da die Kapazitäten relativ schnell erschöpft waren und das Filialgeschäft zu der Zeit ausgebaut wurde, suchte man gezielt in Ostdeutschland und Polen nach einem geeigneten zweiten Standort. Nach einigem Hin und Her gründete man schließlich in [Seestadt] ein zweites Service-Center. Danach stieg die Anzahl der telefonischen Anfragen kaum, so dass man sich in Deutschland in der Lage sah, zu-

---

10 Neben den Interviews in Deutschland konnten Informationen aus den Fallstudienberichten der GCC-Forscherteams aus den USA, Frankreich, UK und den Niederlanden einbezogen werden.

künftig Mehrarbeit mit Hilfe zunehmender Automatisierung abzufangen (siehe auch Kapitel 6.6).
Der Standort [Maindorf] ist der größere von beiden Standorten. Das Personal dort besteht je zur Hälfte aus Vollzeit- und Teilzeitbeschäftigten; der Teilzeitanteil soll aufgrund des erhöhten Flexibilitätspotentials auf 60% erhöht werden. In Ergänzung dazu bleibt in [Seestadt] der Anteil der Vollzeitbeschäftigten höher. Die Aufgabenstruktur und Verteilung der Aufgaben zwischen den beiden Standorten stellt sich wie folgt dar: Einige Tätigkeitsbereiche werden als „Second-Level"-Aufgaben eingestuft und besser entlohnt. Hierzu gehört die Bearbeitung von schriftlichen Anfragen via Fax und E-Mail, die Reklamationsbearbeitung – als Dienstleistung für die Filialen – und Tätigkeiten im „Back-Office". Im Großen und Ganzen besteht zwischen den Standorten keine funktionale Arbeitsteilung. Einige Aufgabengebiete wurden vorerst nur in [Maindorf] bearbeitet, im Laufe der Zeit soll jedoch eine Angleichung stattfinden. Neue Aufgabengebiete werden ebenfalls zunächst nur in [Maindorf] bearbeitet. Durch die Übernahme von immer mehr Aufgaben, wie zum Beispiel der Bestellannahme und die alleinige Bearbeitung von Reklamationen, weitet das Callcenter-Management sein gesamtes Aufgabenspektrum strategisch aus. Wie im Fall von [OT_FiDi] sieht sich das Management hierbei als Dienstleister für die Filialen in Bezug zum Konzern. In beiden Fällen bleibt diese Bezugnahme allerdings auch einseitig, die Wahrnehmung der Callcenter als Teil des Unternehmens ist in anderen Bereichen des Konzerns kaum vorhanden.

[IN_PC]: Der IT-Support eines multinationalen US-Konzerns

Das deutschsprachige Callcenter gehört zu einem großen, multinationalen US-Unternehmen, das PCs und entsprechende Peripheriegeräte online bzw. via Telefonorder verkauft und auch den Kundenservice über Telefon und E-Mail abwickelt. Weltweit beschäftigt das Unternehmen über 90.000 Mitarbeiter. Zeichnete sich das Unternehmen insgesamt in der Vergangenheit durch einen Expansionskurs aus, so plante man zum Zeitpunkt des Interviews eine Personaleinsparung von ca. zehn Prozent, die auch die Callcenter und hier insbesondere Service-Center in englischsprachigen Ländern betraf.
Der deutsche Markt wird von drei Standorten aus bedient: An dem Standort in Ostdeutschland leistet das Unternehmen den Support für Geschäftskunden, im slowakischen Callcenter werden die Anrufe deutscher Privatkunden entgegengenommen und am Standort in Westdeutschland befindet sich der Vertrieb. Der Standort in Ostdeutschland ist der jüngste; er wurde 2005 gegründet und seitdem ständig ausgebaut. Das Geschäftskunden-Callcenter von [IN_PC] hebt sich stark

von den Callcentern der anderen Fallstudien ab. Insgesamt finden sich die Besonderheiten, wie sie für technische Callcenter typisch sind (D'Cruz/Noronha 2007: 56f). Dies zeigt sich zum Beispiel beim unterschiedlichen „Arbeitsrhythmus" der Mitarbeiter und einer Belegschaft, die sich durch einen hohen Anteil männlicher Vollzeitbeschäftigter, darunter zumeist Facharbeiter, auszeichnen. Zum Zeitpunkt des Interviews arbeiten 680 Mitarbeiter dort, davon 270 im Support. Vorher wurden entsprechende Funktionen durch den Standort in Westdeutschland mit übernommen.

Das Callcenter, an dem Privatkunden bedient werden, wurde zunächst als reines Service-Center in der Slovakei gegründet und dann in ein Business-Center für die Gebiete Europa, Naher Osten und Afrika umgewandelt. Dabei wurden 800 neuen Stellen geschaffen. Zum Zeitpunkt des Interviews arbeiteten dort insgesamt ca. 2.000 Mitarbeiter, davon allerdings nicht alle im Kundenservice.

Beim Vergleich der Callcenter von [IN_Han] und [IN_PC] fällt auf, dass diese sich in ihren Tätigkeitsbereichen ähneln. Beide bearbeiten Bestellungen und leisten produktbezogenen Support. Im Unterschied zu [IN_Han] betreibt [IN_PC] allerdings kein Filialgeschäft. Abgesehen davon unterscheidet sich die Arbeitsweise der beiden Unternehmen dadurch, dass das Callcenter von [IN_Han] für den Massenmarkt arbeitet und bei [IN_PC] die Differenzierung von Geschäfts- und Privatkunden, die mit der Verteilung der Anrufe auf verschiedene Standorte einhergeht, im Wesentlichen die Arbeitsabläufe bestimmt.

[IN_IuK]: vom Kundenservice eines US-amerikanischen Internetproviders zum deutschsprachigen Callcenter eines italienischen Telekommunikationskonzerns

Bei [IN_IuK] handelt es sich ursprünglich um den Kundenservice eines US-amerikanischen multinational agierenden Konzerns, der als Internetprovider seinen Service anbot. Der Kundenservice in Deutschland umfasste zwei Standorte, die ungefähr gleich groß waren. Bei beiden Standorten handelte es sich um Inbound-Callcenter, die neben Telefon- (80-85%) auch die Mail-, Fax- und Chat-Anfragen der knapp drei Millionen Kunden entgegennehmen.

Zum Zeitpunkt des Follow-Up-Interviews wurden die beiden Service-Center von [Telco3], einer Tochter eines italienischen Telekommunikationskonzerns [Telco_I], aufgekauft und mit einem zweiten Unternehmen aus dem Bereich Telefonie und Internetproviding [Telco3], das ebenfalls durch [Telco_I] aufgekauft wurde, zusammengeführt. Bereits vor dem Aufkauf wurden die Aufgabenstruktur der Callcenter und die Zuweisung von Aufgaben zum Bereich Back- bzw. Frontoffice der Callcenter einige Male umgestellt. Mit der Übernahme durch [Telco3] näherte sich nicht nur das Tätigkeitsgebiet des Unternehmens den Telefonanbietern wie [Telco1 und 2] an. Auch die Struktur der Standorte ändert sich, und das nicht nur im Hinblick auf die unternehmenseigenen Standorte, sondern auch bezüglich der Dienstleister, die das Unternehmen einsetzt.

[Telco2]: auf dem Weg zum multinationalen Konzern

Im Unterschied zu [Telco1] handelt es sich beim Telekommunikationsunternehmen [Telco2] um ein vergleichsweise junges Unternehmen, dessen deutscher Mutterkonzern seinen Branchenschwerpunkt nicht im Bereich der Telekommunikation hatte. Anfang 2000 wurde das Unternehmen von einem multinationalen Mobilfunkkonzern aufgekauft. Die Einbindung in diese multinationalen Konzernstrukturen verlief zunächst zögerlich, hat aber in den letzten Jahren deutlich zugenommen. Durch Unternehmensursprung und -entwicklung hat [Telco2] im Vergleich zu [Telco1] eher schlanke Strukturen. Zudem hatte [Telco2] seinen Schwerpunkt zunächst im Mobilfunkbereich, bot aber über ein Tochterunternehmen mit der Zeit auch Festnetztelefonie an und arbeitete als Internetprovider. Laut Presseberichten konnte es in den vergangenen Jahren die Anzahl der durch das Unternehmen vertriebenen Festnetzanschlüsse sowie der DSL-Anschlüsse drastisch steigern. Somit ist [Telco2] inzwischen in allen Unternehmensbereichen – also in den Bereichen Festnetztelefonie, Mobilfunk und Internet – in Deutschland einer der größten Konkurrenten von [Telco1]. Wie [Telco1] hat [Telco2] in den letzten Jahren die verschiedenen Unternehmensbereiche zusammengeführt. Intern werden Callcenter-Dienstleistungen an zwei Standorten, die sich beide in Westdeutschland befinden, angeboten. Die Beschäftigtenzahl (ca. 3.800) hat sich trotz Erhöhung des Marktanteils kaum geändert, was am zunehmenden Einsatz von externen Dienstleistern liegt (siehe auch Abschnitt 4.2.2).

[Telco1]: vom Monopolisten zum Konzern auf umkämpftem Markt

Obwohl der Tätigkeitsschwerpunkt und Ursprung des Unternehmens in Deutschland liegt, sind immerhin 40% der Konzernbelegschaft im Ausland beschäftigt. Zudem bietet der Konzern in 15 weiteren Ländern seine Leistungen an. Im Hinblick auf das Management von Callcentern fällt diese Multinationalität jedoch kaum ins Gewicht, die multinationale Konzernstruktur erweist sich als ausgesprochen segmentär (siehe auch Abschnitt 5.5ff). Im Gegensatz zu [Telco2] war [Telco1] schon immer ein eigenständiger Telekommunikationskonzern.

Der Konzern [Telco1] zeichnet sich durch häufige und tiefgreifende Restrukturierungs- und Reorganisationsmaßnahmen aus. Die Restrukturierungsprozesse werden hierbei von der Tendenz, innerhalb der Telekommunikationsbranche die verschiedenen Unternehmensbereiche Festnetz, Mobilfunk, Internet und IT-Services zusammenzulegen, beeinflusst. Im Bereich der Telekommunikation gibt es kaum noch ein Unternehmen, das nur einzelne Dienstleistungen anbietet. Da sich die Produkte und der Service innerhalb des nun großen Bereiches der Telekommunikationsdienstleistungen immer mehr angleichen, treten Unternehmen auf einem – ohnehin schon gesättigten – Markt von Telekommunikations- und Internetanbietern zunehmend in Konkurrenz zueinander. In Reaktion auf die veränderte Marktposition und den damit einhergehenden Umsatzrückgängen greift das Unternehmen [Telco1] zu (weiteren) personellen Rationalisierungsmaßnahmen. Mitarbeiter aus allen Bereichen werden in die unternehmenseigenen Beschäftigungsgesellschaften bzw. in andere Bereiche des Konzerns vermittelt. Anderen werden Abfindungen und Vorruhestandsregelungen angeboten. Allerdings unterliegen derzeit ca. noch 40% der Gesamtbelegschaft einem speziellen Kündigungsschutz. Dies führt zu einer Personalstrategie, den temporären Mehrbedarf statt mit eigenem Personal durch „flexiblere" – und gleichwohl prekärere – Beschäftigungsverhältnisse mittels Leih- und Zeitarbeit sowie durch die Nutzung externer Dienstleister zu decken. Als weitere Gründe für den Bedarf an personellen Rationalisierungsmaßnahmen wird von Managementseite ein geringerer Personalbedarf aufgrund verbesserter Nutzung von IT-Systemen angegeben. Außerdem zielen die diversen Restrukturierungsmaßnahmen auf eine höhere Servicequalität und als Konsequenz daraus auf eine größere Kundenzufriedenheit. Gerade mit Letzterer hat das Unternehmen große Probleme. Dies liegt nicht zuletzt daran, dass der Konzern im Zuge der Entwicklung vom Monopolisten hin zur heutigen Wettbewerbssituation mit hohem Konkurrenzdruck und zum Teil rückläufigen Marktanteilen den veränderten Stellenwert von Kundenzufriedenheit und -orientierung zur Kenntnis nehmen musste.

3.2.2 *Outgesourcte Tochterunternehmen*

[OT_Telco1]: ein Teil der Familie(?)

Die Callcenter von [OT_Telco1] gehören zu dem Teil der Beschäftigungsgesellschaft von [Telco1], der sich auf den telefonischen Kundenservice spezialisiert hat. Bei den 16 Callcenter-Standorten, die [OT_Telco1] betreibt, handelt es sich – bis auf eine Neugründung – um ehemalige Callcenter des Mutterkonzerns, an denen das ehemalige Personal weiterbeschäftigt wird. Das Tochterunternehmen wurde Anfang 2004 aus dem Konzern ausgegliedert. Seitdem haben knapp 33.000 Beschäftigte das Unternehmen „durchlaufen". Der Bereich „Kundenservice" beschäftigte 2008 noch knapp 2400 Mitarbeiter, im ersten Quartal 2006 waren es noch über 3.000. Allein im Jahr 2008 wurden zehn Callcenter-Standorte durch das outgesourcte Tochterunternehmen an externe Dienstleister verkauft.

Unternehmensentwicklung und Managementstrategien von [OT_Telco1] sind immer noch eng mit dem Mutterkonzern [Telco1] verknüpft. Die Zentrale von [OT_Telco1] befindet sich in einem der Gebäude der Konzernzentrale von [Telco1]. Der Konzern [Telco1] ist an den meisten Standorten der Hauptauftraggeber und in den Schilderungen der Befragten manchmal präsenter als das outgesourcte Tochterunternehmen selbst. Die Beschäftigten von [OT_Telco1] identifizierten sich zum Zeitpunkt der Befragung noch stark mit dem Mutterkonzern. Sowohl der outgesourcte Telefon-Kundenservice als auch die Beschäftigungsgesellschaft gehören laut dem Interviewpartner bei [OT_Telco1] immer noch zur „großen [Telco1] Familie". Das Management von [Telco1] sieht [OT_Telco1] allerdings zunehmend als einen von mehreren externen Dienstleistern, der sich auf dem freien Markt bewähren und Aufträge anderer Unternehmen verschiedenster Branchen gewinnen muss. [OT_Telco1] weist im Gegensatz zu [OT_FiDi] sowohl Züge eines Inhouse-Callcenters als auch eines externen Dienstleisters, der für verschiedene Auftraggeber arbeitet, auf.

Das Callcenter in [E-Stadt] wurde 1996 gegründet und gehörte seinerzeit zum Vertriebsbereich von [IN_Telco1]. Der Tätigkeitsschwerpunkt liegt auf Inbound-Telefonie. Die Größe des Standortes schwankt relativ stark; zum Zeitpunkt des Interviews belief sich die Anzahl der Mitarbeiter auf 180, darunter ca. ein Drittel Zeitarbeiter. Je nach Auftragslage bestehen am Standort Kapazitäten zur Aufnahme weiterer Mitarbeiter.

[OT_FiDi]: Dienstleister für die Filialen II

Die Callcenter des Finanzdienstleisters, der seinen Unternehmenssitz und sein Haupttätigkeitsfeld in Deutschland hat, gehören zum outgesourcten Unternehmenszweig "Direktbanking". Das Tätigkeitsfeld des Tochterunternehmens umfasst den telefonischen Support sowie Telefon- und Onlinebanking. Im Unterschied zum anderen outgesourcten Tochterunternehmen [OT_Telco1] arbeitet das Callcenter von [OT_FiDi] nur für den Mutterkonzern. Hinsichtlich seiner Anbindung an den Mutterkonzern ähnelt es also eher einem Inhouse-Center.

Der größte Standort des Unternehmens liegt in [D-Stadt], dort werden alle Tätigkeitsfelder des Direktbankings bearbeitet. Telefonische Anfragen werden zudem durch ein unternehmenseigenes Offshore-Callcenter in Irland entgegen genommen. Insgesamt liegt der Anteil der Kundeninteraktionen, die über das

Telefon abgewickelt werden, mit 2-3% relativ niedrig. Dies liegt weniger an einer starken Nutzung des Onlinebankings, sondern daran, dass die Interaktion mit dem Kunden im Filialbetrieb innerhalb des Gesamtkonzerns (noch) eine wichtige Rolle spielt. An dieser starken Bedeutung des Filialgeschäftes setzt das Aufgabengebiet der Callcenter in [A-Stadt] und [C-Stadt] an. Diese sind für die Vermittlung von telefonischen Kundenanfragen in die ca. 800 Filialen des Unternehmens zuständig[11]. Versucht man eine Filiale des Unternehmens ohne Durchwahlnummer zu einem bestimmten Gesprächspartner zu erreichen, so wird man zuerst an einen der beiden Standorte mit Vermittlungstätigkeit verbunden. Im Rahmen eines Pilotprojektes werden zudem durch die Vermittlungscallcenter auf einfache Tätigkeiten aus dem Bereich „Telefonbanking" (z.B. Kontostandabfrage, Tätigung von Überweisungen, Einrichtung von Daueraufträgen etc.) übernommen. Ziel des Pilotprojektes ist jedoch nicht die Entlastung der anderen Standorte, die entsprechende Aufgabengebiete bearbeiten, sondern die der Filialen. Die Vermittlungscallcenter beziehen sich – selbst bei der gleichen Tätigkeit – stärker auf die Filialen als die anderen Standorte des Direktbankings.

3.2.3 Fallstudien bei Callcenter-Dienstleistern

Schließlich umfasst das Sample auch noch zwei Unternehmen, die als externe Unternehmen für diverse Auftraggeber arbeiten. Einige Tochterunternehmen von [ED_Div] stehen mit ihrem Tätigkeitsschwerpunkt klar in Konkurrenz zu [ED_Div1]. Beispielsweise ergeben sich zwischen den beiden Unternehmen dort Überschneidungen im Tätigkeitsfeld, wo Aufträge des gemeinsamen Auftraggebers [Telco1] bearbeitet werden. Zudem haben sich im Laufe der Zeit die beiden Dienstleister hinsichtlich der Branchen, die sie bedienen, und ihrer Tätigkeitsbereiche deutlich angenähert.

[ED_Div]: ein funktional hochdifferenzierter Dienstleister mit Auftraggebern aus den verschiedensten Branchen

Das Unternehmen [ED_Div] wurde bereits in den 50er Jahren in Westdeutschland gegründet und konzentrierte sich anfangs auf Outbound-Kampagnen. Ende der 80er Jahre war es – nach eigenen Angaben – das erste Callcenter, das Teleshopping-Bestellungen annahm. In den nächsten Jahren übernahm es einige

---

11 Die Interviews fanden ausschließlich in [A-Stadt] statt, also einem der beiden Standorte mit Vermittlungsfunktion. Zu den anderen Standorten und Unternehmensbereichen des Tochterunternehmens konnte kein Kontakt hergestellt werden.

Standorte von anderen Callcentern, die sich auf den Versandhandel spezialisiert hatten, und etablierte Partnerschaften mit entsprechenden Versandhäusern. Zudem gründete es eigene Standorte, ab 2000 auch in Ostdeutschland. In den letzten Jahren hat die Firmengruppe weitere Callcenter-Standorte übernommen und konzentriert sich hierbei jedoch nicht nur auf Callcenter für den Versandhandel. Das Unternehmen arbeitet inzwischen auch für Auftraggeber aus den Bereichen Finanz-, Telekommunikation und IuK-Dienstleistungen etc. Unter den übernommenen Standorten befinden sich auch acht Callcenter von [OT_Telco1]. Das Unternehmen unterscheidet sich also nicht nur in Bezug auf Ursprungsland und -branche, sondern auch hinsichtlich der Etablierung auf dem deutschen Markt von [ED_Div1].

Laut Homepage umfasst das Unternehmen ungefähr 40 Service-Center an ca. 20 Standorten. Ungefähr zwei Drittel der Standorte befinden sich in Deutschland, die restlichen jeweils in Polen, Rumänien, der Schweiz und in Österreich (Stand Herbst 2011). Die Anzahl der Mitarbeiter stieg im Zeitraum von 2002 bis 2011 von 2.000 auf 8.000 Mitarbeiter. Allerdings macht das Unternehmen auch durch eine drohende Insolvenz und ein häufiges Wechseln der Anteilseigner von sich reden. Unter dem Druck der Investoren wurde in den letzten Jahren auch die funktionale Differenzierung der Tochterunternehmen aufgegeben, durch die sich der Dienstleister lange Zeit auszeichnete.[12] Bis 2008 wies das Unternehmen neben einer Spezialisierung der Tochterunternehmen auf die Tätigkeit für verschiedene Branchen auch eine Konzentration einiger Tochterunternehmen auf die Übernahme spezieller Funktionen wie zum Beispiel Outbound auf. Im Vergleich zum Dienstleister [ED_Div1] weist [ED_Div] ein breiteres Tätigkeitsfeld und eine starke interne Differenzierung auf. Außerdem bezieht der gesamte Konzern seine Tätigkeiten ausschließlich auf den deutschsprachigen Markt.

[ED_Div1]: der multinationale „IT-Outsourcer" auf der Suche nach neuen Geschäftsfeldern

Der US-Konzern [Div1] ist ein großer, multinational agierender Dienstleister für Callcenter. Weltweit beschäftigt [Div1] ca. 33.000 Angestellte (Stand: 31.01.2009), davon arbeiten ca. 30.000 als Callcenter-Agenten. Das Unternehmen bezeichnet sich als „klassischer" IT-Outsourcer. Es hat sich auf die Anrufbearbeitung in Form des technischen Supports für die Bereiche Unterhaltungs- und Haushaltselektronik sowie auf das Angebot entsprechender Hotlines mit

---

12 Die Interviews wurden vor der Umwandlung der funktional bzw. branchenspezifisch differenzierten Tochterunternehmen in Standortgesellschaften durchgeführt.

3.2 Zu den Fallstudien in Callcentern

dem Schwerpunkt IuK-Technologie spezialisiert. Die Produktpalette, für die [ED_Div1] technischen Support anbietet, umfasst sowohl Produkte für den Massenmarkt und Privathaushalte (z.B. Haushaltsgeräte, Unterhaltungselektronik, Computer und Telefonie etc.) als auch Gerätegruppen (Druckstationen, Server etc.), die hauptsächlich von Geschäftskunden gekauft werden[13]. Außerdem bearbeitet der Dienstleister – genau wie [ED_Div] – Anrufe für Unternehmensbereiche von [Telco1]. Der Börsenwert des Konzerns hat sich zwischen 2005 und 2007 positiv entwickelt und verhielt sich seitdem trotz Finanzkrise ziemlich stabil. Das Verhältnis des Managements zu Gewerkschaften ist in Deutschland dagegen angespannt.

Als deutsche Filiale eines US-amerikanischen Konzerns ist [ED_Div1] in seiner Strukturierung weniger selbstbestimmt als [ED_Div]. Zudem wird der Dienstleister [ED_Div1] stärker durch die Arbeitsteilung zwischen Projekten verschiedener Auftraggeber strukturiert und verfügt über keine formelle Unterteilung in verschiedene Unternehmensbereiche. In Deutschland betreibt [ED_Div1] vier Callcenter an drei Standorten: zwei in [Hafenstadt], je eins in [Ostgrenzstadt] und in [Ruhrstadt]. Das Unternehmen ist seit 1997 in Deutschland aktiv; es kann also im Vergleich zu [ED_Div] auf eine bedeutend kürzere Firmengeschichte zurückblicken. Die Gesamtzahl der Beschäftigten in Deutschland liegt bei 2.000. Das Callcenter in [Ruhrstadt] beschäftigt etwa 260 Mitarbeiter, in [Hafenstadt] arbeiten ungefähr doppelt so viele. Beide Callcenter sowie einige andere, die jedoch inzwischen wieder geschlossen wurden, wurden Ende der 90er Jahre im Zuge der Erschließung des deutschen Marktes aufgekauft. Die Callcenter in [Hafenstadt; Standort 2] und [Ostgrenzstadt] wurden durch das Unternehmen selbst aufgebaut. [Hafenstadt] und [Ostgrenzstadt] unterscheiden sich bezüglich der Anteile von Vollzeit- und Teilzeitbeschäftigten. Zudem war das Lohnniveau in [Ruhrstadt] lange Zeit höher.

---

13 Aufgrund dieser Spezialisierung wäre als Auftraggeber für [ED_Div] das Unternehmen [IN_PC] besonders interessant. Dieser vergibt jedoch kaum Aufgabenbereiche an externe Unternehmen.

4 Die räumliche Restrukturierung von Dienstleistungsarbeit: Verlagerungsprozesse und Verstandortung von Callcenter-Dienstleistungen

In diesem Kapitel liegt der Schwerpunkt auf der Beschreibung der räumlichen Restrukturierung von Dienstleistungsarbeit. Obwohl die Studie auf das Zusammenspiel von Verlagerung von Technik in Unternehmensnetzwerken abzielt, werden nachfolgend zunächst vorbereitend Strategien und Effekte räumlicher Restrukturierungsmaßnahmen vorgestellt. Im ersten Abschnitt liegt der Fokus auf der Schilderung des theoretischen Erkenntnisstandes zu Verlagerungsprozessen der Dienstleistungsarbeit in Kombination mit Erkenntnissen aus der Forschung zu multinationalen Unternehmen. Im zweiten, eher empirischen Teil werden dann anhand der Analyse der Fallstudien in Kombination mit der Sekundäranalyse weiterer Callcenter-Studien die räumlichen Restrukturierungsprozesse speziell von Callcenter-Dienstleistungen beschrieben. Im letzten Abschnitt (4.4) gehe ich schließlich auf die besondere Rolle des Einsatzes von IuK-Technologien im Rahmen von Verlagerungsprojekten ein und fasse insbesondere theoretische Befunde der Forschung zum Zusammenspiel von Verlagerungsprozessen und dem Technikeinsatz zusammen.

4.1 Forschungsbefunde zur Verlagerung von Dienstleistungsarbeit allgemein

Die Vielfältigkeit von Prozessen räumlicher Restrukturierung und die damit einhergehende Vielzahl von Versuchen, verschiedene Typen von Verlagerung von Arbeitsprozessen zu unterscheiden, führte dazu, dass bislang innerhalb der Forschung zu Verlagerungsprozessen die Terminologie weder einheitlich noch trennscharf genutzt wird. Zum einen wird nicht konsequent zwischen Outsourcing und Offshoring unterschieden, und es wird teils von Outsourcing gesprochen, wenn länderübergreifende Verlagerung – also Offshoring – gemeint ist (Feenstra/ Hanson 1996; Egger/Stehrer 2003). Zum anderen erfolgt die Thematisierung von Verlagerungsprozessen unter ganz anderen Begriffen wie z. B. der „De-Localisation" (Leamer 1996) oder der (internationalen) Fragmentierung von Arbeitsprozessen (Deardoff 2001; Arndt/Kierzokowski, 2001; Helg/Tajoli, 2005). Die Vielfältigkeit der Beschreibung und Verwendung der Begriffe macht es notwendig, das eigene Verständnis von Verlagerungsprozessen und eine mögliche Binnendifferenzierung zu präzisieren. Hierbei greife ich auf Unterscheidungen von Verlagerungsprozessen zurück, die sich auf die Verlagerung von Dienstleistungsprozessen beziehen lassen.[14] Grob lassen sich zunächst zwei Formen von Verlagerungsprozessen unterscheiden: Outsourcing und Offshoring. Offshoring bezieht sich nur auf die Verlagerung ins Ausland, Outsourcing bezeichnet „the provision of services by a vendor firm to a client" (Klepper 1995: 249). Des Weiteren unterscheide ich noch Nearshoring als eine besondere Form des Offshorings (siehe auch Boes/Schwemmle 2005a: 9f). Im Gegensatz zum Offshoring bezieht sich der Begriff des Nearshorings nicht auf eine Verlagerung über lange Distanzen, sondern lediglich auf eine Verlagerung in Nachbarländer bzw. über kurze Entfernungen. Zur weiteren Differenzierung werden zwei Kriterien herangezogen (Bottini et al. 2007): Zum einen die Lage des Standortes, an dem die Dienstleistung erbracht wird (Inland oder Ausland), und zum anderen, ob die ausführende Einheit zum Betrieb gehört (intern/extern).

Tabelle 3: Outsourcing vs. Offshoring in Anlehnung an Bottini (2007: 3)

Zugehörigkeit des neuen Standortes \ Lage des Standortes	Inland	Ausland (Offshoring), nahes Ausland (Nearshoring)
Intern	Eigener inländischer Service	Dienstleistung durch ausländische Filiale, internes Offshoring (Boes/Schwemmle 2005a)
Extern (Outsourcing)	Inländisches Outsourcing	Internationales Outsourcing, Offshore-Outsourcing (Boes/Schwemmle 2005a)

Eine alternative Differenzierung von Verlagerungsprozessen ergibt sich in der Unterscheidung zwischen substitutiven und komplementären Verlagerungsprozessen. Bei komplementären Verlagerungsbewegungen werden im Gegensatz zu substitutiv angelegten Verlagerungsbewegungen im Ursprungsunternehmen bzw. -land keine Arbeitsplätze abgebaut (Flecker 2003: 220). Diese Unterscheidung

---

14 Die Verlagerung von Dienstleistungen (Bottini et al. 2007) wie Kundenservice, Beschwerdemanagement und Telemarketing lässt sich von der „materiellen" Verlagerung von Produktionsprozessen unterscheiden. Insbesondere Dossany und Kenney (2003) zeigen, dass Verlagerung von den oben angeführten Dienstleistungen anders verläuft als die von Produktionsprozessen.

ermöglicht es, Verlagerungsbewegungen vernetzt zu denken und die Beziehungen zwischen den „Empfängern" und „Versendern" von Arbeitsaufgaben aus dem Dienstleistungsbereich in die Analyse von Verlagerungsprozessen einzubeziehen.

Konzepte, Verlagerungsprozesse systematisch zu unterscheiden und eindeutig zu benennen, sind also durchaus vorhanden. Gleichwohl werden sie in der empirischen Forschung nicht durchgängig genutzt, so dass der Bezugspunkt der theoretischen Aussagen teilweise unklar bleibt. Ziel der nachfolgenden Abschnitte ist es, diese Ungenauigkeiten durch einen Vergleich einer Vielzahl von Arbeiten zu Outsourcing bwz. Offshoring zu beseitigen und durch begriffliche Klärung eine differenzierte Analyse von Verlagerungsprozessen möglich zu machen. Der Fokus liegt dabei auf Überschneidungen und Unterschieden bezüglich der verschiedenen Verlagerungsformen von Dienstleistungsarbeit.

4.1.1 Vor der Verlagerung: Voraussetzungen und Strategien der Verlagerung von Dienstleistungsarbeit

Welche Bedingungen müssen erfüllt sein, damit eine Verlagerung von Dienstleistungsarbeit überhaupt möglich ist? Welche Anforderungen ergeben sich hieraus sowohl an die Unternehmen, die Aufgaben verlagern wollen, als auch an die Unternehmen(steile), an die Aufgaben vergeben werden? In diesem Abschnitt sollen die Faktoren beschrieben werden, die den Vollzug von Verlagerungsaktivitäten überhaupt erst ermöglichen.

Ein Teil dieser Faktoren bezieht sich auf bestimmte Merkmale der Organisation der Dienstleistungsarbeit. Die Verlagerung von Aufgabengebieten setzt zum einen voraus, dass die Aufgaben, die keine gleichzeitige Anwesenheit am selben Ort (Ko-Präsenz) erfordern, aus dem allgemeinen Aufgabenfluss separiert werden können. Organisationale Notwendigkeiten für die Verlagerung von Dienstleistungsarbeit sind also eine gewisse Modularität des Arbeitsprozesses und dass zum Arbeitsvollzug keine Ko-Präsenz erforderlich ist (Dossany/Kenney 2003).

Im Falle von Callcenter-Dienstleistungen gehört die Modularität zu den Existenzbedingungen von Callcentern. Die Beauftragung bzw. die Gründung von Callcentern macht zudem auch nur Sinn, weil der Kontakt zum Kunden keine Ko-Präsenz erfordert. Bei Callcenter-Dienstleistungen handelt es sich, anders formuliert, um eine „business function", die von den sonstigen Aufgaben des Unternehmens separiert wurde. Und wenn es technisch und organisatorisch möglich wird, den Kundenservice als eine solche Funktion zu definieren, dann stellt sich für Unternehmen auch die Frage des Outsourcing (Hild 2003).

Auch die interne Organisation der Aufgabenverteilung innerhalb von Callcentern kann – wie die nachfolgenden Fallstudien zeigen – starke Modularität aufweisen. Dementsprechend lassen sich – technikgestützt (siehe Kapitel 5ff) – auch verschiedene Teilaufgaben separieren und auf verschiedene Standorte verteilen. Diese interne Modulisierbarkeit erfordert die Spezifikation der (neu entstandenen) Aufgabenbereiche sowie durch deren (Ein-)Passung in bestehende Arbeitsabläufe. Je klarer und eindeutiger diese Aufgabenbereiche spezifiziert sind, desto einfacher lassen sie sich verlagern. Es lassen sich also vor allem solche Aufgabengebiete gut ausgliedern, denen ein hohes Maß an Standardisierbarkeit und Formalisierbarkeit zugeschrieben wird bzw. die sich vergleichsweise einfach spezifizieren lassen und gut zu dokumentieren sind. Entsprechend gestaltet sich die Auslagerung von Aktivitäten, die sich durch ein hohes Maß „tacit knowledge" auszeichnen, sowie von nicht routinehaft ablaufenden Prozessen schwierig (Martin/Salomon 2003, Bottini et al. 2007: 9, Flecker/Kirschenhofer 2002). Auffallend ist, dass die Tätigkeiten, die eine Verlagerung von Arbeitsprozessen ermöglichen – also Standardisierung, Spezifizierung, Dokumentation und Formalisierung von Aufgaben – unter dem Rückgriff auf IuK-Technologien erfolgen. Insofern fördert der Einsatz von IuK-Technologien die Verlagerbarkeit von Arbeitsprozessen. Zugleich führt das Bestreben, Arbeitsprozesse verlagerbar zu machen, zu einem erhöhten Arbeits- und Personalaufwand der Abteilungen, denen es obliegt, die Aufgaben „verlagerbar" zu machen (Flecker 2003: 228f).

Unternehmen versuchen durch Verlagerungsprozesse in der Regel mehrere ggf. widersprüchliche Ziele – wie zum Beispiel Kostensenkung und Qualitätsverbesserung (Rubery/Earnshaw 2005: 176) – zu erreichen. Nachfolgend werden allgemein relevante Motive und Strategien beschrieben, die Unternehmen zur Verlagerung von Aufgaben veranlassen. Gleichwohl ergeben sich Unterschiede in der Gewichtung der Entscheidungskriterien in Abhängigkeit von der Unternehmensgröße und -struktur (Flecker 2006). Des Weiteren variieren die Motive je nach Geschäftsfunktionen und Arbeitsmarktsegmenten, die von den Verlagerungsaktivitäten betroffen sind. Dadurch ergeben sich nicht nur zwischen verschiedenen Unternehmen, sondern auch innerhalb von Unternehmen Unterschiede bezüglich der Strategien und Motive, Aufgaben zu verlagern. Des Weiteren verändert sich im Verlauf von Verlagerungsprozessen auch immer wieder die Gewichtung der Kriterien. So beschreiben Dossany und Kenney (2003) in ihrem Artikel „Went for cost and stayed for quality" eine Abkehr von einer reinen Kostenorientierung zugunsten der (zusätzlichen) Qualitätsverbesserung der von Offshoring betroffenen Dienstleistungen.

Als wichtiges Motiv für die Verlagerung von Dienstleistungen wird das Ziel der Kostenreduzierung genannt. Erwartungen der Unternehmen, Kosten einzusparen, sind als Kriterium sowohl in eher Fallstudien-basierten als auch in eher theoretischen Analysen von Verlagerungsprozessen sehr prominent. Unter das Ziel der Kostenreduzierung fällt sowohl die Nutzung von Kostendifferentialen bei Löhnen und Infrastruktur als auch der Versuch der Kosteneinsparung durch Skaleneffekte (Flecker 2006), die sich durch die Zusammenlegung ähnlicher Aktivitäten und Spezialisierung der entsprechenden Einheiten ergeben. Im Bereich der Dienstleistungsarbeit betrifft das Einsparungspotential im Besonderen die Löhne der Beschäftigten. Die Mittel zur Kostensenkung umfassen zum einen die Nutzung von (regionalen oder nationalen) Lohndifferentialen (und/)oder die Einsparung von Arbeitskräften im Zuge der Zusammenlegung und Restrukturierung von Arbeitsprozessen (Bottini et al. 2007: 33).

Eine ausschließliche Fixierung auf Kosten reicht jedoch weder zur Etablierung eines erfolgreichen Outsourcings aus (Stamm et al. 2000: 76), noch kann sie die gesamte Bandbreite von Outsourcing- und Offshoring-Aktivitäten erklären. Bei der Verlagerung von Arbeitsprozessen spielt auch der Zugang zu Wissen und die Verfügbarkeit von qualifizierten Arbeitskräften eine Rolle (Flecker 2003: 217f; Flecker/Kirschenhofer 2002). Die Suche nach qualifizierten Arbeitskräften und „Expertenwissen" betrifft verschiedene Formen von Dienstleistungen in unterschiedlicher Weise. Gerade für die Verlagerung von Callcenter-Dienstleistung erweist sich der Zugang zu Sprachqualifikationen als Schlüssel für die Standortwahl.

Der Relevanz des Zugangs zu Wissen und qualifizierter Arbeitskraft bei der Initiierung von Verlagerungsprozessen verweist gleichzeitig auf ein weiteres Moment, das den Ausschlag zur Verlagerung von Dienstleistungen geben kann und die Relevanz kostenorientierter Kriterien relativiert: die Sicherstellung bestimmter Qualitätsstandards oder das Zielen auf qualitative Verbesserungen eben mittels des Einsatzes qualifizierter Arbeitskraft bei externen Unternehmen und/oder an ausländischen Standorten. Denn die Unternehmen suchen durch die Verlagerung von Aufgaben an externe Unternehmen bzw. ausländische Filialen auch Zugang zu deren Expertise, um entsprechende Aufgaben nicht nur günstiger, sondern auch qualitativ besser ausführen zu lassen (Gereffi/Humphrey/Sturgeon 2005).

Schließlich kann die Verlagerung von Arbeit auch direkt auf die Effekte von Reorganisation von Arbeit, unabhängig von Erwartungen bezüglich der anderen bereits genannten Motive, zielen. So zielen Unternehmen mit der Verlagerung von Aufgaben auf eine flexiblere Organisation an sich, jenseits von Begleiterscheinungen wie beispielsweise Kostenersparnisse und Qualitätssicherung. Insbesondere in einer Umwelt, die sich durch eine ausgesprochene Dynamik und Schnelllebigkeit auszeichnet, sollen mittels der Verlagerung Optionen zur schnellen und häufigen Anpassung an die Umwelt geschaffen werden. Außerdem streben Unternehmen durch eine Reorganisation in Form einer Zentralisierung und Zusammenlegung von Standorten nach einer höheren Kontrollierbarkeit einzelner Unternehmenseinheiten (Flecker/Kirschenhofer 2002).

Die Notwendigkeit, auf erhöhten Kosten-, Markt- und Konkurrenzdruck zu reagieren, erklärt nicht nur Flexibilisierungsbestrebungen der Unternehmen, sondern auch flankierende (unternehmensübergreifende) Restrukturierungsprozesse wie die Standardisierung und Fragmentierung von Arbeitsabläufen. Verlagerungsprozesse sind also Teil von Restrukturierungsprozessen, in denen das Unternehmen Kernkompetenzen und eher periphere Tätigkeiten bzw. Kompetenzen im Sinne des Transaktionskostenansatzes (Williamson 1981) als Anpassungsversuch an eine dynamische Umwelt neu definiert. Im Zuge dieser Anpassungsreaktion entscheidet das Unternehmen darüber, welche Aufgabenschwerpunkte intern auf der Basis unternehmenseigener Expertise (weiterhin) intern bearbeitet werden und welche Aufgaben durch externe Unternehmen übernommen werden. Entsprechende Entscheidungen, wo die Grenze zwischen Kernkompetenz und peripherem Tätigkeitsfeld eines Unternehmens verlaufen soll, beruhen auf den zuvor genannten Strategien wie Kosteneffizienz und Profitabilität, aber auch Qualitätsansprüchen und dem Zugang zu Expertisen. Sie sind aufgrund der sich ändernden Relevanz von Aufgabengebieten für das Kerngeschäft eines Unternehmens nicht nur immer wieder neu zu treffen. Vielmehr ändern sich auch im Zuge von Lernprozessen die Entscheidungskriterien.

4.1.2 Während der Verlagerung: Hindernisse und Dynamiken der Verlagerung

Welche Ergebnisse macht die Forschung zur Reorganisation von Arbeitsprozessen im Hinblick auf die Umsetzung von Verlagerungsprozessen aus? Treffen die zuvor beschriebenen erwarteten Effekte tatsächlich ein? Um es kurz zu machen: In der Regel werden die Erwartungen der Unternehmen enttäuscht, denn bei der Umsetzung von Verlagerungsprozessen werden sie mit erheblichen Schwierigkeiten konfrontiert.

So fallen nicht nur die Kostenersparnisse selten so hoch aus wie erhofft. Gleichzeitig sind die Investitionserfordernisse höher als erwartet. Dies liegt zum einen an Fehlinformationen. Unternehmen vertrauen teilweise auf einseitige Berichte von Unternehmensberatern hinsichtlich möglicher Einsparungspotentiale (Boes 2005: 25f). Hierbei, aber auch bei unternehmenseigenen Kalkulationen, werden insbesondere die Unterschiede in den Gehältern überschätzt. So steigen in China und Indien – zwei Hauptzielländern US-amerikanischer Verlagerungsbewegungen (Lazonick 2007: 75) – die Gehälter schneller als in Europa. Auch in der Türkei, einem Nearshoring-Standort für deutsche Callcenter-Dienstleistungen, sind die Löhne in den großen Städten teils kaum niedriger als an einigen Standorten in Deutschland. Neben einer unrealistischen Einschätzung einzelner Kostenpositionen wird aber in den Analysen zum Einsparpotential von Verlagerungsprozessen anderen Kosten gar nicht Rechnung getragen (Scheitor 2005). Bei diesen verborgenen Kosten handelt es sich beispielsweise um zu niedrig kalkulierte Kosten für das „onshoring" – also die Einweisung und Einarbeitung der „neuen" Mitarbeiter. Dieses „onshoring" ist nicht nur mit Reisekosten von instruierendem und kontrollierendem Personal der Ursprungsfirma verbunden, sondern auch mit einem erheblichen Arbeitsaufwand für das Stammpersonal (siehe auch Flecker/ Kirschenhofer 2002). Dieser Arbeitsaufwand betrifft nicht nur das Training des neuen Personals. Vielmehr wird es im Rahmen von Verlagerungsprozessen von vielen Unternehmen auch als notwendig erachtet, Aufgaben vermehrt zu standardisieren sowie zu spezifizieren, was auch den Arbeitsaufwand in einigen Teilen des Ursprungsunternehmens erhöht (Boes 2005; Flecker 2003: 228f). Im Rahmen von Verlagerungsprozessen fällt also mitunter für das Personal bzw. Management des Ursprungsunternehmens einiges an Mehrarbeit an. Häufig müssen personelle Ressourcen von Aufgaben des Alltagsgeschäfts abgezogen werden, um sich der Etablierung von organisationalen Prozessen am neuen Standort zu widmen. Kommt es im Rahmen der Verlagerung zu einem Personalabbau im Ursprungsunternehmen, so verursachen Ausgleichzahlung und Einhaltung des Sozialplans weitere Kosten, die häufig nicht bedacht werden.

Zudem erweist sich die Einschätzung der Produktivität und der Personalfluktuation am neuen Standort sowie insgesamt der Risiken als schwierig. Unerwartete Probleme führen dazu, dass der neue Standort nicht über die notwendigen Kapazitäten verfügt und entsprechend nicht wie geplant genutzt werden kann. Auch gravierende Qualitätsprobleme haben zur Konsequenz, dass einzelne Aufgaben doch nicht an fremde Unternehmen oder ins Ausland verlagert werden (Flecker/Kirschenhofer 2002) bzw. rückverlagert werden (Hirsch-Kreinsen/ Schulte 2000). In Studien zum Abbruch von Verlagerungstätigkeiten nennen Unternehmen Probleme der Qualitätssicherung als Hauptgrund für Rückverlagerungen und geben somit Anlass zur Skepsis bezüglich der Qualität der verlagerten Dienstleistung.[15] Als weiterer Grund für die Rückverlagerung wird die falsche Einschätzung von Ressourcen wie beispielsweise die Verfügbarkeit von qualifiziertem Personal genannt. Auch die Versuche von Unternehmen, mittels der Verlagerung von Dienstleistung Zugang zu qualifizierten Beschäftigten zu erlangen, zeigen sich also nur bedingt erfolgreich. Die Gründe hierfür liegen

---

15 Im Gegenzug zeigen Dossany und Kenney (2003) nicht nur, dass die Sicherung der Qualität von Dienstleistungen problemlos verlaufen kann, sondern auch, dass die Qualität der verlagerten Dienstleistungen besser sein kann als erwartet.

nicht nur in einer fehlenden Analyse entsprechender Arbeitsmärkte (Flecker 2006). Vielmehr erweist sich eine realistische Einschätzung der Potentiale fremder lokaler Arbeitsmärkte – gerade hinsichtlich der Qualifikation, das Wissen und der Fähigkeiten der Beschäftigten – als ausgesprochen schwierig. Kurz: Unwägbarkeiten in der Kalkulation und Planung von Verlagerungsprozessen ergeben sich im Besonderen durch die Schwierigkeit der Einschätzung des koordinativen Aufwandes und der organisatorischen Komplexität.

Des Weiteren ist eine Flexibilisierung von Prozessen nicht nur Ziel, sondern auch eine Voraussetzung für das Gelingen von Verlagerungsprozessen. So machen Hirsch-Kreinsen und Schulte (2000) mangelnde Flexibilität im „Verlagerungsnetzwerk" als einen der Gründe für den Misserfolg von Verlagerungsbewegungen aus. Vergleichbares gilt für die Strategie des Unternehmens, mittels der Verlagerung von Dienstleistungen die Kontrollierbarkeit von Prozessen zu erhöhen. Im Rahmen der Verlagerung von Dienstleistungen verschieben und verändern sich zwar Kontrollmechanismen, -potentiale und -bedürfnisse, allerdings verlaufen diese Veränderungen selten in die durch die Initiatoren intendierte Richtung. So wird in Fallstudien immer wieder berichtet, dass es erst einmal zu Kontrollverlust der Abteilungen bzw. Unternehmen kommt, die Aufgaben an Dienstleister (Marchington et al. 2005b: 265) bzw. ausländische Filialen delegieren. Hält das Ursprungsunternehmen an seinen Kontrollbedürfnissen fest, steigt entsprechend der Kontrollaufwand. Neben interner Kontrolle durch die Unternehmen kommen andere Kontrollebenen hinzu. Alltägliche Arbeitsabläufe müssen nun vielfältigen Bezugnahmen gerecht werden und unterliegen den Einflussnahmen durch verschiedene Parteien. Im Falle von Outsourcing äußert sich dies beispielsweise durch den Einfluss von Klienten (Marchington et al. 2005a; Grugulis/Vincent 2005: 203ff), bei multinationalen Unternehmen durch Einfluss von Zentralen zum Beispiel auf Personalfragen, Arbeitsweisen und die Verwendung von Arbeitsmitteln.

Insgesamt wird bei der Analyse von Verlagerungsprozessen von Arbeit stärker die Nachfrageseite der Unternehmen als die tatsächliche Angebotsseite des regionalen und nationalen Arbeitsmarktes bzw. die Verbreitung sowie die Kompetenzprofile von externen Dienstleistern in Betracht gezogen. Die Entscheidungen über die Abgabe von Aufgaben an externe Dienstleister steht aber auch in Verbindung mit den Möglichkeiten der Reorganisation, wie sie die Angebotsseite, also ausländische Filialen und externe Dienstleister, bieten. So ließe sich im Sinne der Transaktionskostentheorie (Williamson 1981) argumentieren, dass sich Unternehmen gegen Outsourcing entscheiden, wenn der Aufbau neuer Aufgabengebiete bzw. die Spezialisierung bestimmter Unternehmensteile günstiger erscheint als die Vergabe an externe Unternehmen. Aber dort, wo nicht nur Anpassungsfähigkeit, sondern auch Zeit eine kritische Rolle spielt, wird sich ein

Unternehmen eher auf die Vergabe an externe Dienstleister einlassen, wenn diese bereits über Expertisen verfügen, die dem eigenen Unternehmen fehlen. Zudem bekommen die „empfangenden" Unternehmen nicht nur Aufgaben passiv zugeteilt, sondern entwickeln auch Aktivitäten und Strategien, um sich innerhalb einer Aufgabenverteilung durch die Übernahme strategisch relevanter Aufgaben günstig zu positionieren. Auch Dienstleister und Niederlassungen entwickeln Kernkompetenzen (Huws/Ramioul 2006). So stehen in Bezug auf Outsourcing den Versuchen der Auftraggeber, strategisch relevante Kernkompetenzen intern zu halten und nur einfachere, standardisierte Dienstleistungen bzw. temporär befristete Zusatzaufgaben auszusourcen (Hild 2003), seitens der Dienstleister Versuche gegenüber, eigene Kernkompetenzen aufzubauen sowie dem Kosten- und Standardisierungsdruck Spezialisierungen entgegenzusetzen und höherwertige Aufgaben eigenständig zu übernehmen (Dossani/Kenney 2003). So wie die verlagernde Seite darauf abzielt, sich nicht von anderen Unternehmensteilen oder Dienstleistern abhängig zu machen, zielen diese darauf, für das (auftraggebende) Unternehmen „unentbehrlich" zu werden. Sie versuchen dies nicht nur, indem sie aktiv Kernkompetenzen entwickeln, die die Kernkompetenzen beim verlagernden Unternehmen ergänzen. Vielmehr zielen sie auch auf eine strategische Ausweitung des „Mandats", wie Kristensen und Zeitlin (2005) es für die Niederlassungen multinationaler Konzerne beschreiben. Ob sie damit Erfolg haben, hängt allerdings auch von dem Verhalten möglicher Konkurrenten ab.

Zusammenfassend lässt sich festhalten, dass die konkrete Gestaltung von Verlagerungsprozessen sowohl durch die Bedingungen auf der verlagernden als auch der empfangenden Einheit beeinflusst wird. Outsourcing und Offshoring stehen sich als alternative Möglichkeiten hinsichtlich der Restrukturierung der Unternehmenstätigkeiten gegenüber, die abhängig von den Bedingungen, wie sie die Unternehmen auf der Angebotsseite – also bei den Dienstleistern oder ausländischen Niederlassungen – vorfinden, für die Unternehmen eine unterschiedliche Attraktivität gewinnen. Entsprechend greifen ökonomische und effizienzorientierte Studien, die den Blick ausschließlich auf die Nachfrageseiten richten, zu kurz. Vielmehr bedarf es Analysen von Outsourcing und Offshoringprozessen, welche die Gesamtheit der verschiedenen Restrukturierungsprozesse in Form der internen Reorganisation von Arbeit, des Aufkaufs von weiteren Unternehmen, des (Personal-)Abbaus und der Schließung von Unternehmen(steilen) (Lazonick 2004: 579) auf beiden Seiten in den Blick nehmen.

Im Zuge von Verlagerungsprozessen kommt es zu einer wechselseitigen Durchdringung der Arbeitsorganisation der auslagernden und der empfangenden Unternehmen. Entsprechend ergeben sich bei allen beteiligten Parteien verlagerungsbedingte Veränderungen auf der Ebene der Arbeitsinhalte und deren Organisation. Es kommt zu einer veränderten Nutzung und Bewertung bestehender

Standorte (Schamp 2000), nicht nur bei dem Unternehmensteil, an den Aufgaben delegiert werden, sondern auch beim „Entsender". So lassen sich beispielsweise auch in den auslagernden Unternehmen Spezifikationen und Dokumentationen von Aufgaben nutzen, um Arbeitsprozesse stärker zu standardisieren und zu formalisieren. Auch hinsichtlich der Flexibilisierung von Arbeitsprozessen bleibt die Vergabe an externe Dienstleister nicht ohne Auswirkungen auf die Anforderung an die Flexibilität der Beschäftigten beim Ursprungsunternehmen. Verlagerungsprozesse können von Konzernleitung bzw. vom Auftraggeber also genutzt werden, um Potentiale der Standardisierung, Flexibilisierung und Formalisierung auch innerhalb des eigenen Unternehmens auszuloten. Diese Rebound-Effekte als Konsequenzen der Verlagerung können durch das Management bewusst und strategisch eingesetzt werden. Gleichwohl können sich entsprechende indirekte Effekte der Verlagerungsprozesse auch in der Form nichtintendierter und unerwünschter Veränderungen sowie ungeplanter Nebenfolgen massiv auf die Arbeitsorganisation der Ursprungsunternehmen auswirken.

Verlagerungsprozesse verändern sich zudem im Zuge von Lernprozessen der beteiligten Unternehmen: Je mehr Erfahrungen die Unternehmen schon mit Outsourcing und/ oder Offshoring gemacht haben, desto bessere Aussichten hat eine Ausweitung der Verlagerungsaktivitäten. Vor allem selektiv und explorativ angelegte Verlagerungsprozesse eröffnen den Unternehmen Lernmöglichkeiten anhand von relativ risikofrei gewonnenen Erfahrungen.[16] Sind Verlagerungsprozesse also einmal initiiert, ergibt sich aufgrund der Lernerfahrungen eine Form von katalytischem Effekt, der eine Aufweitung entsprechender Verlagerungstendenzen begünstigen kann (Sassen 2004a: 2). Durch die Positivselektion von Unternehmen, mit denen man bereits in der Vergangenheit erfolgreich kooperiert hat, versprechen sich die Unternehmen eine bessere Kalkulierbarkeit der Risiken und einen geringere Notwendigkeit der Etablierung umfangreicher Kontrollmechanismen. Zudem profitieren die nachfolgenden Verlagerungsaktivitäten vom Vertrauen sowie den (kommunikativen) Routinen, die sich bereits in vorherigen Interaktionen entwickelt haben. Es bleibt auch zu beachten, dass – genauso wie sich positive Erfahrungen in Richtung einer Ausweitung von Verlagerungsaktivitäten auswirken – schlechte Erfahrungen zu einem Verzicht auf zukünftige Verlagerungsaktivitäten führen oder seitens der Unternehmensführung Verlagerungsbestrebungen zumindest eingeschränkt werden (Hirsch-Kreinsen/Schulte 2000: 9).

---

16 Entsprechend machen Willcocks et al. (2007) in selektiv und explorativ angelegten Verlagerungsprozessen zwei erfolgreiche Formen von Verlagerung aus. Die Gefahren einer „hollow organisation" (Sydow 1995: 631) und von extremen Formen der Verlagerung sowie die Tatsache, dass radikales Agieren unter Unsicherheit wenig Erfolg verspricht, entsprechen also den Erfahrungen der Unternehmen.

Generell erweist sich die Entwicklung vertrauensvoller Beziehungen schwierig. Deswegen setzt kein Unternehmen allein auf Vertrauen im Management der Beziehungen zwischen den Parteien. Sowohl bei Dienstleistern und Auftraggebern als auch innerhalb von multinationalen Unternehmen existiert ein ausgearbeitetes Regelwerk von vertraglich festgelegten Verpflichtungen sowie (internen) Zielvorgaben. Zur Überprüfung, ob entsprechende Regelungen eingehalten werden, haben sich – wie zuvor beschrieben – im Zuge von Verlagerungsprozessen zusätzliche Kontrollmechanismen und -ebenen etabliert. Innerhalb von Verlagerungsprozessen stehen also vertragliche Regelungen, Kontrollmechanismen und vertrauensvolle Beziehungen nebeneinander (Marchington et al. 2005b: 265).

Entsprechend erweist sich auch die Einbindung von Beschäftigung (Willcocks et al. 2007: 262) mit positiven Auswirkungen auf Verlagerungsprozesse als voraussetzungsvoll oder gar unmöglich. Sicherlich bedürfen erfolgreiche Verlagerungsprozesse eines nicht geringen Maßes an Kooperation und eines gewissen Grades der Zustimmung seitens aller Beschäftigten. Die Motivation und Motivierung der Stammbelegschaft ergibt sich hierbei als eigenständiges Problem, das sich im Zuge der zahlreichen Widersprüche (Marchington et al. 2005b: 273), mit denen die Beschäftigten im Zuge von Verlagerungsprozessen konfrontiert werden, nur schwerlich lösen lässt. Die Schwierigkeiten resultieren nicht nur aus den Notwendigkeiten, dass sich die Beschäftigten mit unvereinbaren Zielstellungen, gegensätzlichen Führungsstilen und verschiedenen Arbeitsweisen auseinandersetzen müssen. Vielmehr beruhen sie auch auf dem paradoxen Nebeneinander von Ansprüchen an vertrauensvolle und kontrollierte Arbeitsbeziehungen sowie an deren partizipatorische Gestaltung und vertragliche Regelung durch die Unternehmensleitung.

Trotz aller Widersprüchlichkeiten, Risiken und Prekarität lässt sich der Trend der Verlagerung von Dienstleistungen kaum aufhalten. Erfolg und Relevanz von Verlagerungsprozessen gehen weniger auf ihre direkten Effekte zurück. Vielmehr resultieren sie aus dem Wettbewerbsdruck, dem sich Unternehmen und Beschäftigte gegenübersehen. Dabei setzten Verlagerungsbewegungen nicht nur die Parteien und Beschäftigte unter Druck, die schon von der Verlagerung von Arbeitsaufgaben betroffen waren, sondern also auch diejenigen, deren Aufgaben bisher von Verlagerungen verschont geblieben sind bzw. abgesehen haben. Der Druck wirkt in Richtung einer Verlagerungsspirale, die immer mehr Unternehmen die „Verlagerbarkeit" verschiedenster Dienstleistungen prüfen lässt (Rubery et al. 2005: 75; Rubery/Earnshaw 2005: 168f). Allein die Bedrohung durch mögliche (weitere) Verlagerungen fördert die Konkurrenz zwischen den Beschäftigten aller Parteien. Kommt es dann noch zu einer Verschlechterung der Auftragslage, wird der Konkurrenzdruck massiv. Verlagerung zielt zwar auf eine Externalisierung von Verantwortung und Verpflichtungen, gleichwohl wirkt sie in Richtung einer Steigerung von Verantwortlichkeit und Selbstverpflichtung aller Beteiligten. Verlagerungsprozesse sind also voraussetzungsvoll: In extremer Form äußern sich die Schwierigkeiten von Verlagerungsbewegungen in einer Rückverlagerung von Unternehmenstätigkeiten. So machen Hirsch-Kreinsen und Schulte (2000) in ihrer Studie zum Offshoring bei kleinen und mittleren Unternehmen in Deutschland einen Trend der räumlichen Re-Konzentration von Aufgaben an den alten Standorten aus. Durch die Bindung an ausländische Standorte bzw. einen Dienstleister ist das Unternehmen jedoch Bindungen eingegangen, die es nicht ohne Weiteres lösen kann (Baldone et al. 2001; Grossman/Helpman: 2002). In Bezug auf die Bindung an Standorte und die Langfristigkeit von Verlagerungsprozessen, zeigen sich deutliche Unterschiede zwischen Outsourcing und Offshoring. Im Rahmen von unternehmensinternen Offshoringprozessen wird Kapital im Vergleich zu Outsourcing langfristig gebunden. Die vertraglichen Regelungen von Outsourcing legen dagegen mit ihren eindeutigen Fristen kürzere Zeitspannen der Zusammenarbeit fest. Outsourcing lässt sich also im Vergleich leichter wieder rückgängig machen.

4.1.3 Internes Offshoring bei multinationalen Dienstleistungsunternehmen: Zwischen lokaler Anpassung und globaler Standardisierung

Mit der Thematisierung multinationaler Dienstleistungsunternehmen wird eine besondere Form der Verlagerung von Arbeitsprozessen und länderübergreifenden Reorganisationsprozessen in den Fokus gerückt. Die Auseinandersetzung mit der Reorganisation multinationaler Unternehmen eröffnet Zugänge zu einer vertiefenden Analyse von Prozessen, Problemen und Konsequenzen von „internem Offshoring". Forschungsarbeiten zu multinationalen Unternehmen bieten also Bezugspunkte für eine Untersuchung, die sich mit Formen von internationaler Arbeitsteilung und räumlichen Restrukturierungsprozessen in Unternehmensnetzwerken beschäftigt. Gleichzeitig ist der Einbezug von Erkenntnissen zur Forschung in multinationalen Unternehmen auch relevant, weil die Callcenter aller Fallstudien multinationalen Unternehmen zuzuordnen sind, so dass in deren Analyse Besonderheiten von multinationalen Unternehmen Rechnung zu tragen ist.

Bei der Beschreibung von Globalisierungsprozessen wird vielfach auf die Rolle transnationaler Akteure im Allgemeinen und multinationaler Konzerne im Besonderen hingewiesen (exemplarisch: Heidenreich 2000: 10; Kadritze 2003: 236). Die Auswirkungen von „globalen" Strategien oder von länderübergreifender Arbeitsteilung multinationaler Unternehmen betreffen aber auch Unternehmen, die (bisher) nur auf nationaler bzw. regionaler Ebene agieren. Multinational agierende Unternehmen beeinflussen also nicht nur in erheblichem Maße, wie Arbeitsprozesse in Unternehmen im Zuge internationaler Arbeitsteilung reorganisiert werden (Smith 2005; Lane 2001; Altvater/Mahnkopf 1997; Zündorf 1999). Sie verändern gleichzeitig lokale sowie regionale Kontexte und wirken somit indirekt auch auf die Arbeitsorganisation anderer Unternehmen ein.

In ihrer Darstellung von multinationalen Unternehmen ist ein Großteil der Untersuchungen von einer Beschreibung als „footloose enterprise" abgerückt. Multinationale Unternehmen werden durch globalisierten Wettbewerb zwar isomorph wirkenden Einflüssen ausgesetzt bzw. sie üben entsprechende Einflüsse auch auf andere Unternehmen aus. Sie werden jedoch hierdurch nicht zu einer typischen Organisationsform, die als „globales Unternehmen" kategorisiert werden kann. Sowohl die nationale Herkunft multinationaler Unternehmen als auch die Einbettung einzelner Unternehmensteile in regionale bzw. nationale Kontexte haben Auswirkungen auf die Arbeitsorganisation multinationaler Unternehmen (Ruigrok/van Tulder 1995: 152ff; Castells 2001: 124ff, 186ff; Flecker 2000; Boes 2005: 60). Und auch wenn alle multinationalen Unternehmen in einem Spannungsfeld von globaler Orientierung und Ausdehnung sowie regionaler Bindung (Hirsch-Kreinsen/Schulte 2000; 2002), von länderübergreifend wirkenden Isomorphismen und lokalen Rationalitäten (Geppert et al. 2006; Geppert/Williams 2006) stehen, so führt die unterschiedliche Stärke eben jener Faktoren doch zu einer Heterogenität innerhalb des Forschungsfeldes.

In Forschungsarbeiten auf der Basis von Fallstudien in multinationalen Unternehmen zeigt sich das Neben-, Mit- und Durcheinander von Globalisierungstendenzen – beispielsweise in Gestalt länderübergreifender Standardisierung der Organisation von Arbeit – und von lokalen Einbettungs- sowie Anpassungsprozessen in verdichteter Form. Multinationale Unternehmen erscheinen somit zum Studium von räumlichen Restrukturierungsprozessen und der Glokalisierung von Arbeit ideal. Zudem lassen sich auch in der Forschung zu multinationalen Unternehmen, ähnlich wie in Studien von qualitativen Netzwerkanalysen und auch Teilen der Technikforschung, deutliche Einflüsse akteursorientierter Ansätze finden. Denn letztlich übersetzen die verschiedenen Akteure vor Ort bzw. im Konzern die globalen Standards in lokal verankerte Arbeitspraktiken oder versuchen, sich dem Einfluss eines übergeordneten Konzernmanagements zu entziehen und vor Ort ihre eigenen Interessen durchzusetzen. Die verschiedenen Akteure in multinationalen Unternehmen müssen also in ihrem Arbeitshandeln die Balance zwischen der Anpassung an lokale Kontexte und der Anforderung an Effizienz auf der Basis von länderübergreifender Standardisierung innerhalb des eigenen weltweiten Konzernsystems finden und halten sowie Legitimität in lokalen Kontexten und innerhalb des Konzerns herstellen. In ihrem Arbeitsalltag treffen sie hierbei auf massive Widersprüchlichkeiten: Auf der einen Seite zielen unternehmerische Strategien auf die Maximierung von Größeneffekten durch Standardisierung sowie auf die Integration von Prozessen und Strukturen über verschiedene Abteilungen, Standorte und Länder hinweg. Auf der anderen Seite lassen Routinen oder Strukturen sich nicht einfach auf verschiedene nationale, regionale oder gar lokale Kontexte übertragen. Die Unterschiedlichkeit lokaler Kontexte macht Anpassungen notwendig und so bekommen die spezifischen Arbeitsweisen lokale Prägungen (Morgan 2001, 2005; Smith 2005). Auch wenn das Unternehmen eine starke, globale Standardisierung der Vorgehensweisen und Routinen sowie die Etablierung zentraler Kontrollstrategien anstrebt, die Notwendigkeit, auf lokale Besonderheiten zu reagieren, setzt vereinheitlichenden Globalisierungstendenzen deutliche Grenzen (Djelic/Bensedrine 2001: 278) und unterstützt das Streben der Niederlassungen multinationaler Unternehmen nach Autonomie. Mit der Zeit nehmen Unterschiede zwischen den Niederlassungen zu, so dass es langfristig immer schwieriger wird, konzernweit einheitliche Regelungen und Vorgehensweisen durchzusetzen. Die Niederlassungen des multinationalen Unternehmens driften auseinander, wenn es dem Management nicht gelingt, die lokalen Unternehmensstrategien und Vorgehensweisen durch Etablierung entsprechender Managementpraktiken zu integrieren und dabei gleichzeitig den Anforderungen der verschiedenen Kontexte Rechnung zu tragen.

Die Integration organisationaler Prozesse und Strukturen über Landesgrenzen hinweg ist für das Management und die Gestaltung von multinationalen Unternehmen also zentral. Gleichwohl variiert das Ausmaß der Integration – teils sogar zwischen verschiedenen Bereichen eines Konzerns – deutlich und es lassen sich je nach Verschiedenheit der lokalen Kontexte und des Ausmaßes der Integration der Konzerntätigkeiten verschiedene Formen von multinational agierenden Unternehmen unterscheiden (Whitley 2001; siehe auch Abschnitt 5.5.2)[17]. Die Unterschiedlichkeit multinationaler Unternehmen bezüglich ihrer Positionierung im Spannungsfeld von globaler Standardisierung und lokaler Anpassung zeigt sich auch in den nachfolgenden Fallstudien: Rein formal sind alle untersuchten Unternehmen multinationalen Konzernen zuzurechnen. Das Ausmaß der länderübergreifenden Unternehmenstätigkeit und die Auswirkungen von multinationalen Konzernstrukturen auf die Arbeitsabläufe in Callcentern variieren jedoch deutlich (siehe Abschnitt 6.1). Trotz aller Diversität bleibt multinational

---

17 Da bislang nicht auf eine ausgearbeitete Typisierung zurückgegriffen wurde, habe ich in diesem Kapitel bewusst nur den Begriff des multinationalen Konzerns bzw. Unternehmens verwandt. Die systematische Unterscheidung verschiedener Formen von multinationalen Unternehmen erfolgt in Auseinandersetzung mit Versuchen der Typisierung von Netzwerken (Abschnitt 5.5.2).

agierenden Unternehmen jedoch eines gemeinsam: Der gleichzeitige lokale und globale Bezug bzw. die gleichzeitige konzerninterne Integration von Prozessen über die verschiedenen Standorte eines Unternehmens hinweg bei Anpassung an und Einbettung in lokale Kontexte führt in multinationalen Konzernen zu Prozessen „glokaler Grenz(re)organisation" (Mense-Petermann 2006).

4.2 Zur Standortstruktur und Dynamiken räumlicher Verteilung von Callcenter-Dienstleistungen

Im folgenden Abschnitt fasse ich die Forschungsergebnisse zusammen, die sich mit der Thematik der räumlichen Anordnung und Umstrukturierung von Callcenter-Dienstleistungen auseinandersetzen. Reorganisationsprozesse wie Outsourcing oder Offshoring werden hierbei als ein Prozess der Reorganisation der räumlichen Verteilung von Arbeit untersucht (Massey 1995).

Vor der Analyse von räumlichen Restrukturierungsprozessen in Form von Outsourcing und Offshoring werden in den nachfolgenden Kapiteln zunächst die Kriterien sowie Strategien und Dynamiken der Verstandortung von Unternehmen erläutert, die Callcenter-Dienstleistungen erbringen. Das Wort „Verstandortung" enthält einige Bestandteile, die auf wichtige Charakteristika der (Wieder-)Einbettung von Unternehmensteilen verweisen. Der Wortteil „Stand" deutet auf die fixen Elemente der Wiedereinbettung hin. Mit der Festlegung auf einen Standort bindet sich das Unternehmen an lokale Kontexte. Es entwickelt Standortstrukturen, die sich nicht nur durch ein gewisses Maß an Beharrlichkeit, sondern auch Widerständigkeit auszeichnen können. Gleichzeitig wird die Standortstruktur von Unternehmen durch aktive Prozesse der Einbettung gestaltet. Sie wird nicht von für sich stehenden Standortpolitiken getrieben, sondern erfolgt, wie durch den Begriff der „Verortung" deutlich werden soll, in den Handlungsprozessen eigenständiger Akteure. Die Verstandortung von Arbeitsprozessen wird also nicht nur durch Planung und Strategien des Managements gestaltet, sondern erfolgt auch im Arbeitsvollzug durch die Beschäftigten. Der Wortbestandteil „Ortung" für sich weist schließlich auf Such- und Entscheidungsprozesse hin, die mit der Ansiedlung von Unternehmensteilen einhergehen. Das Verständnis für Faktoren und Dynamiken der Ansiedlung von Callcentern bildet die Grundlage zur Analyse der empirischen Ergebnisse zu Verlagerungsprozessen wie Outsourcing und Offshoring (Abschnitt 4.2.3). So können die Besonderheiten und Gemeinsamkeiten von länder- bzw. unternehmensübergreifenden Restrukturierungsprozessen im Vergleich zu allgemeinen Prozessen der Ansiedlung von Unternehmen genauer herausgearbeitet werden.

4.2.1 Empirische Ergebnisse zu den Kriterien des Standortwahl

Zur Darstellung der wichtigsten Kriterien der Standortwahl werden in diesem Abschnitt Sekundäranalyse von Studien zur Standortwahl von Callcentern mit den Ergebnissen der GCC-Telefonumfrage in Deutschland und der Analyse der Fallstudien kombiniert. Das nachfolgende Schaubild zeigt, was von den Unternehmen, laut den Ergebnissen der Telefonbefragung des GCC-Projektes (siehe auch Scholten/Holtgrewe 2006: 33f), als Hauptvorteil des Standortes betrachtet wird.

Abbildung 1: Hauptvorteil des Standortes

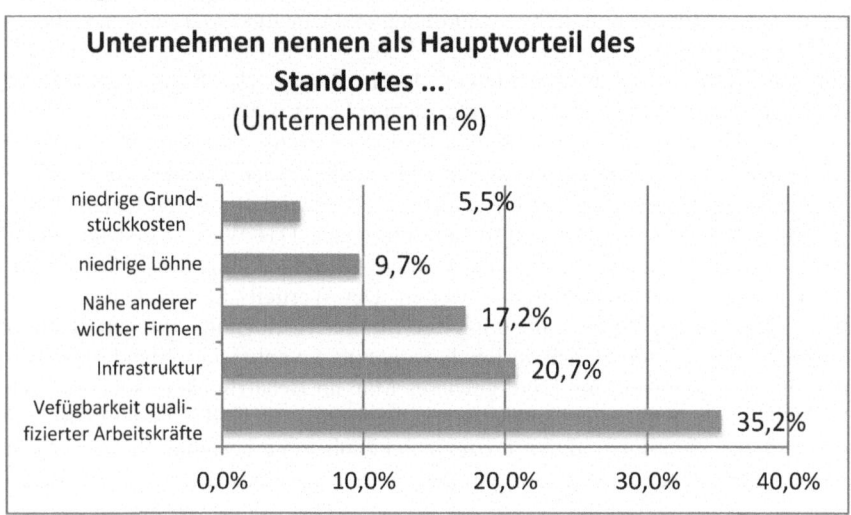

Forscher aus dem UK und den USA berichten von einer Konzentration von Callcentern in Hauptballungsräumen (Bishop et al. 2003; Richardson et al. 2000; Bain/Taylor 2000: 47f). Auch Flecker und Kirschenhofer (2002) machen die meisten Neuansiedlungen von Callcentern in ihrer Studie zu Verlagerungsprozessen von Unternehmen in Europa in Städten und deren Randgebieten aus. Ihr Verweis auf Ausnahmen in Form von Ansiedlungen von Callcentern in ländlichen Gebieten lässt jedoch nach regionalen Spezifika suchen, die aussagekräftiger sind als eine Unterscheidung von Ansiedlungen in städtische und ländliche Gebiete. Es sind insbesondere strukturschwache Regionen und hier insbesondere die Städte, in denen es zu einer Clusterung von Callcentern kommt. Dass diese Konzentration aufgrund einer erhöhten Konkurrenz der Arbeitgeber um Arbeitskräfte für die Callcenter mit Nachteilen verbunden ist (Flecker/Kirschenhofer 2002: 50; Flecker 2006: 7), lässt sich durch die Fallstudien nicht nachweisen. Aber auch mögliche Vorteile einer Konzentration von Callcentern an einer Stelle, wie zum Beispiel eine bereits ausgebaute Infrastruktur und einen größerer Pool von erfahrenen Beschäftigten, werden von den Interviewten in Abrede gestellt. Insgesamt scheinen aber die „Vorteile" strukturschwacher Regionen für den Arbeitgeber, also die hohe Verfügbarkeit qualifizierter Arbeitskräfte bei niedrigen Löhnen, die Nachteile in Form von Konkurrenz um Bewerber zu überwiegen. So berichtet das Management von [IN_Han], dass es die Stellen am zweiten Callcenter-Standort in [Seestadt] – trotz zahlreicher anderer Callcenter in der Region – problemlos besetzen konnte, ohne dass das Unternehmen Stellenanzeigen geschaltet hätte.

Zudem zielen Wirtschaftsförderungen und Programme zur Regionalentwicklung strukturschwacher Regionen darauf ab, Callcenter zur Ansiedlung in der Region zu bewegen (McPhail 2002: 23f), obwohl sich daraus für die Regionen durchaus Nachteile ergeben können (Buchanan/Koch-Schulte 2000). Einerseits umfassen die Fördermaßnahmen die Etablierung von Netzwerken von unterstützenden Institutionen wie Wirtschaftsförderung, Ausbildungs- und Qualifizierungseinrichtungen. Zum anderen erfolgt eine finanzielle Unterstützung in Form von Fördermitteln. In den Fallstudien zeigt sich die Bedeutung günstiger Förderbedingungen in strukturschwachen Regionen für die Standortentscheidung von Callcenter-Unternehmen. Es werden jedoch Unterschiede bezüglich der Inanspruchnahme finanzieller und sonstiger Förderangebote deutlich. Denn finanzielle Unterstützung ist den Unternehmen wesentlich wichtiger als sonstige Unterstützungsangebote regionaler Wirtschaftsförderung. Alle Callcenter des Fallstudiensamples nehmen (bzw. nahmen) Fördergelder in Anspruch. Dagegen werden lt. Telefonumfrage die verschiedenen Angebote der regionalen Wirtschaftsförderung kaum in Anspruch genommen. Auf die Gestaltung der Arbeitsprozesse vor Ort in Form von regionaler Anpassung wirkt sich diese „Einbettung" in lokale Netzwerke – so man denn überhaupt davon sprechen kann – kaum aus.

Das Beispiel der Standortwahl des zweiten Callcentern von [IN_Han] zeigt jedoch, wie im Einzelfall doch auch die Unterstützung jenseits finanzieller Fördermittel durch Akteure aus den Bereichen Wirtschaftsförderungen und Regionalentwicklung vor Ort für die Auswahl eines Standortes ausschlaggebend sein können. In spontaner Kooperation mit Wirtschaftsförderung und Behörden vor Ort wurde innerhalb von drei Monaten das zweite Service-Center von [IN_Han] eröffnet. Vom reibungslosen Ablauf und der Zusammenarbeit mit den Behörden war der Callcenterleiter sehr beeindruckt. Im Einzelfall können also geringe Unterschiede – zum Beispiel in Form des wahrgenommenen Engagements seitens der Wirtschaftsförderung – den Ausschlag für die Standortwahl geben. Dies gilt umso mehr, wenn überall Fördergelder und qualifizierte Arbeitskräfte bei einem niedrigen Lohnniveau verfügbar sind. Neben allen strategischen Überlegungen seitens der beteiligten Akteure geben dann in Einzelfällen eben auch situative Faktoren den Ausschlag zur Wahl eines Standortes.

Städte verfügen im Vergleich zu strukturschwachen Regionen in ländlichen Gebieten bei der Anwerbung von Callcentern über den Vorteil, dass sie mit einer besseren Infrastruktur (z.B. in Form einer guten Anbindung an den ÖPNV und IuK-technologische Datennetze) werben können. Laut Bishop et al. (2003) und Hirsch-Kreinsen/Schulte (2000) ist die Verfügbarkeit entsprechender Infrastruktur ein wichtiges Kriterium der Ansiedlung, das Standorte attraktiv macht. Die Ergebnisse von Telefonumfrage und Fallstudien erteilen jedoch der Relevanz infrastruktureller Merkmale eine deutliche Absage. Infrastruktur als Hauptkriterium der Standortwahl belegt in der Telefonumfrage den letzten Platz. In den Fallstudien wird die Infrastruktur entweder gar nicht erwähnt oder als unwichtig in Bezug auf die Standortwahl eingeschätzt. Dies hängt wohl damit zusammen, dass die Unternehmen im Rahmen der Verhandlungen der Standortwahl davon ausgehen können, dass man in strukturschwachen Regionen bereit ist, entsprechenden Bedingungen zur Ansiedlung nachzukommen bzw. in den Städten entsprechende Infrastrukturen generell vorhanden sind. Außerdem finden sich in diversen Fallstudien Hinweise darauf, dass die Unternehmen Nachteile, die sich aufgrund der schlechten infrastrukturellen Anbindungen ergeben, externalisieren können. Denn in der Regel sind es die Beschäftigten in der Region, die infrastrukturelle Nachteile in Form von umständlichen Anfahrtswegen zur Arbeit in Kauf nehmen.

Außerdem ergeben sich durch die Bevölkerungsdichte von Städten ein größerer Pool von verfügbaren Arbeitskräften und ein leichterer Zugang zu qualifizierten Arbeitskräften. Dieser Zugang zu einem Arbeitsmarkt mit jungen qualifizierten (und zumeist weiblichen) Arbeitskräften lässt sich als der ausschlaggebende Faktor zur Ansiedlung von Callcentern festhalten (Hirsch-Kreinsen/ Schulte 2000: 12f, Bishop et al. 2003), der nicht nur die Ansiedlung von Callcentern erklärt. Vielmehr lässt sich mit einem Blick auf Veränderung lokaler Arbeitsmärkte und damit einhergehenden personellen Engpässen auch erklären, warum Standorte von Unternehmen aufgegeben werden (Flecker/Kirschenhofer 2002).

Der Zugang zu qualifiziertem Personal kann als Kriterium zur Auswahl von Standorten sogar kostenorientierte Strategien überlagern: "Even with call centres and shared service centres, companies mention the availability of a skilled workforce as important locational determinant nearly as frequently as low costs." (UNCTAD 2004: 166). Dass die Verfügbarkeit qualifizierter Arbeitskräfte wichtiger sein kann als (Lohn-)Kosten, zeigt sich auch daran, dass in der Telefonanfrage und in den Fallstudien die Verfügbarkeit qualifizierter Arbeitskräfte am häufigsten als wichtigster Faktor für die Standortwahl genannt wird. Nur ungefähr jedes zehnte Callcenter nannte dagegen niedrige Löhne als wichtiges Standortkriterium. Dafür fällt auf, dass neben Technikanbietern insbesondere diverse Marktforschungen und Unternehmensberatungen Verlagerungsprozesse fast ausschließlich als Möglichkeit propagieren, Lohnkosten zu reduzieren. Sie bieten beispielsweise ihren Kunden die Möglichkeit, anhand einer Datenbank die Kosten für „eine Stunde Callcenter" in über 40 Ländern – aufgeteilt nach verschiedenen Branchen – zu vergleichen. Aber mit Bezug auf die Telefonumfrage und die Fallstudien in Callcentern bleibt festzuhalten, dass das Motiv der Kostensenkung, das seitens der Forschung zu Verlagerungsprozessen oft angeführt wird, hier kaum genannt wird.

Gleichwohl können Lohndifferentiale bei der Ansiedlung von Callcentern eine Rolle spielen, allerdings nur, wenn diese hoch genug sind. So konnten Bishop et al. (2003: 2627) in ihrer Studie zur Ansiedlung von Callcentern in dem UK im Widerspruch zu anderen Regionalstudien (Richardson et al. 2000), keinen Einfluss von Arbeitskosten auf die Ansiedlung feststellen. Unterschiede zwischen den Arbeitskosten spielen erst ab einer bestimmten Höhe eine Rolle, und diese finden sich, so konstatieren es Bishop et al. zumindest für das UK, eher auf internationalem als auf regionalem Niveau. So ließe sich der Trend der Verlagerung von Callcenter-Dienstleistungen aus dem UK ins Ausland (MITIAL 2003) erklären[18]. Für den deutschsprachigen Markt erweist sich die Nutzung von Lohndifferentialen durch Verlagerung über Landesgrenzen hinweg im Vergleich als schwierig. Dafür beeinflussen in Deutschland Unterschiede in den Arbeitskosten die Standortwahl zwischen Ost- und Westdeutschland insofern, als sich bezüglich der Ansiedlung von Callcentern ein deutlicher Trend Richtung Ostdeutschland abzeichnet (siehe auch Arnold/Ptaszek 2003).

Insgesamt zeigen die Fallstudien jedoch, dass die geringe Relevanz von Arbeitskosten nicht nur durch geringe (Lohn-)Kostendifferentiale erklärt werden kann. Unternehmen zielen in ihrer Standortwahl auf eine Kombination von hohem Qualifikationsniveau und niedrigem Lohnniveau, indem sie sich bewusst in einer strukturschwachen Region ansiedeln – und so indirekt von der hohen Arbeitslosenquote vor Ort profitieren. Zudem suchen die Unternehmen nicht nur günstiges und qualifiziertes Personal, sondern zielen auch darauf ab, Beschäftigte zu rekrutieren, die flexibel sind bzw. sein müssen (wie z.B. Studenten, jüngere

---

18 Weitere Forschungsarbeiten, die die Zunahme von Offshoringaktivitäten bei Callcenter-Dienstleistungen für das UK unterstützen oder widerlegen, finden sich leider, auch in den Daten des GCC-Projektes, nicht. Insgesamt erscheint jedoch bei den Trends, die allein Unternehmensberatungen ausmachen, Skepsis angebracht.

weibliche Teilzeitbeschäftigte etc.). Mehrsprachigkeit als Qualifikation von Beschäftigten spielt dagegen kaum eine Rolle. Obwohl sich mehrere Standorte verschiedener Unternehmen zur Nutzung von Sprachqualifikationen potentiell mehrsprachiger Beschäftigter Gelegenheit geben würde, werden auf deutscher Seite entsprechende Möglichkeiten nicht (umfassend) genutzt. Und auch die Auswahl der Nearshoring-Standorte von [IN_PC], die vom Ausland aus den deutschen Markt bedienen, ist durch die gleichen Faktoren motiviert, wie sie sich bei der Gründung des Standortes in Ostdeutschland zeigten.

Die räumliche Verteilung des Unternehmens bzw. von Unternehmen, auf die die Callcenter in ihren Arbeitsabläufen Bezug nehmen, ist ein zweiter wichtiger Faktor, der kostenorientierte Strategien bei der Standortwahl relativiert. "The original geographical distribution of units or the location of newly acquired units is thus to be seen as an intervening factor that could mediate regional cost differentials" (UNCTAD 2004: 166). Bei der räumlichen Verteilung von Arbeit und der Wahl von Standorten sind also auch „Pfadabhängigkeiten" bestehender räumlichen Verteilung von Unternehmen zu beobachten. Die Entwicklung der Standortstruktur eines Unternehmens wird dadurch beeinflusst, mit welchen anderen Unternehmensteilen der Standort in seinen Arbeitsvollzügen in Kontakt steht und in welche bestehenden Netzwerke der neue Standort eingebettet werden soll. Die Abhängigkeiten in der Wahl weiterer Standorte von der bestehenden räumlichen Verteilung äußern sich zum einen dadurch, dass gezielt ein Standort in der Nähe anderer Unternehmen gesucht wird. In der Umfrage belegt die Nähe zu anderen wichtigen Unternehmen insgesamt den dritten Platz. Outgesourcte Tochterunternehmen nennen die Nähe anderer wichtiger Unternehmen häufiger als Hauptvorteil eines bestimmten Standortes und beziehen sich damit höchstwahrscheinlich auf den Mutterkonzern. In Fallstudien bei den Dienstleistern werden dagegen Auftraggeber genannt, deren Nähe für die Auswahl des Standortes des Callcenters wichtig ist. Um diese Nähe zu sichern, unterhält der Dienstleister [ED_Div1] sogar einen Standort mit vergleichsweise hohen Personalkosten, an dem vor allem Projekte mit höheren Qualifikationsanforderungen bearbeitet werden. Projekte mit geringeren Gewinnmargen werden dagegen eher an den Standort im ostdeutschen [Nahstadt] in der Nähe der polnischen Grenze vergeben. Bei [In_Han] sucht das Callcentermanagement die Nähe zu anderen Teilen des Unternehmens. So siedelte man das erste Callcenter bewusst in der Nähe der deutschen Zentrale und einer Filiale des Unternehmens an. Die Nähe einer Filiale des Unternehmens ist ein wichtiges Entscheidungskriterium, da die Agenten die Filialgeschäfte aufsuchen, um dort Produkte und organisatorische Abläufe des Unternehmens kennen zu lernen. Das Management der Callcenter nutzt dagegen gezielt die Nähe der Zentrale zur strategischen Positionierung.

Zudem äußert sich eine Abhängigkeit bei der Verortung weiterer Unternehmensteile dadurch, dass der neue Standort sich in eine bestehende Standortstruktur einfügen muss. Unternehmen achten bei der Standortwahl also auch darauf, wie die neue Filiale bestehende Standorte ergänzt, und gewichten die zuvor aufgeführten Kriterien entsprechend. So verfügt der Dienstleister [ED_Div], wie zuvor erwähnt, über Standorte, die sich durch ein vergleichsweise heterogenes Lohn- und Qualifikationsniveau ausgezeichnet haben. Insbesondere für Dienstleister ist es sinnvoll, ihren (möglichen) Auftraggeber Standorte mit verschiedenen Beschäftigtenstrukturen und/oder in dessen Nähe anbieten zu können. Gleichzeitig nutzt das Unternehmen die Heterogenität der Standorte auch für seine internen strategischen Zwecke.

Beim Ablauf der Standortgründung zeigen sich wesentliche Unterschiede zwischen dem Standort des ersten Callcenters und weiteren Standorten. Abgesehen davon, dass bei nachfolgenden Callcentern auf verschiedenen Ebenen eine Passung bzw. Ergänzung zu bestehenden Standorten gesucht wird, kann das Unternehmen bei Auswahl und Etablierung des/der anderen Standorte(s) Erfahrungen nutzen, die es bei der Etablierung des ersten Standortes gemacht hat. Unterschiede in der Standortwahl ergeben sich nicht nur durch Pfadabhängigkeiten auf der Basis der bestehenden räumlichen Verteilung von Unternehmen bzw. Unternehmensteilen, auf die die Callcenter Bezug nehmen, sondern auch dadurch, dass die Gründung weiterer Standorte durch andere Erfahrungsbestände flankiert wird. Die Wahl eines Standortes lässt sich also in doppelter Hinsicht als „situated action" (Suchman 1999: 49ff) und kontextabhängig beschreiben: Zum einen wird die Wahl des Standortes von Erfahrungskontexten beeinflusst, die die Leitung des Unternehmens bereits bei der Neuansiedlung von Unternehmenstätigkeit gemacht hat. Zum anderen erfolgt die Standortwahl in Abhängigkeit von vorhandener netzwerkförmiger Verteilung von Arbeit. Generell betont die Relevanz der Nähe anderer Unternehmen(steile) die Rolle von regionalen Netzwerken und relativiert die Bedeutung von IuK-Technologien zur Überbrückung von Entfernungen.

4.2.2 Verstandortung in action: Auswirkungen und Dynamiken einer räumlich verteilten Standortstruktur

Bei der bisherigen Analyse der Auswahlkriterien der Standortwahl wurde die Neugründung von Standorten als eine Form von Reorganisation vorausgesetzt. Warum entscheiden sich Unternehmen jedoch überhaupt für die Neugründung eines Standortes statt für den Ausbau der Kapazitäten am bestehenden Standort? Anhand der Ergebnisse aus den Fallstudien wird nachfolgend aufgezeigt, welche

Vorteile sich die Unternehmen von der Neugründung versprechen und welche Auswirkungen eine Ausweitung der Standortstruktur auf das Unternehmen hat. Zudem werden mit der Betrachtung von Aufkäufen bzw. Verkäufen von Standorten zwei weitere Optionen der Veränderung der Standortstruktur zusätzlich in die Analyse einbezogen.

Doch zunächst stelle ich die Motive dar, auf die sich Entscheidungen der Unternehmen gründen, einen neuen Standort zu gründen statt bestehende Kapazitäten an einem vorhandenen Standort zu erweitern. Teilweise schließt die Präferenz für Neugründungen an die zuvor genannten Kriterien der Standortwahl an, insbesondere an das Bestreben der Unternehmen, sich die Unterstützung durch Institutionen zu sichern und einen Zugang zu einem Arbeitsmarkt mit flexiblen und qualifizierten Beschäftigten zu bekommen. Weitere Standorte erscheinen besonders eine erfolgversprechende Alternative, wenn durch die Gründung erneut Zuschüsse staatlicher oder regionaler Institutionen genutzt werden können. Es zeigt sich in geringem Maße durchaus eine Veränderung der Standortstruktur mit der Veränderung der Subventionslandschaft. Außerdem gründen die Unternehmen häufig einen weiteren Standort, wenn am bestehenden Standort Subventionsmaßnahmen auslaufen. Als weiterer Grund für mehrere Standorte kommen regionale Unterschiede zwischen den Arbeitsmärkten hinzu, wodurch die Heterogenität und damit einhergehend die Flexibilität des Personals zunimmt. In den Interviews wird das Streben nach Flexibilität als häufigster Grund für Outsourcing genannt[19]. Zum einen wollen sich Auftraggeber nicht durch die Bindung an eigene Ressourcen einschränken (wie [IN_Telco2]), zum anderen will man dem fluktuierenden Callcenter-Geschäft mit stets sich veränderndem Markt gerecht werden. Die Weitergabe von Flexibilisierungsbedürfnissen äußert sich insbesondere darin, dass Outsourcer vor allem eingesetzt werden, um den Überlauf abzuarbeiten und in Umbruchsphasen, wie zum Beispiel bei interner Restrukturierung beim auftraggebenden Unternehmen, besonders häufig zum Einsatz kommen. So kompensiert [IN_Telco2] die Mehrarbeit, die aus der Erhöhung des Marktanteils resultiert, nicht durch Wachstum des eigenen Unternehmens. Auch [IN_IuK] setzt nach der Übernahme durch [Telco3], durch die Kundenmenge und Betreuungsaufwand gestiegen sind, nicht auf den Ausbau der eigenen Standorte, sondern auf den vermehrten Einsatz von Dienstleistern.

Eine Streuung von Callcenter-Dienstleistungen über mehrere Standorte dient auch der Risikostreuung. Durch die Verteilung von Arbeit auf mehrere Standorte wird die Gefahr von Totalausfällen drastisch gemindert und so eine eingeschränkte Funktionsfähigkeit des Betriebablaufs auch unter widrigen Um-

---

19 Es erscheint aber durchaus wahrscheinlich, dass Kosten- und Qualitätsvorteile der Dienstleister als Grund für Outsourcing durch das Callcenter-Management weniger genannt werden, da sie die Effizienz der Vorgehensweise „inhouse" in Frage stellen.

ständen sichergestellt. Eine Verteilung der Aufgaben über mehrere Standorte ist aber auch deswegen eine Alternative zur Gründung oder Ausweitung eines bestehenden Centers, weil es technisch möglich ist, die einzelnen Standorte zu vernetzen und so von der Anrufleitung und Arbeitsverteilung wie ein großes Callcenter zu führen (siehe Abschnitt 6.2.1).

Nicht zuletzt macht es für das Management von Unternehmen auch aus mikropolitischen Gründen Sinn, seine Callcenter-Dienstleistungen über mehrere Standorte zu verteilen. Durch eine unternehmensinterne Reorganisation in Form einer Neugründung eines Standortes ergeben sich für die Unternehmensleitung Optionen, die es (neben anderen Formen von Verlagerung) strategisch nutzen kann. Dies zeigt sich beispielsweise am vergleichsweise aggressiven Agieren von [ED_Div1]. Die Unternehmensleitung hat durch die Gründung von neuen Standorten und Auslagerung von neuen Projekten den Druck auf alle Beschäftigten erhöht und konnte hierdurch die Löhne an den verschiedenen Standorten zu Ungunsten der Beschäftigten („im Sinne der Konkurrenzfähigkeit") angleichen. Die Unterhaltung von mehreren Standorten bietet einem übergeordneten Management also bessere Möglichkeiten die Beschäftigten gegeneinander auszuspielen. Aufgrund dieser strategischen Möglichkeiten erscheint eine differenzierte und heterogene Standortstruktur, die sich über größere Distanzen erstreckt, als erstrebenswert.

Unternehmensinterne Neugründungen sind jedoch nur ein Weg, wie eine solche Standortstruktur erreicht werden kann. In den Fallstudien stellen Neugründungen von Standorten nicht die Hauptform der Reorganisation von Arbeit dar. Stattdessen kommt es, gerade in den Bereichen der Telekommunikation und IuK-Technologien, häufig zu Aufkäufen von Callcentern durch die Dienstleister bzw. zu Verkäufen seitens der Ursprungsunternehmen. Das Beispiel von [ED_Div1] zeigt, wie variabel die Standortstruktur von Callcentern sein kann. Denn das Unternehmen setzte seine Beschäftigten nicht nur durch Neugründungen unter Druck, sondern auch durch die Schließung von Standorten, die man kurze Zeit vorher erst aufgekauft hatte. Die Standortstruktur des Dienstleisters (und von den Unternehmen, die ihre Inhouse-Center verkauft hatten) änderte sich also zunächst durch den Aufkauf und dann wieder, als man die entsprechenden Standorte nach Ablauf der Arbeitsverträge der Beschäftigten schloss. An den verbleibenden Standorten des Dienstleisters nahmen daraufhin Arbeitsvolumen und Inhalte zu, da die Aufträge von den geschlossenen Standorten dorthin verlagert wurden. Da nur wenige Beschäftigte aus den geschlossenen Standorten die Übernahmeangebote des Dienstleisters nutzen konnten, blieb die Beschäftigtenstruktur und -zahl an den verbleibenden Standorten zunächst konstant. In Anschluss an Aufkauf und Schließung der drei Standorte wurden jedoch am Standort [Ruhrstadt] trotz Zugeständnissen seitens der Beschäftigten Stellen abgebaut.

Langfristig lässt sich beim Dienstleister [ED_Div1] eine Verschiebung der Aufträge vom Standort [Ruhrstadt] (mit hohen Personalkosten) hin zu den Standorten in [Hafenstadt] und besonders ins ostdeutsche [Nahstadt] beobachten. Das Unternehmen [ED_Div1] zeichnet sich also durch eine vergleichsweise aggressive Standortpolitik in Form von Aufkäufen und Betriebsschließungen sowie durch die Verlagerung von Aufträgen zu Standorten mit niedrigerem Lohnniveau aus. Es zeigt, wie volatil sich die Standortpolitik eines Unternehmens gestalten kann bzw. wie Unternehmensleitung und Management Dynamiken der Verlagerung gezielt nutzen. Die hoch variable Verstandortung der Dienstleister hängt neben den bereits erwähnten Vorgehensweisen von aggressiven Reorganisationsmaßnahmen in Kombination mit einer rein strategischen und wenig auf Nachhaltigkeit ausgelegten Standortpolitik nicht zuletzt mit der Abhängigkeit der Dienstleister von den Auftraggebern zusammen. Denn letztlich sind für den Dienstleister bei der Standortwahl vor allem die Kriterien relevant, die Auftraggeber an die Vergabe von Aufträgen knüpfen. Mit seinen Standortentscheidungen zielen die Dienstleister im Endeffekt darauf ab, für eine mehr oder weniger breite Spanne von Auftraggebern interessant zu sein. Außerdem trifft letztendlich der Auftraggeber die Entscheidung, an welchen Standorten die Callcenter-Dienstleistungen für sein Unternehmen vom Dienstleister erbracht werden: Dem Auftraggeber eröffnen sich nicht nur erhebliche Steuerungsmöglichkeiten, indem es die Standorte auswählt und den Dienstleister vertraglich verpflichtet, nur die ausgewählten Standorte zu nutzen, sondern auch dadurch, dass es sich für einen oder mehrere Dienstleister mit einer bestimmten Standortstruktur entscheidet. Der Einfluss der Auftraggeber auf Offshoring- bwz. Nearshoring-Bestrebungen und -Aktivitäten bei den Dienstleistern ist entsprechend hoch. Meist setzen die Auftraggeber nicht ausschließlich Nearshoring-Standorte eines oder mehrerer Dienstleister ein, sondern kombinieren innerdeutsches und länderübergreifendes Outsourcing. Auftraggeber beeinflussen durch ihre Präferenzen nicht nur massiv die Standortpolitik der Dienstleister im Allgemeinen, sondern auch deren Offshoring- bzw. Nearshoringstrategien im Besonderen.

Aber auch Inhouse-Center können im Rahmen diverser Reorganisationsprozesse über eine sich stetig wandelnde Standortstruktur verfügen. So verändert sich durch die Übernahme von [IN_IuK] durch [Telco3] die Standortstruktur des neuen Gesamtunternehmens. Der Konzern [Telco1] unterzieht seine Standort- und Unternehmensstruktur so häufig internen Reorganisationsmaßnahmen in Form einer substitutiven Verlagerung von Arbeit zur Umgehung von bestehendem Beschäftigtenschutz, dass diese nicht im Einzelnen aufgeführt werden können. Von den Änderungen sind im Bereich Callcenter auch das outgesourcte Tochterunternehmen und die Dienstleister betroffen, die für das Unternehmen arbeiten. Bereits vor 2008 machte das Unternehmen mit Stellenabbau und Standortschließung von sich reden. Nach 2008 wurden im Zuge der „Standortoptimierung" weitere Standorte zusammengelegt und „Kleinst-Callcenter" zu größeren Einheiten zusammengefasst. So hat sich inzwischen die Zahl der Callcenter-Standorte in Gesamtdeutschland nahezu halbiert, zum Nachteil von mehreren tausend Beschäftigten.

Insbesondere im Rahmen der Reorganisation bei den Dienstleistern, aber auch bei Inhouse-Callcentern großer Firmen aus dem Bereich Telekommunikation zeigt sich, dass die Standortwahl weit weniger nachhaltig und die Standortstruktur eines Unternehmens weit flexibler sind, als dies eine einfache Analyse der Kriterien zur Standortwahl erkennen ließe. Studien zur Standortwahl mit ausschließlichem Bezug auf die Gründung neuer Standorte beschreiben also die Verstandortung von Callcenter-Dienstleistungen nur unvollständig. Bezieht man Aufkauf und Schließungen von Standorten in die Analyse ein, so ergeben sich weitere Kriterien, die die Auswahl eines Standortes erklären können. So spielen bei Aufkäufen durch die Unternehmen insbesondere die Auftragslage und die sich aus dem Aufkauf entwickelnden Optionen eine Rolle. Veränderungen in der Standortstruktur ergeben sich auch durch Gelegenheiten, Callcenter-Standorte aufzukaufen oder zu verkaufen sowie als Folge der unternehmensinternen Standortpolitik der beteiligten Parteien. Nicht nur in Bezug auf den Arbeitsvollzug, sondern auch auf die Standortstruktur von Inhouse-Centern und Dienstleistern zeigt sich eine starke wechselseitige Bedingtheit und Vernetzung von standortpolitischen Strategien.

4.2.3 Zur räumlichen Restrukturierung von deutschsprachigen Callcenter-Dienstleistungen in Form von Outsourcing und Offshoring

Das gängige Bild von Callcentern ist geprägt von Schilderungen globalisiert arbeitender „electronic sweatshops" (Taylor/Bain 1999), deren genaue geographische Lage – nicht zuletzt aufgrund der technischen Möglichkeiten der Vernetzung – irrelevant sei. Selbst Ländergrenzen, so ließe sich demnach folgern, stellen keine Begrenzung der Standortentscheidung dar. Die Callcenter stehen in einem globalisierten Wettbewerb, denn als mögliche Konkurrenten um Aufträge kämen demzufolge nicht nur andere Inhouse-Callcenter des Unternehmens oder externe Dienstleister im Inland, sondern auch im Ausland in Frage. Bekannt sind insbesondere Fallstudien über das Offshoring von Callcenter-Dienstleistungen nach Indien (Noronha/D'Cruz 2006; Taylor/Bain 2005). Diese transnational agierenden Dienstleistungskonzerne beeinflussen sicherlich die Art und Weise, wie Callcenterarbeit organisiert wird. Jedoch wird anhand der Analyse des empirischen Materials deutlich, dass diese nur einen kleinen Teil des Gesamtbildes darstellen. Für den deutschen Markt spielt Outsourcing eine wesentlich größere Rolle als die Verlagerung von Dienstleistungen ins Ausland. Die Analyse der Fallstudien in den folgenden Abschnitten dient der Überprüfung, ob die zuvor beschriebenen Ähnlichkeiten bezüglich der Bestrebungen von Unternehmen, Aufgaben zu verlagern, und Optionen sowie Voraussetzungen von Verlagerungsprozessen der Tatsache geschuldet sind, dass in der Forschung zu Verlagerungsprozessen zwischen Outsourcing und Offshoring nicht immer deutlich unterschieden wird. Um jedoch Aussagen über das Verhältnis beider Formen von Verlagerung zueinander möglich zu machen, wird bei der Analyse der eigenen Fallstudien zwischen der Beschreibung der Praktiken des Outsourcings und denen des Offshorings unterschieden, auch wenn sie – wie nachfolgende Abschnitte zeigen – gelegentlich in Kombination auftreten.

Branchenspezifische Praktiken des Outsourcings von
Callcenter-Dienstleistungen: Ergebnisse der Fallstudien

Wie bereits beschrieben, wird Outsourcing durch die Verbesserung der Kontrollmöglichkeiten im Zuge der Standardisierung und Modularisierung der Arbeit möglich. Die Fallstudien bestätigen diese Abhängigkeiten und zeigen, wie sich diese Modularisierung von Arbeitsvollzügen auch auf die Gestaltung von Outsourcingprozessen auswirkt. Denn in der Regel werden nicht nur komplette Aufgabenpakete an externe Unternehmen vergeben, sondern Teilaufgaben, wie zum Beispiel Anrufe aus der Warteschleife, bestimmte Unterpunkte des Telefonmenüs oder der Support für bestimmte Kundengruppen. Viele Unternehmen realisieren also in ihren Outsourcing-Praktiken selektive und explorative Vorgehensweisen, wie sie seitens der Forschung zur Verlagerung von Dienstleistungen als erfolgreich ausgemacht wurden. Zudem bevorzugen Unternehmen die von Willcocks et al. (2007) vorgeschlagenen, kurzfristigen Vertragsbindungen. Jedoch zeigen die Fallstudien auch, dass es hier funktionierende Ausnahmen mit einem Nebeneinander von kurz- und langfristigen Verträgen gibt (beispielsweise bei [IN_IuK]). Insgesamt erweist sich die Bindung an eine bestimmte Anrufverteilung, Arbeitsteilung und Vertragspartner als sehr lose. Vielleicht sind deswegen die Beziehungen zwischen Auftraggeber und Dienstleister weniger durch detailliert ausgearbeitete vertragliche Regelungen bestimmt, als es – zumindest nach Willcocks et al. (2007) – erfolgversprechend wäre. Die Etablierung und das Management von Outsourcing-Beziehungen zeichnen sich vielmehr durch Improvisation und Ad-hoc-Anpassung aus.

4.2 Zur Standortstruktur und Dynamiken räumlicher Verteilung

Allgemein bleibt für den Bereich von Callcenter-Dienstleistung und die Inbound-Telefonie festzuhalten, dass Outsourcing von Dienstleistungen die Regel ist. In nur drei Fallstudien (bei [IN_PC], [IN_Han] und [OT_FiDi]) werden keine bzw. kaum Aufgaben der telefonischen Kundenbetreuung in Form von Inbound-Anrufen an externe Unternehmen vergeben. Hinsichtlich der Praktiken und des Umfangs des Outsourcings lassen sich sowohl branchenspezifische Unterschiede als auch Einflüsse der Einbettung von Callcentern in multinationale Konzernstrukturen ausmachen, die branchenspezifische Outsourcingmuster überlagern und Ähnlichkeiten zwischen den Fallstudien erklärt. Zur Gruppe von Unternehmen, deren Outsourcing-Aktivitäten relativ gering sind, gehören Callcenter aus dem Bereich der Finanzdienstleistung, der Kundenbetreuung von Flugunternehmen sowie die beiden Callcenter von Unternehmen mit starker Einbindung in multinationale Konzernstrukturen.

Aufgrund rechtlicher Regelungen, wie dem Bankgeheimnis oder der Haftung bei Anlageberatungen, werden bei *Banken, Finanzdienstleister und Versicherungen* Callcenter-Dienstleistungen kaum an externe Dienstleister vergeben. Entsprechende Unternehmen betreiben eher Inhouse-Callcenter – im Falle von [OT_FiDi] sogar teils im Ausland –, oder sie vergeben diverse Aufgaben an ihre outgesourcten Tochterunternehmen. Allerdings suchen die externen Dienstleister nach Einstiegen in diesen Markt. Sie richten hierbei ihr Interesse am Banken-Service weniger auf deren Haupttätigkeitsgebiete „Telefonbanking" und „Kundenservice". Vielmehr soll die Übernahme von momentan eher noch marginalen, jedoch potentiell zukünftig in ihrer Relevanz zunehmenden Tätigkeiten wie „Technical Support" für Online-Banking quasi als Einfallstor für diesen Bereich dienen. Auch die relativ einfachen Vermittlungstätigkeiten von Anrufen in die Filiale, wie sie [OT_FiDi] erbringt, könnte an externe Dienstleister vergeben werden, ohne dass das Bankgeheimnis oder andere rechtliche Regelungen verletzt werden würden. Der Einwand des Managements, man könne aufgrund rechtlicher Bedingungen keine Dienstleister einsetzen, erscheint also unberechtigt, und es gibt keine plausible Erklärung, warum nicht zumindest teilweise bei [OT_FiDi] externe Dienstleister eingesetzt werden.

Hoffnungen setzt die Managerin des Dienstleisters [ED_Div1] auch auf die Übernahme der Funktionen des Kundenkontaktes für kleinere Banken. Trotz hoher rechtlicher Auflagen rechnen die externen Dienstleister damit, dass der erhöhte Kostendruck und die Veränderung der Kundenstruktur der Banken in Form einer Rückbesinnung auf den Privatkunden sich dahingehend auswirken, dass diese die Einsparmöglichkeiten und Effizienzgewinne durch Outsourcing erkennen. Im Vergleich mit der Telekommunikation hofft man dort auf einen weniger kostengetriebenen Wettbewerb und längerfristige Verträge, also auf die Entwicklung von Netzwerkstrukturen, in denen die Dienstleister über mehr Expertise und daher mehr Macht verfügen könnten. Hierdurch versprechen sich die Dienstleister ihre Kompetenzen sowie ihr Know-how lukrativer und längerfristig verwerten zu können als im kostengetriebenen Geschäft im Bereich des Vertriebs von IuK-Technologien.

„In den Branchen, in denen der Kunde noch sehr stark auf unserer Know-how, unsere Erfahrung im Bereich CC [Anmerkung: gemeint sind Callcenter] -Steuerung angewiesen ist, ist er eigentlich froh, wenn er einen Dienstleister hat – wenn das alles läuft, wird er nicht das Risiko eingehen, sich einen anderen Anbieter zu suchen, mit dem er dann vielleicht Pech hat, oder wie auch immer. Da sind dann die Verträge langfristiger, oder werden im Prinzip auch durch Nicht-Kündigung automatisch verlängert um ein weiteres Jahr, das ist dann zum Beispiel im Bereich Banken, Versicherungen, Krankenkassen, das sind Sektoren, die noch relativ unerfahren im Bereich Outsourcing sind." (Erstes Interview mit der Callcenter-Managerin, ED_Div1, 1:20:30ff)

Für die externen Dienstleister sind also entsprechende Bereiche vor allem aufgrund der vergleichsweise hohen Unerfahrenheit mit Outsourcing-Prozessen und der damit einhergehenden schlechteren Verhandlungsposition potentieller Auftraggeber interessant. Ob diese Strategie aussichtsreich ist, scheint fraglich, zumal Banken und ihre Outsourcing-Töchter ja auch spezifische Expertise im Kundenkontakt aufbauen. In Kombination mit dem zunehmendem Selfservice-Funktionalitäten im Bankbereich wie komplett automatisiertes Telefonbanking oder Online-Banking ist es durchaus vorstellbar, dass Dienstleister via Übernahme des Telefonsupports bei technischen Problemen zukünftig durchaus auch im Bankenbereich teilweise Fuß fassen. Dass Kernbereiche des Telefonbankings abgegeben werden, erscheint jedoch insbesondere bei großen Banken wenig realistisch.

Ebenso konnten Callcenter-Dienstleister im Bereich der Kundenbetreuung von *Fluggesellschaften* kaum Auftraggeber gewinnen. Da die Flugunternehmen eine möglichst hohe Kundenbindung aufbauen möchten, und man das externen Dienstleistern wohl nicht zutraut, haben Fluggesellschaften ebenfalls Tochterunternehmen vergeben. Diese Tochterunternehmen haben im Laufe der Zeit nicht nur ihr Aufgabengebiet ausgeweitet, indem sie für andere Auftraggeber aus dem „Airline"-Bereich arbeiten, sondern bieten zunehmend ihre Services auch für andere Branchen an. Innerhalb der Branche werden die outgesourcten Tochterunternehmen aufgrund ihres Unternehmensursprungs und ihrer Spezialisierung kaum als externer Dienstleister wahrgenommen. Sie konkurrieren also quasi doppelt mit nicht spezialisierten Dienstleistern; diesen bleibt lediglich die Kundenbetreuung bei Low-Cost-Airlines als Einstiegstor. Doch selbst diese tendieren zur Vergabe des Kundenservices an spezialisierte Dienstleister oder bieten nur

Online-Self-Service und keinen telefonischen Kundenservice an. Genau wie bei den Finanzdienstleistungen, erscheint das Betätigungsfeld der Kundenbetreuung von Fluglinien also bereits abgedeckt zu sein, ohne dass die Dienstleister einen großen Anteil daran gewinnen konnten.

In den Fallstudien von [IN_Han] und [IN_PC] zeigen sich ebenfalls kaum Outsourcing-Tendenzen. Dies erscheint zunächst verwunderlich, da beide Unternehmen in Branchen angesiedelt sind, in denen Outsourcing üblich ist. Das Aufgabenfeld der beiden Callcenter umfasst mit Bestellannahme, Reklamation und (technischem) Kundensupport durchaus typische Geschäftsbereiche von Dienstleistern. Das geringe Ausmaß an Outsourcing kann also in beiden Fällen nicht durch fehlendes Angebot seitens der Dienstleister erklärt werden. Vielmehr liegt die geringe Vergabe von Tätigkeiten an externe Unternehmen an der starken Einbindung der Callcenter in multinationale Konzernstrukturen. Sowohl bei [IN_Han] als auch bei [IN_PC] sieht man aufgrund der konzernweit bestehenden Vorgabe, im Kundenservice keine externen Dienstleister einzusetzen, von der Vergabe von Tätigkeiten an externe Unternehmen weitestgehend ab. Das Management von [IN_Han] begründet die geringe Nutzung mit der Konzernphilosophie der Authentizität und direkten Kundenansprache. Bei [IN_PC] wendet man sich also weniger rigoros gegen den Einsatz von Dienstleistern wie im Fall von [IN_Han], und es gibt in Deutschland „etablierte Partnerschaften" mit entsprechenden Dienstleistern, die dann situativ und kurzfristig eingesetzt werden. Zudem betreibt [IN_PC] quasi als Alternative zum Outsourcing einen Nearshoring-Standort für den deutschen Markt. Als weiterer Unterschied zeigt sich, dass bei [IN_Han] die geringe Nutzung von Dienstleistern weltweit gängig ist; [IN_PC] versucht dagegen, seine großen englischsprachigen Offshoring-Standorte an einen Dienstleister zu verkaufen.

Zur Gruppe der Unternehmen, die große Teile ihrer Unternehmenstätigkeit outsourcen, gehören die Konzerne aus den Bereichen Telekommunikation und Internet. Die entsprechenden Unternehmen verfügen bezüglich des Outsourcens von Aufgabenbereichen über Routine: Sie lassen zumeist die verschiedenen Dienstleister im Wettbewerb um Aufträge konkurrieren und setzen manchmal noch die eigenen Beschäftigten für ein Aufgabengebiet ein. Das Unternehmen [IN_Telco1] hat innerhalb eines Jahrzehnts über seine verschiedenen Aufgabenbereiche und Unternehmenssparten hinweg sowohl in Bezug auf die Vergabe von Tätigkeiten an externe Unternehmen als auch bezüglich des Aufbaus und Managements des eigenen Tochterunternehmens ein weitreichendes Outsourcing-Netzwerk aufgebaut. Im Bereich der klassischen Festnetz-Telekommunikation wurden zunächst insbesondere die Auskunftsdienste zu Dienstleistern outgesourct. Andere Tätigkeitsschwerpunkte, wie die Betreuung von Geschäftskunden und Anfragen von Privatkunden zur Rechnung und zu technischen Problemen, wurden dagegen zunächst vor allem vom outgesourcten Tochterunternehmen übernommen (Doellgast/Greer 2007). Die Internet-Sparte desselben Konzerns verkaufte einen Teil der unternehmenseigenen Callcenter an vier verschiedene Dienstleister, darunter auch [ED_Div], der die entsprechenden Standorte geschlossen hat (Holtgrewe/Doellgast 2007). Gleichwohl wird in einigen Bereichen des Unternehmens mit der Begründung, dass man auf der Basis der technischen Integration eigentlich gar nicht mehr von der Einbindung externer Unternehmen sprechen könne, Outsourcing in Abrede gestellt. Das Beispiel von [Telco1] und dessen Tochterunternehmen zeigt, dass innerhalb eines Konzerns die Sichtweise bezüglich der Zugehörigkeit zum Unternehmen deutlich variiert. Entsprechend wird Outsourcing von einigen Unternehmensteilen gar nicht als solches wahrgenommen und so eine Auseinandersetzung mit prekären Effekten, die Outsourcing für die Beschäftigten zur Folge haben kann, vermieden.

Im Unternehmen [IN_IuK] sind der Umgang mit der Tatsache, dass das Unternehmen viele Bereiche durch Dienstleister bearbeiten lässt, und die Darstellung entsprechender Outsourcingpraktiken wesentlich offener. Wie [Telco1] nutzt es strategisch die Vorteile des Einsatzes von mehreren Dienstleistern und eigenen Callcentern. Insgesamt werden etwas mehr als die Hälfte der Gespräche extern bearbeitet. Die Anteile, die zu Outsourcern gehen, variieren, denn die Arbeitsteilung wird immer wieder neu angepasst. Teils leitet das Unternehmen im Inbound-Bereich Anrufe bestimmter Themenschwerpunkte testweise an verschiedene Externe weiter und verlagert sie bei einer „nicht ausreichenden" Leistung anschließend wieder zurück ins eigene Unternehmen. Dienstleister und die eigenen Callcenter werden also mittels Benchmarking stark unter Wettbewerbsdruck gesetzt. Mit der Übernahme von [IN_IuK] durch [Telco3] verändert sich das Netzwerk, bestehend aus eigenen Callcentern und eingebundenen Dienstleistern. Einige Dienstleister arbeiteten vorher schon für den „neuen" Mutterkonzern, andere für [IN_IuK] und wieder andere kamen im Rahmen des Zusammenschlusses neu dazu. Da diese „Partner" relativ aufwendig in die IT-Infrastruktur eingebunden werden, werden insbesondere mit den größeren externen „Partnern" längere Kooperationen eingegangen (ein bis fünf Jahre), als es bei der Vergabe von Aufgaben aus dem Bereich der Callcenter-Dienstleistung allgemein und im Bereich des telefonischen Kundenservices im Bereich der IuK-Technologien im Besonderen üblich ist. Es bleibt aber zu beachten, dass das Unternehmen insgesamt beim Einsatz von Dienstleistern kurz- und langfristige Kooperationen kombiniert und auch langfristige Partner immer unter Bewährungsdruck setzt. Es gibt also für die Auftraggeber durchaus Möglichkeiten, auch Verträge mit längerer Vertragsdauer so zu gestalten, dass sich für die Dienstleister daraus kaum Vorteile entwickeln. Die ausgearbeitete Überwachung aller Beschäftigten, die für das Unternehmen arbeiten, und ein ausgearbeitetes System von Sanktionsmechanismen, falls Kennzahlen nicht eingehalten werden, machen dies möglich. Einer der größten „Nutzen" beim Einsatz von Dienstleistern für einen Auftraggeber mit eigenen Beschäftigten liegt darin, dass sich der Druck auf alle Beschäftigte, also sowohl auf die eigenen als auch auf die bei externen Unternehmen, erhöht. Deutlich lassen sich Bumerangeffekte in Form eines verstärkten Wettbewerbsdrucks auf die Organisation des Auftraggebers beobachten und es zeigt sich, dass die Auftraggeber diese Effekte zumeist bewusst anstreben.

Outsourcing- und Netzwerkbeziehungen werden also durch die Interaktion von Macht und Expertise geprägt sowie durch dynamische Lernprozesse beeinflusst. Dienstleister suchen gezielt und zumeist vergeblich unerfahrene Auftraggeber. Sie unterschätzen dabei allerdings zumeist die Lernprozesse auf Seiten der Auftraggeber, die das Gefälle in der Expertise bezüglich der Verlagerung von Callcenter-Dienstleistungen zwischen Dienstleister und Auftraggeber schnell minimieren. Selbst wenn zu Beginn der Outsourcing-Beziehung die Dienstleister durch mehr Erfahrung und Routine im Vorteil waren, so schwinden diese Unterschiede schnell. Die Hoffnungen, die sich Dienstleister bezüglich der Vorteile einer Etablierung jenseits der üblichen Outsourcing-Branchen – also insbesondere jenseits von Telekommunikation und Internet – machen, erscheinen also nicht gerechtfertigt. Denn einerseits präferieren viele Unternehmen aus anderen Branchen den Ausbau der eigenen Callcenter-Struktur (zum Beispiel bei [IN_PC] und [IN _Han]) bzw. den Rückgriff auf outgesourcte Tochterunternehmen, wie dies im Bereich von Finanzdienstleistungen und Fluggesellschaften verbreitet ist. Und andererseits gibt es keinen Grund, warum in Unternehmen anderer Branchen bezüglich der Verlagerung von Dienstleistungen nicht ebenso (schnell) Lerneffekte bezüglich der strategischen Gestaltung der Beziehung zu potentiellen Dienstleistern einsetzen, wie es bereits in den etablierten Outsourcing-Branchen erfolgt ist. Selbst wenn sich Dienstleister neue Tätigkeitsfelder erschließen können, so werden seitens der Auftraggeber Lerneffekte einsetzen, die die Verhandlungslage für die Dienstleister wieder verschlechtern.

Als ein Lerneffekt seitens der Auftraggeber zeichnet sich ab, dass diese die Etablierung vertrauensvoller und langfristiger Beziehungen, die seitens einiger Forscher zur Verlagerung von Dienstleistung als wichtig für den Erfolg von Verlagerungsaktivitäten eingeschätzt wird, kaum vorantreiben. Vielmehr werden Dienstleister von ihren Auftraggebern (zusammen mit den eigenen Beschäftigten) gegeneinander ausgespielt. Die Auftraggeber lernen schnell, durch den Einsatz mehrerer Dienstleister und durch das Benchmarking mit eigenen Callcentern den Wettbewerbsdruck zu erhöhen. Ein Rückgriff auf bewährte „Partnerschaften" kommt zwar vor, allerdings ohne dass aufgrund der Langfristigkeit der Beziehungen weniger Druck auf den Dienstleister ausgeübt werden würde. Unternehmen, die eigene Callcenter betreiben bzw. aufbauen wollen, sind zudem relativ schnell in der Lage, Erfahrungen, die sie im Rahmen von Outsourcing gesammelt haben, auf Vorgehensweisen in den eigenen Callcentern bzw. in ihren Tochterunternehmen zu übertragen. Langfristig sind die Dienstleister nicht in der Lage, exklusive Expertisen aufzubauen[20].

Dadurch, dass die Erfahrungen der Unternehmen mit den technischen sowie organisatorischen Möglichkeiten sowie das Wissen über Aushandlung und Kontrolle von Outsourcing-Aufträgen bei allen Parteien zunehmen, wird das Outsourcing von Callcenterfunktionen zu einem sich selbstverstärkenden Prozess. Es entsteht eine Outsourcing-Spirale. Diese wird insbesondere durch die Gestaltung der Outsourcing-Netzwerke seitens der Auftraggeber angetrieben. In der Folge kommt es zu einer Intensivierung des Wettbewerbs und zu erhöhten Flexibilitätsanforderungen, denen man mit weiterem Outsourcing versucht zu begegnen. Beim Outsourcing von Callcenter-Dienstleistungen zeichnen sich also deutlich Dynamiken ab, wie sie im Rahmen der Intensivierung von Konkurrenzdruck und Wettbewerb durch die Netzwerkforschung beschrieben werden.

Last but not least zeigt die Analyse der Fallstudien, dass sich die aus den Fallstudien von Inhouse-Callcentern und Dienstleistern gewonnenen Erkenntnisse nicht nur ergänzen, sondern auch wechselseitig korrigieren. Will man Einblick erlangen, welche Rolle die Technik bei Inhouse-Centern in ihrer Funktion als Auftraggeber und Dienstleister als beauftragtes Unternehmen im Zuge von Verlagerungsprozessen spielt, ist also die Betrachtung beider Seiten nötig.

Offshoring: Ergebnisse der Callcenterforschung

So erhitzt wie die Diskussionen zur Verlagerung von Arbeit sind, so lückenhaft zeigte sich lange die Datenlage zur Verlagerung von Unternehmenstätigkeiten ins Ausland. Die Erhebung von ausführlichen Daten zu Verlagerungsaktivitäten von Unternehmen hinkte der Durchführung von Offshoring lange hinterher. Umfangreiches statistisches Material zur Verlagerung von Arbeit lässt sich – gerade für vergangene Jahre – nur schwer finden.

Aufgrund des geringen Datenmaterials ist eine fundierte quantitative Analyse von Offshoringprozessen in Bezug auf Callcenter-Dienstleistungen schwierig. Hinzu kommen die bereits beschriebenen Schwierigkeiten, dass sich in Bezug auf das Forschungsfeld Callcenter wenig verwertbare Studien mit quantitativem Fokus finden ließen, die eine fundierte Analyse zugelassen hätten.

---

20 Diese Entwicklung zeichnet sich insbesondere in den letzten Jahren ab. So machte die Callcenterforschung vor einigen Jahren noch bessere Chancen bezüglich der Entwicklung von Expertise und Qualitätsentwicklung seitens der Dienstleister aus (Arzbächer et al 2002; Shire et al. 2002).

4.2 Zur Standortstruktur und Dynamiken räumlicher Verteilung

Durch die unzureichende Datenlage in der Vergangenheit überlagerten sich Diskussionen zur Verlagerung von Arbeit mit Befürchtungen der Abwanderung von Arbeitsplätzen in Niedriglohnländer. Jedoch zeigen sich in Europa insgesamt keine Anzeichen für einen tatsächlichen Verlust von Arbeitsplätzen durch Offshoring zwischen 2002 und 2003 (Flecker/Kirschenhofer 2003). Es gibt keine statistischen Daten, die die Behauptung unterstützen, dass die Verlagerung von Arbeit ins Ausland vor allem substitutiv verläuft, wie einige Forscher behaupten (Boes 2005). Dafür sprechen einige Indizien für eine Komplementarität von Verlagerungsprozessen ins Ausland zu bestehenden Unternehmenstätigkeiten im Inland. Auch die Aussagen, welche Beschäftigtengruppen und Formen von Arbeit von Offshoring betroffen sind, sind aufgrund der unzureichenden Datenlage widersprüchlich. So sehen einige Autoren für Deutschland die Tendenz zur Ausweitung des Offshoring auf Beschäftigtengruppen, die zuvor als nicht prekär galten (Boes/Schwemmle 2005b; Flecker/Kirschenhofer 2002). Andere widersprechen diesen Vorhersagen (Bottini et al. 2007) und sehen vor allem Beschäftigte mit gering qualifizierter Arbeit und deren Lohnniveau von der Verlagerung von Dienstleistungen und Produktion ins Ausland betroffen. Auch wenn die Befunde uneindeutig sind, so zeigt die Diskussion darum, dass vermutlich verschiedene Formen von Arbeit in unterschiedlicher Weise von der Verlagerung von Arbeit betroffen sind und dass weitere Faktoren, wie zum Beispiel bestimmte Eigenarten der Arbeit, auf die Möglichkeit und Gestaltung der Verlagerung von Arbeitsaufgaben einwirken.

Trotz des dürftigen statistischen Datenmaterials lässt sich die Prekarität der Verlagerung von Arbeit nicht von der Hand weisen. Sie zeichnet sich auch deutlich in Fallstudien ab, die auf qualitative Veränderungen der Arbeit im Rahmen von Verlagerungsprozessen abzielen. So entsprechen die durch Offshoring neu geschaffenen Arbeitsplätze in ihrer Art und Beschaffenheit nicht denen, die durch das Offshoring im anderen Land verloren gehen (UNCTAD 2004: 176). Meist kommt es zu einer Verschlechterung der Arbeitsbedingungen am neuen Standort, wohingegen sich für die Beschäftigten im Ursprungsland nicht per se negative Auswirkungen durch das Offshoring ergeben (Bottini et al. 2007: 17ff). Die Prekarität von Verlagerungsbewegungen und insbesondere von Offshoring lässt sich also auf quantitativer Ebene kaum ausmachen, zeichnet sich aber deutlich auf qualitativer Ebene und vor allem für die Empfängerländer ab.

Erfreulicherweise hat in den letzten Jahren eine intensivierte Forschung zu Verlagerungsprozessen zu einer allgemeinen Zunahme des Datenmaterials – sowohl auf quantitativer als auch auf qualitativer Ebene – zu Offshoringprozessen beigetragen. Im nachfolgenden Abschnitt werden diese Daten zusammengefasst. Dabei wird nicht nur wieder Bezug auf die internationale GCC-Erhebung genommen, sondern diese Daten werden durch die Sekundäranalyse einzelner anderer Studien aus der Callcenterforschung ergänzt. Das Datenmaterial liefert sowohl Heuristiken zur Analyse der Fallstudien als auch Vergleichsmöglichkeiten.

Der internationale Datensatz des GCC-Projektes zeigt deutlich, dass bei Callcentern insgesamt das Ausmaß von Offshoring gering ist[21]. Nur 14% aller Callcenter bedienen einen internationalen Markt. Große, auf den Weltmarkt oder transnational orientierte Callcenter stellen also insgesamt eine Minderheit dar. Entgegen dem allgemeinen Bild von Callcentern lässt sich nicht nur für den deutschen Markt, sondern auch für eine Vielzahl von anderen Ländern sagen, dass diese primär den nationalen Markt bedienen. Zu ähnlichen Ergebnissen kommen Huws und Ramioul (2006: 17f): Lediglich 5,3% des IuK-basierten Outsourcings („e-outsourcing") überschreitet die Ländergrenze. Jedoch sind die Schwankungen in den Anteilen von Callcentern, die vor allem einen internationalen Markt bedienen, zwischen den verschiedenen Ländern beachtlich. Auffällig sind insgesamt die hohen Anteile von international agierenden Callcentern für den englischsprachigen Markt. So liegt in Irland (37,2%), Kanada (35,1%) und Indien (73,3%) der Anteil an Callcentern, die für einen internationalen Markt arbeiten, weit über dem Durchschnitt.

---

21 Aufgrund von fehlenden Daten wurden die Niederlande nicht berücksichtigt. Die Werte für den nationalen Markt bestehen aus der Summe der Werte des lokalen, regionalen und nationalen Marktes.

4.2 Zur Standortstruktur und Dynamiken räumlicher Verteilung

Abbildung 2: Nationale und internationale Marktausrichtung von Callcentern

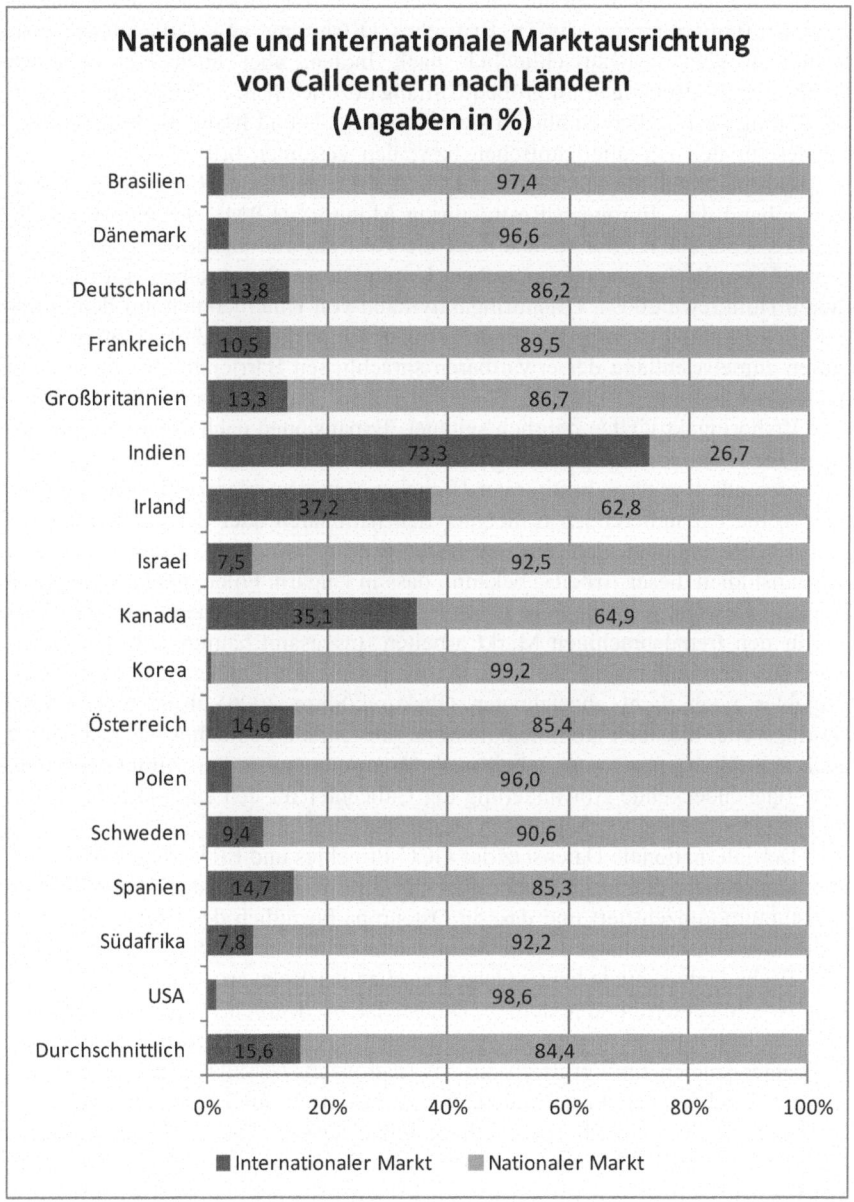

Das berühmte Offshoring nach Indien (Batt/Doellgast/Kwon 2006; Mirchandani 2004) ist also überwiegend eine Sache des englischsprachigen Marktes (Holman/Batt/Holtgrewe 2007). Britisches Offshoring von Callcenter-Dienstleistungen geht fast ausschließlich nach Indien, aber auch hier scheinen Offshoring-Bestrebungen im großen Umfang abzunehmen. Neben weiträumigem Offshoring nach Indien etablieren sich auch Kanada und Irland als Nearshoring-Länder für den US-amerikanischen bzw. den gesamten britischen sowie auch teils europäischen Markt. Ergänzend zu den Daten des GCC-Projektes lassen sich anhand des „European Restructuring Monitor" (ERM), der einzelne Fälle aus Presseberichten erfasst, detailliert die Restrukturierungsprozesse von Callcenter-Dienstleistungen europäischer Unternehmen beschreiben (ausführlich hierzu Holtgrewe 2009). Offshoringaktivitäten von Unternehmen auf dem europäischen Festland begrenzen sich auf Frankreich, Belgien und Spanien. Sie verlaufen zumeist entlang der erwartbaren sprachlichen Barrieren. Der ERM zeigt auch, dass die erste Offshoring-Welle für Europa vorbei ist; nach 2003 werden die Offshoringaktivitäten deutlich seltener. Expansionen nach 2003 nehmen vor allem die Form von Neugründungen von Standorten – zumeist durch transnational agierende Konzerne bestimmter Branchen – in den osteuropäischen Ländern an. Ob die expandierenden Callcenter den nationalen oder den internationalen Markt bedienen, geht nicht aus den Daten hervor. Jedoch ist – teils auch durch die Fallstudien dieser Arbeit – bekannt, dass in Ungarn, Polen, der Slowakei und Rumänien einige deutsche oder US-amerikanische Unternehmen und Dienstleister für den fremdsprachigen Markt arbeiten. Insgesamt häufen sich die Anzeichen für Entwicklungen, die sich in der polnischen Länderstudie des GCC-Projektes noch nicht abzeichneten (Piskurek/Shire 2006). Eine zweite Offshoringwelle, die auch Kontinentaleuropa einschließt, beinhaltet wahrscheinlich auch eine Verlagerung von Arbeit nach Osteuropa und in den Mittelmeerraum. Eine flächendeckende Abwanderung der Callcenter für den europäischen Markt in diese Destinationen zeichnet sich jedoch nicht ab.

Der internationale Datensatz des GCC-Projektes und ERM zeigen nicht nur, dass länderübergreifendes Offshoring sich bisher weitgehend auf den englischen Sprachraum konzentriert und dass in Osteuropa bezüglich der Verlagerung von Callcenter-Dienstleistungen Veränderungen anstehen. Es werden auch branchenspezifische Unterschiede bzw. solche zwischen der Relevanz von Offshoring bei Inhouse-Callcentern und externen Dienstleistern deutlich. Insgesamt arbeiten 81% der international operierenden Callcenter als externe Dienstleister. Inhouse-Callcenter spielen im Vergleich auf internationalen Märkten kaum eine Rolle. Entsprechend werden insbesondere die Dienstleister im Laufe der Zeit mehr Erfahrungen hinsichtlich der Internationalisierung von Callcenter-Dienstleistungen sammeln. Ob die Dienstleister diesbezügliche Expertisen langfristig für sich sichern können oder ob sie von ihren Auftraggebern nur genutzt werden, damit diese Erfahrungen für den Aufbau eigener Callcenter im Ausland sammeln, bleibt abzuwarten. Betrachtet man die Entwicklung zwischen Auftraggebern und Dienstleistern in Bezug auf das Outsourcing innerhalb der Landesgrenzen, in denen die Dienstleister oft als Testobjekte bei einer Restrukturierung der Arbeitsabläufe und Organisation dienen, so besteht diesbezüglich zumindest Anlass zur Skepsis.

Auch zwischen den Branchen, für die der Kundenservice erbracht wird, zeigen sich bei der Verlagerung von Tätigkeiten ins Ausland deutliche Unterschiede: Offshoring betrifft am häufigsten den Bereich der Finanzdienstleistungen sowie Telekommunikations- und Reiseunternehmen. Außer dem Bereich Telekommunikation handelt es sich alles um Branchen, die sich durch geringe Outsourcing-Aktivitäten auszeichnen. Es spricht also einiges dafür, dass Outsourcing und Offshoring im Bereich von Callcenter-Dienstleistungen eher als Alternativen gehandelt werden denn als komplementäre Verlagerungsprozesse. Des Weiteren verlagern vor allem größere Unternehmen und Unternehmen, die erst seit kürzerer Zeit bestehen, Callcenter-Dienstleistungen ins Ausland (Holtgrewe/ Longen/Mottweiler/Schönauer 2009).

Zusammenfassend bleibt festzuhalten, dass die Verlagerung von Callcenter-Dienstleistung ins Ausland weltweit nicht die Regel ist. Es betrifft vor allem den englischsprachigen Raum, jedoch zeichnet sich in Zukunft auch eine stärkere Nutzung von Osteuropa als europäisches Nearshoring-Ziel ab. Offshoring wird zumeist von Branchen betrieben, die wenig Outsourcing betreiben, sowie von Dienstleistern.

Offshoring von Callcenter-Dienstleistungen für den deutschen Markt:
Ergebnisse der Fallstudien

Die Fallstudien[22] weisen zunächst keine Abweichungen auf zu dem im vorangehenden Kapitel aufgezeigten Resümee der Callcenterforschung, dass eine umfassende Abwanderung von (Callcenter-)Dienstleistungsarbeit aus Deutschland in

---

22 Da im Rahmen der Fallstudien zu den ausländischen Standorten kein Zugang möglich war, wurden alle Fallstudien an den deutschen Standorten des Unternehmens durchgeführt. Um die indirekten Erkenntnisse bezüglich der ausländischen Standorte, die den deutschen Markt bedienen zu validieren, wurden Presse- und Unternehmensberichte als zusätzliche Quelle hinzugezogen. Ein Teil der Unternehmen wurde gezielt für die Fallstudien ausgewählt, da bekannt war, dass diese Unternehmen einen Teil der Callcenter-Dienstleistungen für den deutschen Markt von ausländischen Standorten aus bearbeiten lassen. Allein der Blick auf die Fallstudien ließe die Relevanz der Verlagerung von Callcentern-Dienstleistungen ins Ausland also größer erscheinen, als sie ist – wie die zuvor referierten Datenquellen zeigen.

Niedriglohnländern unbegründet ist. Sie bekräftigen weiterhin, dass die Verlagerung von deutschsprachigen Callcenter-Dienstleistungen ins Ausland auf die unter 4.1.2 beschriebenen Hindernisse und sprachlichen Barrieren trifft (Baldone et al. 2001). Deswegen ist im Vergleich zum Offshoring von Callcenter-Services für den englischsprachigen Markt das Ausmaß der Verlagerung deutschsprachiger Callcenter-Services ins Ausland gering. Wenn Callcenter-Dienstleistungen für den deutschen Markt ins Ausland verlagert werden, dann in angrenzende Nachbarländer. Gerade bezüglich der Verlagerung des telefonischen Inbound-Kundenservice finden sich ausschließlich Beispiele von Nearshoring, also der Verlagerung in Nachbarländer. Die Fallstudien bestätigen zudem die zuvor genannten Nearshoring-Destinationen. Eine allgemeine Tendenz zum umfassenden Nearshoring zeichnet sich jedoch nicht ab. Vielmehr nutzen die Unternehmen größtenteils innerdeutsche Standorte für den deutschsprachigen Kundenservice.

Insgesamt zeigt sich innerhalb der Gruppe der Unternehmen mit Inhouse-Callcentern die ganze Bandbreite der Nutzung von Möglichkeiten der Verlagerung von Callcenter-Dienstleistungen ins Ausland. So betreiben [IN_PC] und das Unternehmen [D-Air] recht erfolgreich Nearshoring-Callcenter für den deutschen Markt und nutzen diese in relativ großem Umfang. Bei [IN_IuK] kamen im Rahmen des Aufkaufs des Unternehmens durch einen italienischen Konzern Standorte im Südtirol hinzu, ohne dass dies durch das Management strategisch geplant worden wäre. Das Unternehmen nutzte stattdessen zuvor vor allem Dienstleister und dies eben auch teils an osteuropäischen Nearshoring-Standorten. Unternehmen mit multinationalem Hintergrund scheinen also eher zur Verlagerung von Dienstleistungen in das (nahegelegene) Ausland zu neigen.

Die Fallstudie von [IN_Han] stützt diese These nur bedingt. Zwar suchte auch hier das Management von [IN_Han] nach Nearshoring-Standorten in Polen, fand die Bedingungen vor Ort aber nicht ausreichend und eröffnete stattdessen ein zweites Callcenter in Ostdeutschland. Das Beispiel von [Telco1] zeigt schließlich, dass auch multinationale Unternehmen, in denen auf der operativen Ebene die Multinationalität des Unternehmens wenig Einfluss hat, sich im Nearshoring von Callcenter-Dienstleistung versuchen.

Auch wenn Nearshoring nicht die Regel ist, so finden sich innerhalb der Fallstudien [D-Air] und [IN_PC] doch zwei Unternehmen, die seit geraumer Zeit Callcenter-Dienstleistungen für den deutschen Markt vom nahen Ausland aus erbringen. Bei beiden Beispielen handelt es sich um Unternehmen mit ausgeprägten multinationalen Konzernstrukturen, die deutlich auf operative Prozesse Einfluss nehmen. Die Callcenter von [D-Air], einer Fluggesellschaft aus Deutschland, werden immer wieder als „best-practise"-Beispiel für erfolgreiches deutsches Nearshoring und Offshoring nach dem „follow-the-sun"-Prinzip genannt. [D-Air] verfügt über zwei Callcenter in Deutschland. Neben dem paneu-

4.2 Zur Standortstruktur und Dynamiken räumlicher Verteilung

ropäischen Callcenter des Unternehmens in Irland nimmt das Unternehmen Anrufe für den deutschen Markt in der Türkei entgegen. Das Offshore-Callcenter in der Türkei besteht seit Ende 2000 und war eines der ersten Offshore-Callcenter für den deutschen Markt. Die Standorte, an denen das Unternehmen seine Anrufe bearbeiten lässt, zeichneten sich dabei nur bedingt durch niedrige regionale Lohnkosten aus. So können durch die Ansiedlung in der Türkei nur bedingt Sprachkompetenzen vor Ort und die im Vergleich zu Deutschland niedrigeren Löhne ausgenutzt werden, da sich die Lohnkosten innerhalb der verschiedenen Regionen in der Türkei, aber auch zwischen den türkischen Städten und Deutschland angeglichen haben. Gleichwohl betreibt das Unternehmen die Near- und Offshore-Standorte weiter.

Genau wie Konzern [D-Air] betreibt [IN_PC] für den deutschen Markt umfangreiches Nearshoring. Im Unterschied zu [D-Air] handelt es sich hierbei jedoch um den deutschen Unternehmensteil eines US-amerikanischen multinationalen Unternehmens. In seinem Stammland ist der Konzern dafür bekannt, dass er sowohl Produktion als auch Service-Center in Niedriglohnländer verlagert. Auch die Dynamik von Offshoring-Praktiken im Rahmen von Restrukturierungsmaßnahmen findet sich innerhalb des Unternehmens [IN_PC]. Zum Zeitpunkt des Interviews zeichneten sich im Unternehmen für den englischsprachigen Markt deutliche Tendenzen eines substitutiven Offshorings ab. Hinzu kommt, dass das Unternehmen die Offshoringstandorte für den US-amerikanischen Markt zu einer neuen Geschäftseinheit bündelt und anschließend verkaufen will. Das Unternehmen strebt also zusätzlich zum Offshoring verstärkt das Outsourcen einzelner Bereiche an.

Für den europäischen Markt transformiert das Unternehmen die Standortwahl der Service-Center von einer allgemeinen Offshoring- zu einer Nearshoring-Strategie. So werden in Deutschland, der Slowakei und Schottland entgegen dem Trend des Stellenabbaus neue Callcenter-Standorte geschaffen. Der slowakische Standort, an dem deutschsprachige Privatkunden bedient werden, ist deutlich größer als der ostdeutsche Standort, an dem Geschäftskunden bedient werden. Historisch bedingt und durch die Nähe zu Österreich weist der slowakische Standort Personal mit entsprechenden Qualifikationen, insbesondere mit den notwendigen Sprachkenntnissen, auf. Die Stadt, in der das Callcenter angesiedelt ist, hat sich als ein Nearshoring-Standort für den deutschsprachigen Markt etabliert, gibt es hier doch neben dem Callcenter des Unternehmens weitere deutschsprachige Callcenter wie zum Beispiel von [Telco1].

Sowohl [D-Air] als auch [IN_PC] betreiben neben den Callcentern im nahen Ausland noch Standorte in Deutschland. Beide Fälle sind in Branchen angesiedelt, in denen sich Englisch als Geschäfts- und Umgangssprache etabliert hat und in denen man ggf. von bestimmten Kundengruppen entsprechende Englischkenntnisse verlangt. Die Kundendifferenzierung ist in beiden Fällen ausgeprägt und spiegelt sich auch am Einsatz von Nearshoring-Standorten für inländische Standorte für umsatzstärkere Kundensegmente wider. Sowohl [IN_PC] als auch [D-Air] nutzen ihre Nearshoring-Standorte als Alternative zu externen Dienstleistern.

Bei [IN_IuK] wurde Offshoring dagegen – vor dem Aufkauf durch [Telco3] – komplett externen Dienstleistern überlassen.[23] Die Fallstudie verweist somit auf die besondere Rolle, die Dienstleister auch bei der Verlagerung von Callcenter-Dienstleistung über Landesgrenzen hinweg spielen. Außerdem zeigen die Fallstudien der US-amerikanischen Konzerne [IN_IuK] und [IN_PC] darauf, dass diese weitläufigen Offshoring-Strategien wie für den englischsprachigen Markt genutzt und für den deutschen Markt adaptiert werden. Last but not least verdeutlichen die Fallstudien von [IN_IuK], wie stark Verlagerungstendenzen in Form von Offshoring und Outsourcing von sonstigen Restrukturierungsprozessen abhängig sind. Denn nach dem Aufkauf von [In_IuK] durch das Telekommunikationsunternehmen [Telco3] ergaben sich nicht nur Veränderungen hinsichtlich der Nutzung externer Dienstleister, sondern auch neue Möglichkeiten, Nearshoring-Standorte außerhalb von Osteuropa aufzubauen. So werden an einem Standort des neuen italienischen Mutterkonzerns in Südtirol auch Anrufe deutschsprachiger Kunden von [IN_IuK] entgegengenommen. Sowohl Outsourcing- als auch Offshoring-Praktiken und -Strategien sind also nicht nur hochdynamisch, sie verändern sich zusätzlich im Rahmen von weitläufigeren Reorganisationsprozessen in den Konzernen.

Bisher zeigt sich also eine deutliche Tendenz, dass die Verlagerung von Callcenter-Dienstleistungen ins nahe Ausland für den deutschsprachigen Markt multinational agierenden Unternehmen vorbehalten bleibt. Die nachfolgenden Beispiele von [IN_Han] und [IN_Telco1] beschreiben zwei Ausnahmen. Im Falle von [IN_Han] wählt ein multinational agierendes Unternehmen mit der Ansiedlung eines zweiten Callcenters in Ostdeutschland eine Alternative, die einfacher zu realisieren war als die Eröffnung eines Nearshoring-Standortes in Polen. Auch in anderen Ländern zeigen sich die Manager der Callcenter von [IN_Han] bezüglich des Aufbaus paneuropäischer Callcenter und von Nearshoring- bzw. Offshoring-Standorten skeptisch[24]. Obwohl es sich um einen Kon-

---

23 Hinzu kommen Ansätze von externem Offshoring, denn einer der Dienstleister bearbeitet in Argentinien E-Mail-Anfragen für [IN_IuK] mithilfe standardisierter E-Mail-Versatzstücke. Das Verlagern von Arbeit über große Strecken in Kombination mit Outsourcing bleibt aber stark standardisierten Nischentätigkeiten, die zudem nicht sprachgebunden sind und durch ihre Bindung an die Schriftform geringe Verzögerungen zulassen, vorbehalten.

24 Es existieren zwar mehrsprachige Callcenter in Belgien und der Schweiz, diese bedienen aber nur den inländischen mehrsprachigen Markt.

4.2 Zur Standortstruktur und Dynamiken räumlicher Verteilung

zern mit ausgeprägten multinationalen Strukturen handelt, zeigen sich im operativen Bereich der Callcenter keine Tendenzen, Nearshoring- oder Offshoring-Standorte aufzubauen und (bisher) nur geringe Formen der internationalen Zusammenarbeit auf der operativen Ebene.

Im Gegensatz dazu zeigt der Fall von [Telco1], dass sich auch Unternehmen, die eher auf nationaler Ebene agieren, sich im Aufbau von Nearshoring-Standorten versuchen. In Bezug auf die Verlagerung von Unternehmenstätigkeit ins nahe Ausland geht das Unternehmen experimentell vor. So betreibt der Unternehmensbereich „Mobilfunk", der auch Vorreiter bei der Zusammenlegung von verschiedenen Callcentern zu virtuellen Callcentern war, bereits seit längerem eine technische Hotline außerhalb von Deutschland. Auch in anderen Bereichen des Konzerns wird evaluiert, inwieweit die Verlagerung anderer Callcenter-Bereiche möglich ist, wenn auch bislang ohne Folgen. Doch auch wenn bei [Telco1] sich die Bestrebungen bisher allenfalls als fragmentarisches Outsourcing beschreiben lassen, so zeigen die Outsourcing-Praktiken von [Telco1], dass dieser Konzern in Bezug auf die Verlagerung von Dienstleistungen schnell lernt. Es erscheint nicht unwahrscheinlich, dass nach der Verlagerung eines kleinen Teiles der Inbound-Telefonie aus bestimmten Unternehmensbereichen ins Ausland der Transfer auf andere Unternehmensbereiche evaluiert wird und weitere Verlagerungsaktivitäten ins Ausland folgen. Das Beispiel von [Telco1] stützt zudem den unter 4.2.3 beschriebenen Befund, dass der Bereich Telekommunikation eher zum Offshoring bzw. Nearshoring tendiert und dass Outsourcing die Verlagerung von Callcenter-Dienstleistungen ins Ausland weniger wichtig werden lässt.

Bei den beiden Dienstleistern im Sample bestätigt sich der Trend aus dem GCC-Datensatz, dass Dienstleister besonders häufig Offshoring betreiben, nicht. Beide Dienstleister betreiben für den deutschen Markt bisher nur in geringem Maße Nearshoring-Standorte. Dies ist zum einen der Einschränkung der Analyse auf telefonischen Inbound-Kundenservice geschuldet, denn Outbound-Tätigkeiten werden bei [ED-Div] sehr wohl in Nachbarländern bearbeitet. Die Ursache für die bisher ausbleibende Nutzung von Nearshoring-Regionen der beiden Dienstleister ist aber auch darauf zurückzuführen, dass beide innerdeutsche Lohndifferenzen und die Standortvorteile strukturarmer Regionen insbesondere in Ostdeutschland nutzen. Beide Dienstleister verfügen zudem über die Kapazitäten, gegebenenfalls schnell Nearshoring-Standorte für Inbound-Tätigkeiten zu öffnen. Mit dieser Option des Nearshoring setzen beide Unternehmen die Beschäftigten im Inland unter Druck.

Der Callcenter-Dienstleister aus den USA [ED_Div1], der sich wie zuvor beschrieben durch eine radikale Standortpolitik in Form von Aufkauf, Verlagerung und Schließung innerhalb des deutschen Marktes auszeichnet, verfügt mit einer Callcenter-Zentrale in Schottland und drei paneuropäischen Callcentern an bekannten Nearshoring-Standorten in Schottland, den Niederlanden und der Slowakei über umfangreiche Ressourcen. Die Standortstrategie von [ED_Div1] in Europa zielt jedoch darauf ab, alle Projekte, in denen mindestens zehn Agenten beschäftigt sind, „in Country" durchzuführen. Als weiterer Grund für geringes Offshoring werden zudem wiederum unzureichende Sprachqualifikationen im Ausland in Bezug auf den deutschen Markt genannt. Wie [IN_PC] und [IN_IuK] muss der US-Konzern also für den deutschen und europäischen Markt seine Offshoringstrategie variieren. [ED_Div1] nutzt hierzu insbesondere die Verschiebung des Tätigkeitsfokus zu Standorten in strukturschwachen Gebieten in Ostdeutschland. Abgesehen davon lassen die Dynamiken von Verlagerungsaktivitäten bei (möglichen) Auftraggebern des Dienstleisters wie [Telco1], [IN_IuK] und [IN_PC] vermuten, dass die Strategie, Projekte „in Country" durchzuführen, durchaus in naher Zukunft zur Disposition stehen könnte. Es erscheint zumindest keinesfalls unwahrscheinlich, dass das Unternehmen zukünftig nicht auch potentielle osteuropäische Nearshoring-Standorte für den deutschen Markt aufkauft bzw. entsprechende Kapazitäten im slowakischen Standort nicht nur nutzt, sondern auch ausbaut.

[ED_Div] baute zur Abwicklung von Inbound-Anrufen aus dem Bereich Logistik einen Standort direkt an der deutsch-polnischen Grenze auf. Genau wie bei [OT_Telco1], das den französischsprachigen Service anbieten sollte, hatte man bei [ED_Div] große Hoffnungen in dieses „fremdsprachige" Projekt gesteckt. Der Standort war als „Doppel-Callcenter" geplant; die deutsche und polnische Gebäudehälfte sollte mit einer Brücke verbunden werden. Zunächst wurde nur das Gebäude auf der deutschen Seite aufgebaut, dort arbeiteten jedoch vor allem polnische Mitarbeiter. Die entsprechenden Anfragen blieben jedoch aus bzw. fielen geringer aus als erwartet; der Standort war bei weitem nicht ausgelastet. Das Unternehmen sah vom Ausbau der polnischen Seite ab – beim verbleibenden Standort handelt es sich also genau genommen nicht um einen Nearshoring-Standort für den deutschen Markt – und setzte die polnischen Arbeitskräfte für deutschsprachiges Outbound ein. Der Standort wurde nicht geschlossen, weil man zum einen durch die Vergaberichtlinien von Fördermitteln den Standort weiter unterhalten musste und auch weil sich die polnischen Mitarbeiter als „unheimlich motiviert" (Betriebsrätin von ED_Div) und frustrationstolerant zeigten. Außerdem verfügt das Unternehmen über ein multilinguales Outbound-Callcenter in Polen, das gegebenenfalls auch für Inbound-Tätigkeiten genutzt werden könnte

Die Befunde zur Verstandortung und zu Verlagerungsprozessen lassen sich folgendermaßen zusammenfassen: Hinsichtlich der Standortwahl von deutschsprachigen Callcentern führen die unter 4.2.1 genannten Kriterien, insbesondere bei der Neugründung von Standorten, zu einer vermehrten Ansiedlung von Callcentern in strukturschwachen Regionen (in Ostdeutschland). Hierdurch zielen die Unternehmen darauf ab, gleich mehrere Kriterien der Standortwahl zu erfüllen. Es zeigt sich deutlich, dass in der Empirie die einzelnen Kriterien relativ wenig Wirkung entfalten und es bei der Ansiedlung auf eine günstige Kombination der Kriterien ankommt. Gleichzeitig ergibt sich in der Standortwahl eine starke Abhängigkeit von bestehenden Kontexten in Form von existierenden Standorten oder von Beziehungen zu Auftraggebern, von der Einbettung ins Gesamtunternehmen etc. Der Einbezug weiterer Restrukturierungsprozesse, wie Unternehmensaufkäufe und Standortschließungen, betont zusätzlich die Dynamik und Unberechenbarkeit standortbezogener Entscheidungen. Standorte in anderen Ländern werden bislang nur selten in Betracht gezogen, da Unternehmen mit der Verlagerung von Callcenter-Dienstleistungen in strukturschwache Regionen für den deutschen Markt auf eine im Vergleich zur länderübergreifenden Verlagerung risikoarme Alternative zurückgreifen können.

Bisher allerdings nehmen Verlagerungsprozesse von Callcenter-Dienstleistungen für den deutschen Markt fast ausschließlich die Form von Outsourcing an. Hierbei zeigen sich deutliche Unterschiede zwischen verschiedenen Branchen. Im Bereich der Banken und Finanzdienstleistungen sowie im Bereich Touristik und Reise werden vor allem outgesourcte Tochterunternehmen eingesetzt. Externe Dienstleister finden hier kaum Möglichkeiten, sich diese Branchen zu erschließen. In den Bereichen Telekommunikation, Internet und IuK-Technologien werden Dienstleister dagegen rege genutzt. Allerdings schüren die Auftraggeber gezielt den Wettbewerb zwischen den Dienstleistern bzw. zwischen Dienstleistern und eigenen Inhouse-Callcentern.

Betrachtet man die im Vergleich seltenen länderübergreifenden Verlagerungsprozesse von Callcenter-Dienstleistungen in den Callcentern, so weisen diese ausschließlich die Form von Nearshoring auf. Nearshoring-Standorte werden jedoch immer zusätzlich zu Inbound-Standorten betrieben. Multinational agierende Unternehmen sind im Vergleich zu national agierenden Unternehmen für eine Verlagerung ins Ausland aufgeschlossener. US-Konzerne, die für den englischsprachigen Markt auf Offshoring-Standorte ausgelegt sind, müssen für den deutschen Markt ihre Verlagerungsstrategien anpassen. Zudem zeigen sich bei beiden Formen der Verlagerung branchenspezifische Unterschiede: Im Bereich Informationstechnologie und Kommunikation, in der Reisebranche sowie im Bereich Banken und Finanzdienstleistung werden Callcenter-Dienstleistungen deutlich häufiger ins nahegelegene Ausland verlagert. Zudem werden Outsourcing und Nearshoring im Bereich Callcenter-Dienstleistungen für den deutschen Markt eher alternativ als komplementär genutzt. Auch wenn beide Formen von Verlagerungen – wie im Fall von [IN_IuK] – gelegentlich kombiniert werden, bleibt eine intensive Nutzung beider Formen von Verlagerung eher selten. Schließlich zeichnen sich in den Fallstudien Tendenzen ab, die für eine zukünftige Zunahme insbesondere von Nearshoring sprechen.

4.3 Zusammenfassende Betrachtungen zur räumlichen Restrukturierung von Dienstleistungsarbeit: Verlagerungsprozesse und Verstandortung bei Callcentern

In der Forschung zu Verlagerungsprozessen und multinationalen Unternehmen deutet sich eine Komplexität von Offshoring sowie Outsourcing an, die bereits vermuten lässt, dass sich die Umsetzung von Verlagerungsstrategien für die Unternehmen deutlich schwieriger gestaltet, als zunächst seitens der Unternehmensleitung vermutet wird. Weiterhin zeigt der Vergleich der Literatur zu Offshoring und Outsourcing deutliche Ähnlichkeiten der beiden Formen von Verlagerungsprozessen, insbesondere im Hinblick auf die Motive, die den Ausschlag zur Verlagerung von Dienstleistungsarbeit geben. Zudem ist beiden Formen von Verlagerung gemeinsam, dass sich Probleme aus dem Bedarf an Wiedereinbettung von Arbeitsprozessen in neue Kontexte und an grenzüberschreitender Integration von Arbeitsprozessen ergeben. Insbesondere das Beispiel multinationaler Unternehmen zeigt, dass entsprechende Probleme auf eine Vielzahl von unterschiedlichen und teils widersprüchlichen Bezugsrahmen und Anforderungen zurückzuführen sind. Aber auch bei der unternehmensübergreifenden Verlagerung werden vergleichbare Widersprüchlichkeiten in den Anforderungen von Auftraggeber und Dienstleister an die Beschäftigten offenbar. Im Vergleich zum Offshoring kann Outsourcing jedoch in der Regel kurzfristiger erfolgen und lässt sich durch die geringere Kapitalbindung für den Auftraggeber flexibler handhaben. Als weitere, wichtige Unterschiede zwischen den beiden Verlagerungsformen wurden die stärkere Reglementierung der Beziehungen mittels Verträgen beim Outsourcing und die Beschränkungen von Offshoringbestrebungen aufgrund des limitierten Zugangs zu sprachlich qualifiziertem Personal herausgearbeitet.

Innerhalb der letzten Jahre zeigen sich im Bereich der Arbeit in Callcentern deutlich Entwicklungen, die darauf hinweisen, dass die Glokalisierung der Organisation von Dienstleistungsarbeit in Callcentern noch nicht abgeschlossen ist. Dass sich aber die Tendenz der Zunahme von Nearshoring-Aktivitäten zu einem Trend entwickelt und dass irgendwann der überwiegende Teil von Callcenter-Dienstleistungen für den deutschen Markt vom Ausland aus erbracht wird, erscheint unwahrscheinlich: "This is not to say that call centres will not go offshore from Europe, but there are a number of barriers to such work going offsho-

4.3 Zusammenfassende Betrachtungen

re which do not always apply to, say, data processing tasks" (Richardson et al. 2000: 366). Neben regulatorischen und organisatorischen Hindernissen fördern insbesondere Sprachbarrieren Alternativen wie nationales Outsourcing. Callcenter sind also weit weniger von lokalen Kontexten entbundene oder gar ortsabhängige Organisationen, als es die Bilder von Callcentern im Kontext von multinationalen Konzernen und globalem Outsourcing vermuten lassen. Gleichwohl sind sie mobil und flexibel, wenn auch im Fall der deutschsprachigen Callcenter-Dienstleistungen nicht über große Distanzen.

In Bezug auf die Qualitätsprobleme im Zuge von Verlagerungsprozessen zeigte sich die Forschung zur Verlagerung von Dienstleistungen uneindeutig. Teils wurden Qualitätsprobleme als hemmender Faktor von Verlagerungsprozessen beschrieben; teils zeigen Forschungsarbeiten, dass die Qualität der Dienstleistungen nach der Verlagerung besser ist als erwartet. Ähnlich verhält es sich in den Fallstudien. Kurz: ob die Qualität der Callcenter-Dienstleistungen durch die Vergabe an externe Unternehmen abnimmt, konnte im Rahmen der Fallstudien nicht geklärt werden. Jedoch wurden – wenig überraschend – Qualitätsprobleme als Motiv, Aufgabenbereiche zu verlagern, nicht aufgeführt.

Allgemein wird von den Interviewpartnern aber Flexibilität als häufigster Grund für Outsourcing genannt. Die Kopplung eines vermehrten Einsatzes von Dienstleistern an organisationelle Restrukturierung bei den Auftraggebern bleibt für die Dienstleister nicht nur prekär, da die Auftraggeber Flexibilitätsanforderungen und Marktdruck so an diese weitergeben und eine langfristige Bindung der eigenen personellen sowie finanziellen Ressourcen in Form von Investitionen in eigene Infrastruktur vermeidet. Vielmehr werden den Dienstleistern bei schlechter Auftragslage und in Krisenzeiten Aufgabenbereiche von Unternehmen mit Inhouse-Centern entzogen und wieder zurück ins eigene Unternehmen zurückgeholt.

Aber nicht nur durch das strategische Verhalten der Auftraggeber, auch dadurch, dass die Callcenter-Dienstleister untereinander in einem starken Wettbewerb stehen, ist ihre Verhandlungsposition insgesamt ungünstig. Angesichts der großen Anzahl von Callcenter-Dienstleistern in Deutschland und der Tatsache, dass alle mit niedrigen Kosten und mit ähnlichen Spezialisierungen die Auftraggeber an sich binden, wird eine Ausweitung des Mandates für den einzelnen Dienstleister schwierig. Zudem handelt es sich bei den Bereichen, auf die sich die Dienstleiter zu spezialisieren versuchen, zumeist nicht um höherwertige Dienstleistungen.

Tendenziell sollte man davon ausgehen, dass bei der Gruppe der Dienstleister insgesamt mehr Erfahrungswerte und weiter fortgeschrittene Lernprozesse bezüglich der Verlagerung von Dienstleistungen vorhanden sind als bei der Grundgesamtheit möglicher Auftraggeber. Denn jeder Dienstleister ist ständig mit einer Vielzahl verschiedener Verlagerungsprozesse konfrontiert. Dagegen bezieht nicht jedes Unternehmen externe Dienstleister in die Erledigung von Aufgaben ein. In den Fallstudien zeigt sich aber, dass deutsche Callcenter-Dienstleister einen vermeintlichen Erfahrungsvorsprung gegenüber den meisten Auftraggebern nicht nutzen können. Unternehmen bestimmter Branchen bieten nicht nur schon lange Callcenter-Dienstleistungen selber an, sondern haben auch schon Routine bei der Vergabe von Aufgaben an externe Unternehmen. Dienstleister können selbst bei unterschiedlichem Wissensstand ihren Erfahrungsvorsprung nicht lange halten. Es kommt nicht zu einem für alle Parteien profitablen Erfahrungsaustausch; statt eines Lernens miteinander zeigen sich eher Effekte eines Lernens gegeneinander, also strategisch motivierte Lerneffekte, die darauf zielen, Schwächen der anderen Unternehmen zu suchen und zu nutzen.

Die Fallstudien bestätigten dahingegen, dass allein die Thematisierung möglicher Verlagerung von Aufgaben Auswirkung auf die Organisation der Arbeit hat. So können mit der angedrohten oder tatsächlichen Umleitung der Anrufe zu arbeitgeberfreundlicheren Niederlassungen Zugeständnisse vom Betriebsrat und der Belegschaft erzwungen werden. Gleichzeitig wird mit dem „Pokern" um die Vergabe von (Teil-)Aufträgen und zwischen den Standorten ein für die Arbeitgeber – zunächst – produktiver Wettbewerb um die Mehrarbeit entfacht. Die Entwicklung vertrauensvoller Beziehungen – wie sie seitens der Forschung zu Verlagerungsprozessen als relevant für den Erfolg ausgemacht werden – ist unter solchen Umständen freilich schwierig und wohl für einzelne Unternehmen gerade kein Erfolgsversprechen.

Schließlich zeigt sich, dass Umsetzung und Ausmaß der Verlagerungsprozesse von Dienstleistungsarbeit und Produktion unterschiedlich verlaufen. Aussagen über allgemeine, bereichsübergreifende Tendenzen der Verlagerung von Arbeit sind mit entsprechender Skepsis zu behandeln. Zudem machen die Fallstudien deutlich, dass die Aktionen der an der Verlagerung beteiligten Parteien nicht unabhängig voneinander stehen. In der Folge und im Zuge von Verlagerungsprozessen treten sich wechselseitig bedingende Dynamiken auf. Insbesondere die Kombination von Rahmenbedingungen bei dem auslagernden Unternehmen sowie die Optionen bei möglichen Zielstandorten und bei den Empfängern von ausgelagerten Aufgaben wirken auf die Verlagerung von Dienstleistungsarbeit ein. Hierdurch wird eine Analyse, die einzelne Unternehmen für sich betrachtet, nicht nur schwierig (Huws/Ramioul 2006), sondern auch dem Forschungsfeld nicht gerecht.

4.4 Bringing Technologie in I: Folgen und Funktionen des Technikeinsatzes in Verlagerungsprozessen

Der Einsatz von IuK-Technologien verändert Optionen der Gestaltung von Organisation und Arbeit. Er bietet insbesondere Möglichkeiten der räumlichen Verteilung von Arbeit, sei es in Form von Outsourcing (Flecker 2006) oder von Offshoring (Bottini et al. 2007: 6f). Arbeiten zum Zusammenhang von Technikeinsatz und Verlagerungsprozessen betonen vor allem, dass durch den Einsatz von IuK-Technologien auch großräumige Verlagerungsbewegungen möglich werden[25]. Welche Möglichkeiten der „Unterstützung" von Verlagerungsprozessen durch den Einsatz von IuK-Technologien werden jedoch seitens der Forschung konkret ausgemacht?

Die Effekte des Einsatzes von IuK-Technologien werden als Lockerung räumlicher Beschränkungen, denen Arbeitsprozesse unterliegen (Dossani/ Kenney 2003: 11), sowie als Überbrückung geographischer, institutioneller und organisatorischer Begrenzungen (Wagner 1995: 196) beschrieben. Die Nutzung von IuK-Technologien schafft somit Möglichkeiten einer globalisierten Restrukturierung von Arbeitsprozessen, die sich in einer erhöhten Externalisierung von Aktivitäten durch Outsourcing äußert. „E-Outsourcing", also das durch IuK-Technologien gestützte Outsourcing, wird zur dominantesten Form von IuK-technologisch basierter Arbeit (Huws/Ramiol 2006: 17f; Ramioul 2006: 111). Durch die Nutzung von IuK-Technologien kommt es weiterhin zu einer Zunahme grenzüberschreitender Prozesse von nicht-staatlichen Akteuren (Sassen 2004b: 83), wie zum Beispiel Aufkauf und Zusammenschlüsse von Unternehmen im Rahmen grenzüberschreitender Restrukturierung von Unternehmen (Dunning 2001: 57). Des Weiteren führt gerade im Dienstleistungssektor der Einsatz von IuK-Technologien – dadurch, dass ihr Einsatz eine Trennung von Konsum und Produktion der Dienstleistung möglich macht – zu weitreichenden Veränderungen. So wird der Zwang der räumlichen und zeitlichen Nähe von Konsument und Produzent durchbrochen (Soete 2001: 8).

Der Einsatz von IuK-Technologien fördert auch die Durchführung von Verlagerungsprozessen, weil er dem mit Verlagerungsprozessen einhergehenden Kontrollverlust kompensatorisch entgegenwirkt oder vom Management zumindest als entsprechende Kompensation und Absicherung gesehen wird. Zudem bedarf die Verlagerung von Dienstleistungsarbeit der Standardisierung, Spezifizierung, Dokumentation und Formalisierung von Aufgaben (siehe Abschnitt 4.1.1). Um aber Information und Kommunikation zu digitalisieren, individuelle

---

25 Powell und Grodall (2006) verweisen darauf, dass Verlagerungsprozesse auch durch die Hoffnung motiviert sein können, Anschluss an neue Technologien zu finden oder sich in Feldern zu bewähren, die sich durch schnelle Technologiewechsel auszeichnen.

Wissensbestände zu kodifizieren und diese als Informationen in Datenbanken zu transferieren, bedarf es der Nutzung von IuK-Technologien. Gleichzeitig ermöglicht die Nutzung von IuK-Technologien den Zugang zu Informationssystemen sowie Datenbanken, also wichtigen Ressourcen für den Arbeitsvollzug, auch über große Distanzen (Zuboff 1988: 180). Voraussetzungen der Verlagerung von Arbeit lassen sich also teils gar nicht anders als im Rückgriff auf IuK-technologische Infrastruktur schaffen. Aber auch der Kontakt zu anderen Beschäftigten als Experten für bestimmte Problemstellungen und Aufgaben erfolgt unter Einsatz digitaler Kommunikationstechnik.

Durch den Einsatz von IuK-Technologien wird also das „Disembedding" (Giddens 1990) von Arbeitsprozessen unterstützt. Mithilfe der Technologie wird die Dienstleistungsarbeit aus ihren lokalen Kontexten gelöst, Aufgaben werden neu verteilt und in intra- oder interorganisationalen Netzwerken neu zusammengefasst. Dadurch werden IuK-Technologien zu einem wichtigem Instrument der Gestaltung von Restrukturierungs- und Verlagerungsprozessen, ohne dass sie diesen hierbei allerdings eine bestimmte Form aufzwingen (Bishop et al. 2003: 2753). Selbst die Verwendung der gleichen Technologie macht verschiedene Formen von räumlicher Verteilung und Vernetzung der Standorte möglich (Glucksmann 2004: 803f).

Da Unternehmen(snetzwerke) im Schnittpunkt lokaler, regionaler, nationaler und globaler Handlungskontexte stehen, kommen auch bei der Verwendung von IuK-Technologie verschiedene – und teils widersprüchliche – Wirkzusammenhänge zum Tragen (Avgerou 2007). Im Folgenden finden deswegen nicht allein die „Globalisierungskraft" von IuK-Technologien und die Möglichkeit, Arbeitsprozesse mittels des Einsatzes von IuK-Technologien aus lokalen und organisationalen Kontexten zu lösen, Beachtung. Die Fallstudien in Callcentern zeigen – wie unter 4.2.3 dargestellt – deutlich, dass selbst in großen multinationalen Unternehmen Callcenter-Dienstleistungen nicht allein durch Globalisierungstendenzen geprägt werden. Der Einsatz von IuK-Technologien bei der Verlagerungen von Arbeitsprozessen wirkt also weder als Zwang zur räumlichen Restrukturierung von Arbeitsprozessen, noch als hinreichende Notwendigkeit für eine erfolgreiche Gestaltung derselben (Avgerou 2007: 5). Unternehmen werden, wie zuvor beschrieben, durch zahlreiche Faktoren zu Outsourcing und Offshoring motiviert. Der Nutzung von IuK-Technologien in Verlagerungsprojekten gehen zudem Prozesse der Etablierung sozialer und ökonomischer Beziehungen vorweg. Weiterhin müssen entsprechende IuK-Technologien auch als „geeignet", bzw. im Sinne der vorgesehenen Funktionen „formbar" erscheinen. Entsprechend muss es – zumindest aus der Sicht von Entscheidungsträgern – möglich sein, mit vertretbarem Aufwand eine geeignete technische Infrastruktur aufzubauen und entsprechende IuK-technologische Anwendungen (weiter) zu entwickeln (Sassen 2004a: 2). Verlagerungsprozesse von Arbeit und neue räumliche Konfigurationen bedürfen außerdem nicht nur dem Einsatz geeigneter IuK-Anwendungen, sondern auch der parallelen Etablierung von Kommunikationspraktiken u.a. in face-to-face-Situationen (Ramioul 2006: 115f; Thompson 2005: 515). Die Etablierung entsprechender Kommunikationspraktiken geht jedoch mit einem hohen Arbeits- sowie Personalaufwand einher und mag der Grund dafür sein, dass dem mittleren Management im Rahmen des (unangemessenen) Einsatzes von IuK-Technologien bei Verlagerungsprozessen eine kompensatorische Rolle zukommt (Antras et al. 2008).

Die Nutzung von IuK-Technologien bei Restrukturierungsprozessen in Form der Verlagerung von Arbeit und die Neugestaltung der Arbeitsteilung über Unternehmens- und Landesgrenzen ist also voraussetzungsvoll. Sie bedarf der Rahmung durch zusätzliche Veränderungen im Unternehmen. Entsprechend sind Verlagerungsprojekte, die allein auf die Einführung und den Einsatz (neuer) IuK-Technologien setzen, kaum erfolgreich. In diesem Fall kommt es im Laufe der Zeit zur Anhäufung und Zirkulation „minderwertiger" Daten und zu einem Anstieg der Arbeitskosten (Kennedy 1994). Probleme und Misserfolg von Restrukturierungsprozessen resultieren also aus der Unterschätzung von Auswirkungen räumlicher Entfernung bzw. des Bedarfs an räumlicher Nähe und der organisatorischen Komplexität von Verlagerungsprozessen, die eine weitreichende Veränderung organisatorischer Rahmenbedingungen in Unternehmen(snetzwerken) notwendig macht und der nicht mit dem Einsatz bzw. der Einführung von IuK-technologischen Anwendungen Genüge getan werden kann.

5 Zur netzwerkförmigen Organisation informatisierter Arbeit

Callcenter-Dienstleistungen lassen sich räumlich verteilt und flexibel organisieren. Sie sind üblicherweise Teil eines größeren Prozesses von Dienstleistungsarbeit, der zwischen verschiedenen Unternehmen oder Standorten erbracht wird. Entsprechend macht es wenig Sinn, ein Callcenter oder einen Standort als autonome Einheit zu betrachten. Um Verlagerungsprozesse von Callcenter-Dienstleistungen zu beschreiben, müssen vielmehr die Verbindungen zwischen verschiedenen Standorten und Unternehmen, wie sie sich zum Beispiel in den Anrufverläufen darstellen (Glucksman 2004: 798f), Beachtung finden. Kurz: Callcenter-Dienstleistungen werden in organisationalen Netzwerken erbracht. Um den Nutzen einer netzwerktheoretischen Betrachtung von Callcenter-Dienstleistungen als vernetzte Arbeitsorganisation zu verdeutlichen, widmen sich die nachfolgenden Abschnitte der Darstellung von Grundannahmen und Erkenntnissen netzwerktheoretischer Forschung.

5.1 Besonderheiten netzwerktheoretischer und akteursorientierter Zugänge

In der sozialwissenschaftlichen Forschung zu Arbeit, Beruf und Organisation sind Unternehmensnetzwerke sowohl auf empirischer als auch auf theoretischer Ebene nahezu omnipräsent. Netzwerkförmige Reorganisation ist die wichtigste Form der Restrukturierung der Wertschöpfungskette (Ramioul 2006: 111) und tendiert dazu, die dominante Arbeitsform im Alltag vieler Arbeitender zu werden (Schmiede 2005). Netzwerkförmige Organisation von Unternehmen nimmt also in ihrer Relevanz zu. Fraglich ist allerdings, ob die Ubiquität von Netzwerken in den Sozialwissenschaften der letzten Jahre auf einer fehlenden definitorischen Abgrenzung und dem ausbleibenden Bemühen, andere Begriffe zur Beschreibung von Konstellationen in und zwischen Unternehmen zu finden, zurückgeht. Denn durch die Abstraktheit des Konzeptes lassen sich die verschiedensten Konstellationen von Unternehmen als Netzwerke darstellen (Grimshaw et al. 2005: 42; Avgerou 2007: 104, Kallinikos 2007: 273), bzw. können alle Unternehmen als Netzwerke dargestellt werden (Grimshaw/Marchington 2005: 1; Aderhold 2004: 208; Fischer/Gensior 1995). Netzwerke werden von den Sozialwissenschaften – ähnlich wie Organisationen – auf der Meso-Ebene verortet (Weyer 2000b: 240, Teubner 1996: 536f; Hessinger 2006: 57, Hollstein 2006). Bei Netzwerken handelt es sich um korporative Akteure eigener Art, die in ihrer Wirkweise auf einer intermediären Ebene als Scharniere zwischen der gesellschaftlichen Mikro- und Makro-Ebene fungieren (Kämper/Schmidt 2000: 227; Weyer 1997c: 60; Preisendörfer, 2005: 153f). Es scheint also sowohl eine gewisse Nähe zwischen Netzwerk und Organisation wie auch zwischen Netzwerk und korporativen Akteuren zu bestehen, die es notwendig macht, näher auf das Verhältnis der Begriffe Organisation und Netzwerk einzugehen.

Einer der prominentesten Versuche der Beschreibung von Netzwerken geht auf Powell (1990) zurück. Er beschreibt Netzwerke als Organisationsform von Unternehmen, die weder auf Marktprinzipien noch auf hierarchischen Strukturen beruht. Die negative Definition von Netzwerken in Form des Ausschlusses der beiden Organisationsprinzipien (und nicht der Organisationsformen) von Markt und Hierarchie sagt allerdings wenig über die Besonderheiten von Netzwerken. Auch wird sich kaum ein Unternehmen finden, dessen Organisation allein auf der Basis des Marktwettbewerbes durch Angebot und Nachfrage oder auf der Basis hierarchischer Anordnung beruht. Zudem stellen „Markt" und „Hierarchie" kein Gegensatzpaar oder Pole eines Kontinuums dar, wie es durch die Gegenüberstellung der beiden Begriffe suggeriert wird. Als Grundlage zu einer definitorischen Abgrenzung und zur Bildung von Kategorien eignen sich diese beiden Begriffe nicht (Weyer 2000a: 10). Gleichwohl hat sich aus der Auseinandersetzung mit dieser „Definition" eine wichtige Beschreibung von Unternehmensnetzwerken als Nebeneinander von kooperativen und kompetitiven, auch als coopetitiv bezeichnete, Beziehungen entwickelt. Der eigentliche Verdienst dieser Beschreibung von Netzwerken ist aber, diese als eine Form der Organisation zu begreifen[26].

Was ist dann aber der Unterschied zwischen einem netzwerktheoretischen und einem organisationssoziologischen Blick auf Unternehmen? Im Unterschied zur Organisationsforschung beschäftigt sich die Netzwerkforschung nicht mit den Charakteristika einzelner Akteure – seien es Individuen oder kollektive Akteure wie Organisationen –, sondern mit den Relationen zwischen ihnen (Jansen 2000). Es werden also Ströme und Beziehungsmuster innerhalb eines Sets von Akteuren, Knoten oder Objekten analysiert (Grabher/Powell 2004: xii, DiMag-

---

26 Eigentlich müsste man konkret immer von netzwerkförmiger Organisation von Unternehmen sprechen. Aus Gründen der Praktikabilität verwende ich die Begriffe Unternehmensnetzwerke und netzwerkförmige Organisation von Unternehmen jedoch synonym. Die „Organisation" wird, auch wenn nicht explizit auf sie verwiesen wird, immer mitgedacht.

gio 2001: 23)²⁷. Die Beziehungen an sich sind dynamisch und variabel. Diese Fluidität und Flexibilität von Netzwerken erschwert deren Erforschung, macht diese jedoch nicht unmöglich. Denn: „Der fließende Charakter von Grenzen darf nicht mit Unbestimmtheit verwechselt werden" (Bommes/Tacke 2006: 57). Netzwerke sind, mit anderen Worten, kein so zeitlich oder räumlich verschwommenes Phänomen bzw. kein so amorphes Cluster von Sozialbeziehungen, dass sie nicht methodisch erforscht werden könnten. Da jedoch mit der Beschreibung von Unternehmen als Netzwerk noch keine konkreten Aussagen über die „Gestalt" der Netzwerke gemacht worden sind, ist die Abgrenzung des Netzwerkes von seiner Umwelt (Sydow 1993: 75) eine der wichtigsten Aufgaben netzwerktheoretischen Forschungsdesigns. Hierzu bedarf es der Konkretisierung, welche Akteure oder Einheiten im Sinne der Fragestellung als dem Netzwerk zugehörig angerechnet werden, durch welche Eigenschaften sie sich auszeichnen, welcher Qualität die Beziehungen zwischen diesen sind sowie welche Beziehungsmuster und -dynamiken sich im Netzwerk finden lassen. Das Forschungskonstrukt „Netzwerk" bedarf also des Anschlusses und der Rückkopplung an empirische Gegebenheiten im Sinne der Fragestellung.

Die vorliegende Studie nutzt die Netzwerkperspektive, um die Organisation technisierter Handlungen kollektiver Akteure zu untersuchen, und greift hierzu auf die Erkenntnisse der akteurstheoretischen Netzwerktheorie zurück. Akteure in Netzwerken werden in ihren Handlungen durch andere Akteure, mit denen sie in Beziehung stehen, beeinflusst. Die Handlungen eines Akteurs hängen also im beträchtlichen Maßen von seiner Einbindung ins Netzwerk ab (Boissevain 1973; Grabher/Powell 2004: xv); sein (Miss-)Erfolg wird durch den (Miss-)Erfolg der anderen Akteure im Netzwerk sowie durch das Funktionieren der Interaktionsbeziehung bestimmt (Weyer et al. 1997). Kennzeichnend für Netzwerke ist eine rekursive Kopplung und wechselseitige Stimulierung der Aktivitäten der Akteure. Weiterhin ist die Existenz von Netzwerken daran gebunden, dass Akteure Netzwerkstrukturen sowie -prozesse in ihren Praktiken reproduzieren. Netzwerke können also – genau wie der Einsatz von Technik (siehe Abschnitt 5.6.1) – als reflexive Strukturation von Akteuren beschrieben werden.

Die Bereitschaft der Akteure sich „auf die besonderen und großenteils widersprüchlich konfigurierten Anforderungen des Netzwerkes und der Kooperationspartner einzulassen" (Aderhold 2004: 295f) und ihre Ressourcen einzubringen, ist jedoch interessengebunden. Langfristig beruhen Netzwerke – wie eben auch Organisationen – auf dem stetigen Aushandeln eines Interessenkonsenses. Durch den Blick auf Netzwerke als Ergebnis von Aushandlungsprozessen lassen sich Wandel und Entwicklungsdynamiken von Netzwerken erklären. Denn in

---

27 Der Fokus auf die Beziehungen zwischen den Akteuren gilt sowohl für die eher quantitativen Verfahren als auch für die qualitative Netzwerkforschung.

den Aushandlungsprozessen werden bestimmte Entscheidungs- und Handlungskorridore definiert, die einige Anschlussoperationen wahrscheinlicher und einige Handlungsalternativen unrealistischer machen als andere (Weyer 1997b: 42; Ortmann 1995). So können zum Beispiel Entscheidungen im Netzwerk über Zugangsregelungen Möglichkeiten und Hindernisse für externe Parteien schaffen, die Mitgliedschaft im Netzwerk zu erwerben. Diese Entscheidungen prägen die Offenheit oder Geschlossenheit des Netzwerkes, die Fluidität von Mitgliedschaften und die Möglichkeiten, die sich durch neue Beziehungen im Netzwerk ergeben (Gulati/Gargiulo 1999: 1441). Mit der Zeit entfalten Netzwerke so ihre eigene Logik und verstetigen sich, behalten aber gleichwohl spontane Elemente (Dörre/Rötger 2006: 93).

Typisch für Netzwerke ist also das Nebeneinander von verschiedenen Handlungsebenen und Interessen der Akteure. Im Besonderen zeichnen sich Netzwerke durch eine Doppelattribution und -orientierung von Handlungen aus (Teubner 1996). Handlungen werden sowohl dem einzelnen Akteur als auch dem Netzwerk als Ganzem zugeschrieben. Gleichzeitig orientieren sich die Akteure in ihren Handlungen sowohl an vergemeinschaftlichten als auch an ihren individuellen Zwecken, Strategien und Zielen. Dass sich diese Aspekte der Handlungsorientierung auf der Ebene des einzelnen Unternehmens und der des Netzwerks unterscheiden, tut dem Funktionieren des Netzwerkes genau so wenig Abbruch wie die zuvor beschriebene Vielzahl der Handlungsebenen. Vielmehr ist ein gewisses Maß an Subversivität, Widersprüchlichkeit und Unkoordiniertheit von Handlungsprozessen in Netzwerken die Regel. Zum Fortbestand des Netzwerkes ist es allerdings notwendig, dass die Handlungsorientierungen der verschiedenen Ebenen anschlussfähig sind.

Zusammenfassend bleibt festzuhalten: Netzwerkanalytische Zugänge nehmen die Organisation von Beziehungen zwischen verschiedenen Einheiten in den Blick. Das Netzwerk ist ein Forschungskonstrukt, das einer begründeten Abgrenzung im Rahmen der Fragestellung bedarf. Im Besonderen bleibt bei einer akteurstheoretischen Fragestellung sowohl die Auswahl der Netzwerkakteure als auch der Beziehungen, die im Fokus stehen, zu konkretisieren und zu beschreiben. Die Beziehung von Netzwerk und Handlungen einzelner Akteure lassen sich in Anlehnung an Giddens' Strukturationstheorie (1984) beschreiben: Netzwerke rekonstruieren sich in den Handlungen der Akteure und beeinflussen diese gleichzeitig. Typisch für Netzwerke ist eine Vielzahl von Handlungsebenen, die für ein gewisses Maß an Chaos in Netzwerken sorgen. Gleichzeitig entfalten sich in Netzwerken mit der Zeit spezifische Logiken, die auf die Prozesse in Netzwerken einwirken. Die Doppelattribution und -orientierung von Handlungen machen es notwendig, dass zur Analyse von Prozessen in Netzwerken sowohl die Besonderheiten der einzelnen Akteure bzw. Unternehmen als auch Struktur und Funktionsweise des Netzwerkes als Ganzes berücksichtigt werden (Knoke/ Kulinski 1991; Blau 1982; Burt 1982).

Zunächst aber verlangt eine netzwerktheoretische Herangehensweise nach Konkretisierung, aus welchen Akteuren ein Netzwerk besteht und welche Formen von Beziehungen für die Analyse relevant sind: Im Zentrum der Netzwerkanalyse der Arbeit stehen kollektive Akteure, die an der Erbringung von Callcenter-Dienstleistungen beteiligt sind. Die Akteure unterscheiden sich dadurch, dass sie als Inhouse-Callcenter, Dienstleister und outgesourcte Tochterunternehmen zu verschiedenen Formen von Callcentern gehören. Das Netzwerk von Callcenter-Dienstleistungen in Deutschland ist mit den speziellen Unternehmen aus den Fallstudien natürlich nicht vollständig abgedeckt. Auch bilden die Callcenter aus den Fallstudien kein vollständiges Sub-Netzwerk, das sich als eigenständiger Teil aus dem großen Netzwerk der Callcenter-Dienstleistungen für den deutschen Markt extrahieren ließe. Nachfolgend sind insbesondere solche Beziehungen zu beschreiben, welche sich im Zuge der unternehmens- bzw. länderübergreifenden Restrukturierung der Arbeitsteilung in Form der technisch vermittelten Anrufverteilung zwischen den verschiedenen Standorten ergeben. Allerdings müssen hierzu die Besonderheiten der Beziehungen zwischen den einzelnen Unternehmenseinheiten genauer beschrieben werden. Um für diese Beschreibung Kriterien auszuwählen und zu nutzen, werden im folgenden Abschnitt zunächst gängige Kriterien zur Beschreibung von Beziehungen in Netzwerken vorgestellt.

5.2 Kriterien zur Beschreibung von und Differenzierung zwischen Netzwerken

Wie können Beziehungen in Netzwerken beschrieben werden und welche Möglichkeiten ergeben sich daraus, Besonderheiten einzelner Netzwerke zu erfassen? In Netzwerkanalysen findet sich eine Vielzahl von Versuchen, Netzwerke anhand bestimmter Kriterien näher zu beschreiben. Die nachfolgende Diskussion verschiedener Kriterien, die sich als wichtiges Unterscheidungs- und Beschreibungsmerkmal von Beziehungen in Netzwerken etabliert haben, dient als Heuristik zur Analyse der Netzwerkbeziehungen in den Fallstudien.

Eine mögliche Unterscheidung ist die Differenzierung zwischen unternehmensübergreifenden und -internen Netzwerken. Da es im Zuge der Restrukturierung von Arbeitsprozessen zu einem Verschwimmen von Unternehmensgrenzen kommt, verliert die Unterscheidung zwischen unternehmensübergreifend und -internen Netzwerken im Einzelfall einiges an Trennschärfe (Sydow/van Well 2001: 113). Zudem überlagert sie sich, falls verschiedene Unternehmen einem Konzern angehören, mit der Differenzierung von konzerninternen und konzernübergreifenden Netzwerken (Sydow 2001: 299), wie zum Beispiel bei den Callcentern multinationaler Unternehmen (siehe Abschnitt 4.1.3). Im Fall von Callcenter-Dienstleistungen lässt sich das Forschungsfeld hinsichtlich der Qualitäten der Akteure im Netzwerk folgendermaßen beschreiben: Die Erbringung von Callcenter-Dienstleistungen erfolgt zum einen in unternehmensinternen Netzwerken. In diesen Fällen bezieht sich die Verteilung der Aufgaben bzw. Anrufe auf verschiedene Standorte eines Unternehmens. Zum anderen werden Callcenter-Dienstleistungen bei der Einbindung von Dienstleistern auch unternehmensübergreifend erbracht.

Die meisten Kriterien zur Beschreibung von Netzwerken setzen an bestimmten Merkmalen der Beziehungen an, die sich innerhalb des Netzwerkes ergeben. Allerdings ist es unwahrscheinlich, dass sich ein Netzwerk nur durch Beziehungen einer bestimmten Art auszeichnet. Um die Aussagekraft dieser Kriterien einzuschätzen, muss man also die Heterogenität bzw. Homogenität der Netzwerkbeziehungen berücksichtigen. Dies gilt zum Beispiel für den Versuch, Netzwerke auf der Basis der Stärke oder Schwäche ihrer Beziehung zu beschreiben. Starke Beziehungen zeichnen sich durch regelmäßige Interaktion und gemeinsame Interessen aus. Der Kontakt in schwachen Beziehungen erfolgt eher selten, die Beziehung ist eher locker und die gemeinsamen Interessen sowie die Verfolgung kollektiver Ziele gering (Granovetter 1973). Jedoch zeichnen sich Netzwerke durch ein bestimmtes Muster und durch ein Nebeneinander von starken und schwachen Beziehungen.

Auch beim Rückgriff auf das Kriterium der Dauerhaftigkeit von Beziehungen im Netzwerk müssten zunächst Aussagen über die Gleich- oder Vielgestaltigkeit von Netzwerkbeziehungen getroffen werden. Vielleicht liegt gerade in dem Versäumnis der Grund, warum sich die Aussagen, wie lang- oder kurzfristig Netzwerkbeziehungen sind, widersprechen. Gleichwohl könnte dieser Widerspruch auch darauf zurückgehen, dass keiner der Forscher konkretisiert, welchen Zeitraum er als lang-, mittel- oder kurzfristig bezeichnet. Powell (1996: 222) berichtet in seinen früheren Arbeiten, dass Netzwerke dem langfristigen Aufbau von Beziehungen dienen, Weyer beschreibt den Zeithorizont von Netzwerken als mittelfristig (2000a: 12) und Hirsch-Kreinsen verweist schließlich darauf, dass in Netzwerken keine langfristigen Bindungen bestehen (2002: 113). Diese unterschiedlichen Beschreibungen der Dauer von Netzwerkbeziehungen legen den Verdacht nahe, dass sich in Bezug auf Dauerhaftigkeit von Netzwerkbeziehungen keine eindeutige Antwort finden lässt und sich empirisch eine große Diversität von Netzwerken mit verschiedener Dauer zeigen wird. Wenn man in Betracht zieht, dass die Existenz des Netzwerkes, wie im vorangehenden Abschnitt beschrieben, an die Interessen der Akteure anknüpft, die diese durch ihre Mitgliedschaft im Netzwerk verfolgen, wird auch klar, warum Netzwerke durch

Beziehungen von unterschiedlicher Dauer geprägt sind bzw. warum es Netzwerke gibt, die länger bzw. kürzer bestehen. Einige Formen von Netzwerken wie zum Beispiel Projektnetzwerke (siehe folgender Abschnitt) sind zudem so klar an bestimmte Aufgaben und Zwecke gebunden, dass sie per se nicht auf eine dauerhafte Existenz ausgelegt sind. Auch kann die Zugehörigkeit zu Unternehmensnetzwerken vom Management gezielt als Durchgangssituation genutzt werden, um beispielsweise „organisationsinterne Widerstände gegen Restrukturierungsmaßnahmen zu überwinden und neue Organisationslösungen zu finden" (Hirsch-Kreinsen 2002: 120).

Von einigen Autoren wird auch das Kriterium der Dauer mit dem der zeitlichen Stabilität von Netzwerkbeziehungen gleichgesetzt (Powell/Grodal 2006), obwohl genau genommen die Stabilität von Netzwerkbeziehungen ein weiteres Kriterium der Beschreibung von Netzwerken darstellt. So spannt die Dauer ein Kontinuum von kurzfristig bis langfristig und bezieht sich somit auf einen Zeitraum zwischen Anfang und Ende. Die Pole der zeitlichen Stabilität bilden ein Kontinuum von zeitlich instabil bis stabil. Es werden keine Aussagen über einen konkreten Zeitraum getroffen, sondern es wird vielmehr die Beständigkeit – im Sinne der Frequenz tatsächlich eintreffender Veränderungen, aber auch der Veränderbarkeit – von Netzwerken adressiert. Die beiden Pole der Kontinuen von Dauer und zeitlicher Stabilität – also kurzfristig und instabil sowie langfristig und stabil – können nicht gleichgesetzt werden. Vielmehr treten verschiedene Kombinationen von (Un-)Beständigkeit und Lang-/bzw. Kurzfristigkeit auf. Diese Ungenauigkeit in der Unterscheidung und Beschreibung der Kriterien von Dauer und zeitlicher Stabilität führt dazu, dass sich in den Beschreibungen verschiedener Netzwerktypen (siehe folgender Abschnitt) diese Kriterien jedoch häufig mischen. Hinzu kommt, dass es aufgrund der vielfältigen Handlungsebenen und zahlreichen Akteure insbesondere in großen Netzwerken schwierig ist, deren Dauer einzuschätzen, da sich häufig kein eindeutiger Beginn oder ein klares Ende des Netzwerkes ausmachen lässt: „Netzwerke hören auf und laufen wieder an" (Bommes/Tacke 2006: 58). Zudem fehlen auch bei der zeitlichen Stabilität eindeutige Maßstäbe, um einem Netzwerk (In-)Stabilität zuzuschreiben. Die zuvor eingebrachten Einwände bedeuten für die Anwendung der Kriterien der Dauer und der zeitlichen Stabilität, dass diese stets mit klarem Bezugspunkt zum Beispiel in Form eines Vergleichs zu erfolgen hat.

Ausgehend von Powells Beschreibung (1990; 1996) von Netzwerken als Organisationsform, die weder Markt noch Hierarchie ist, hat sich eine weitere Konzeption von Netzwerken entwickelt. Im Gegensatz zu den vorherigen Beschreibungskriterien setzt sie nicht an der Qualität der einzelnen Beziehungen an, sondern bezieht sich auf das Netzwerk als Ganzes. Netzwerke zeichnen sich durch ein Nebeneinander von kooperativen und kompetitiven Beziehungen aus (u.a.

Sieber 2001; Grimshaw et al. 2005: 44). Im Gegensatz zu den vorherigen Beschreibungen wird hier explizit keine Eindeutigkeit der Beziehungen unterstellt und implizit auf die Diversität von Netzwerken verwiesen. Unternehmensbeziehungen in Netzwerken können sich sowohl durch vertrauensvolle Kooperation in einem wechselseitigen, einvernehmlichen Abhängigkeitsverhältnis, von dem alle beteiligten Parteien gleichermaßen profitieren und Win-Win-Situation auszeichnen (Weyer 1997b: 53) als auch (gleichzeitig) durch asymmetrische Machtbeziehungen und durch opportunistisches Verhalten einzelner Netzwerkpartner gekennzeichnet sein (Hirsch-Kreinsen 2002: 112). Die Coopetition der Beziehungen in Netzwerken ist zwar ein wichtiger Befund, allerdings trägt er zur konkreten Beschreibung einzelner Netzwerke wenig bei. Vielmehr müssten hierzu Muster kooperativer sowie kompetitiver Beziehungen aufgezeigt und konkretisiert werden, auf welche Ebene oder Ressourcen sich Kooperation und Wettbewerb beziehen.

Die Tatsache, dass Netzwerkbeziehungen sowohl kooperativer als auch kompetitiver Natur sein können und von den Interessen der Akteuren geprägt werden, impliziert, dass Netzwerkstrukturen und -prozesse im Zusammenhang mit spezifischen Verteilungen von Kontrolle und Macht stehen. Austauschprozesse in Netzwerken werden durch die Machtverhältnisse und -verteilung zwischen den Mitgliedern geprägt und beeinflussen diese wiederum. Einige Kriterien zur Beschreibung von Netzwerken beziehen sich entsprechend auf die Machtverteilung in Netzwerken. Zum einen wird die Machtverteilung in Netzwerkbeziehungen als symmetrisch bzw. asymmetrisch beschrieben. Häufig werden zur Beschreibung der Machtverteilung in Netzwerken aber auch die Kriterien der Zentralität und De-Zentralität verwendet. Auch diese beziehen sich auf die Struktur des Netzwerkes als Ganzes und nicht auf die Qualität der einzelnen Beziehungen. Empirisch lassen sich häufig Netzwerke mit einer zentralen Einheit finden, so dass man davon ausgehen kann, dass Reorganisationsprozesse von Unternehmensnetzwerken mit einer Zentralisierung einhergehen (Greenan et al. 2009: 36, 42). Gleichwohl bleibt festzuhalten, dass im Rahmen der Reorganisation von Arbeitsprozessen in Netzwerken Prozesse der Zentralisierung und De-Zentralisierung nebeneinander stehen (Flecker 2003). Wichtiger aber ist vor allem, dass die Strukturmerkmale Zentralität oder De-Zentralität zunächst nichts über die Machtverteilung in Netzwerken aussagen. Vielmehr beschreiben die Begriffe Zentralität und De-Zentralität die Position der einzelnen Akteure im Netzwerk im Verhältnis zueinander. Dennoch gehen viele Fallstudien automatisch davon aus, dass Zentralen über mehr Macht verfügen als die sonstigen Unternehmen im Netzwerk. Aber selbst wenn dies auf formaler Ebene der Fall ist, so bedeutet dies noch lange nicht, dass sich dies auf informeller Ebene genauso verhält bzw. diese formale Macht sich in den Aktivitätsstrukturen der Organisation wiederfindet.

Zur Beschreibung der Machtverhältnisse in Netzwerken sind die Begriffe der Heterarchie und Hierarchie jedenfalls deutlich besser geeignet. Der Begriff der Heterarchie wurde von Hedlund (1986), im Rahmen seiner Analyse von multinationalen Konzernen, als Gegenentwurf zu strategisch und strukturell geozentrisch organisierten Konzernen ausgearbeitet. Als heterarchisch werden Netzwerke bezeichnet, wenn Beziehungen zwischen Unternehmen weitestgehend selbstregulierend verlaufen und deren einzelne Unternehmensteile relativ autonom sind. Es gibt keine übergeordnete Instanz; strategische Lenkung und Entscheidungsprozesse verteilen sich über den ganzen Konzern bzw. das ganze Netzwerk. Die Kopplungen zwischen den Einheiten sind eher lose, dafür sind die Verbindungen zu den verschiedensten Formen von Akteuren zahlreich. Trotz Autonomie der einzelnen Unternehmen wirkt sich das Handeln der Akteure in den einzelnen Unternehmen nicht nur auf diese, sondern auf das Netzwerk im Ganzen aus. Heterarchien haben viele Zentren unterschiedlicher Natur. Gleichwohl existieren trotz dieser Polyzentralität von Heterarchien periphere Bereiche und Akteure, die die internen Beziehungen weniger stark definieren und strukturieren als andere (Dörre/Rötger 2006: 83).

Schließlich unterscheiden sich Netzwerke auch aufgrund des unterschiedlichen Ausmaßes von „Embeddedness", also aufgrund der Einbettung der einzelnen Einheiten ins Netzwerk. Die Einbettung von Unternehmen oder Akteuren in Netzwerke beschreibt die (Un-)Möglichkeiten, Netzwerkbeziehungen zu lösen bzw. Einheiten zu entkoppeln, ohne dass dies für das Netzwerk bzw. das einzelne Unternehmen folgenreich wäre. Die Integration oder Desintegration des gesamten Netzwerkes resultiert aus einer spezifischen Kombination von eingebetteten und locker gekoppelten Beziehungen. Je stärker ein Unternehmen in ein Netzwerk eingebettet ist, desto aktiver ist es und desto mehr Risiko übernimmt es. Zudem investiert das Unternehmen bei einer starken Einbindung mehr Ressourcen für das Netzwerk und weniger für andere bzw. eigene Zwecke. Sowohl eine hohe als auch eine geringe Einbettung ins Netzwerk birgt für die einzelnen Unternehmen sowie für das gesamte Netzwerk seine Risiken (siehe auch Kapitel 6).

5.3 Vom Nutzen von Netzwerktypologisierungen unter Berücksichtigung der Aspekte des Einsatzes von IuK-Technik und der glokalen Einbettung von Netzwerken

Betrachtet man die zahlreichen Versuche, verschiedene Formen von Netzwerken zu unterscheiden, so fällt auf, dass bestimmte Typen von Netzwerken immer wieder aufgeführt werden. So kommen Grabher und Powell (2004), unabhängig von Sydow (2001), in ihrem Versuch der Typologisierung verschiedener Formen von Netzwerken zu einem erstaunlich ähnlichen Ergebnis. Gleichwohl decken sich Benennung bestimmter Typen und Zuordnung bestimmter Kriterien nur bedingt. Nachfolgend beziehe ich mich vor allem auf die Unterscheidung verschiedener Formen von Unternehmensnetzwerken von Sydow. Die Typologisierung bietet dadurch, dass sie sich ausdrücklich auch auf Netzwerkbeziehungen zwischen Unternehmen bezieht, bessere Bezugsmöglichkeiten zum vorliegenden Forschungsvorhaben. Die Diskussion der Typologisierung und verschiedener Formen von Netzwerken dient – ebenso wie die Darstellung der verschiedenen Kriterien im Abschnitt zuvor – dazu, Heuristiken zur Beschreibung und Analyse der Netzwerke aus den Fallstudien zu finden.

Tabelle 4: Verschiedene Formen von Netzwerken nach Sydow (2001)

	eher hierarchisch	eher heterarchisch (polyzentrisch)
eher stabil	Strategische Netzwerke - räumliche Nähe nicht notwendig - ein oder mehrere fokale Unternehmen regeln Zugang und steuern - keine Sonderform unter Einbindung von IuK-Technologien aufgeführt, keine Aussagen bzgl. IuK-Technologie-Einsatz	Regionale Netzwerke - keine Sonderform unter Einbindung von IuK-Technologien aufgeführt, keine Aussagen bzgl. IuK-Technologie-Einsatz - keine Aussagen über fokale Unternehmen und Zugang
eher dynamisch	Projektnetzwerke - umfasst eine eigenständige Sonderform unter Einbindung von IuK-Technologien (virtuelle Organisation) - zeitlich befristet - keine Aussagen bezüglich der räumlichen Nähe, aber vermutlich nicht notwendig - keine Aussagen über fokale Unternehmen und Zugang	

Sydow unterscheidet die verschiedenen Formen von Unternehmensnetzwerken auf der Basis der Steuerungsform (hierarchisch vs. heterarchisch) und der temporalen Stabilität (stabil vs. dynamisch). Im Gegensatz zu dynamischen Projektnetzwerken sind strategische Netzwerke eher stabil. Bei strategischen Netzwer-

5.3 Vom Nutzen von Netzwerktypologisierungen

ken haben ein oder mehrere fokale Unternehmen mehr Möglichkeiten als die anderen Netzwerkpartner, Einfluss zu nehmen und übernehmen die Netzwerkkoordination (Sydow/van Well 2001). Das Ausmaß an Ziel- und Interessendurchsetzung ist in strategischen Netzwerken besonders hoch, ohne dass hierzu die räumliche Nähe der Netzwerkakteure notwendig wäre (Weyer 2000a: 21). Im Gegensatz dazu beruhen regionale Netzwerke auf räumlicher Nähe und persönlichem Kontakt. Regionale Netzwerke können sowohl dynamischer als auch stabiler Natur sein. Projektnetzwerke unterliegen dagegen einer klaren zeitlichen Befristung – obwohl die in den Projektnetzwerken aufgebauten Beziehungen auch nach Projektende weiterwirken – und sind entsprechend eher dynamisch. Laut Schema sind Projektnetzwerke eher hierarchischer Natur; in seiner Beschreibung verweist Sydow allerdings darauf, dass auch heterarchische Projektnetzwerke denkbar sind. Virtuelle Netzwerke sind eine spezielle Form von Projektnetzwerken, sie weisen eine besondere Einbindung von IuK-Technologien in den Arbeitsvollzug auf.

Wie im vorangehenden Abschnitt bereits erwähnt, zeigen sich an dieser Typologie die Probleme, die Kategorie der (temporalen) Stabilität und deren verschiedenen Ausprägungen zu definieren. Die Ausprägungen der temporalen Stabilität „dynamisch" und „stabil" haben eine gewisse Inkonsistenz in der Systematik der Typologie zur Folge, da sie keine wirklichen Gegensätze darstellen. Auch wird in den Beschreibungen der Netzwerkformen kaum auf Dynamik und Stabilität, sondern eher auf die Kurz- und Langfristigkeit der verschiedenen Netzwerkformen Bezug genommen. Da sich die Kategorien der Veränderbarkeit und der Dauer überschneiden, müssten entsprechend statt zwei Ausprägungen eigentlich vier (eher dynamisch vs. eher statisch, eher kurzfristig vs. eher langfristig) eingeführt werden.

Auch das Kriterium der Einbindung von IuK-Technologien bedarf der Systematisierung. So wirft die Unterform von Projektnetzwerken der „virtuellen Organisation" die Frage auf, ob auch in strategischen und regionalen Netzwerken IuK-Technologien in den Arbeitsvollzug eingebunden werden und ob dann das Netzwerk eine neue Qualität erhält: Verändern sich strategische und regionale Netzwerke unter dem Einsatz von IuK-Technologien vielleicht nicht in der Deutlichkeit, wie es bei Projektnetzwerken der Fall ist? Welche Veränderungen sind dann zu verzeichnen? Oder werden alle Formen von Netzwerken, wenn IuK-Technologien in den Arbeitsvollzug eingebunden werden, zu virtuellen Organisationen? Was impliziert der Begriff „virtuelle Organisation" eigentlich jenseits eines Technikeinsatzes in Unternehmensnetzwerken überhaupt? Festzuhalten bleibt, dass die Typologisierung zwar die Frage nach dem Technikeinsatz in Netzwerken aufwirft, bei deren Beantwortung aber wenig hilfreich ist.

Ähnliche Leerstellen lassen sich bezüglich der Regionalität der verschiedenen Formen von Netzwerken verzeichnen. Die Typologisierung lässt offen, welche Bedeutung die regionale und überregionale Einbettung für die verschiedenen Formen von Netzwerken hat. Weiterhin bleibt unklar, ob Projektnetzwerke sowie strategische Netzwerke dadurch, dass sie eindeutig nicht regionalen Netzwerken zugerechnet werden, eher überregional oder gar global ausgerichtet sind. Es stellt sich auch die Frage, warum es in dieser Typologie keine eigenständige Form nicht-regionaler – also nationaler, internationaler oder gar globaler – Netzwerke als Gegenpol zu regionalen Netzwerken gibt, wie es in anderen Typologien üblich ist. Wie im Fall des Technikeinsatzes zeigt die Typologie auf, dass Momente der regionalen Einbettung einen Unterschied machen, allerdings werden Konsequenzen einer regionalen oder nicht-regionalen Einbettung nicht systematisch zugeordnet und analysiert. Immerhin deutet sich an, dass der Einsatz von IuK-Technologien und Aspekte regionaler Einbettung in Unternehmensnetzwerken einen Unterschied machen.

Die Leerstellen, die die Typologie hinsichtlich des Einsatzes von IuK-Technologien und der regionalen Einbettung von Netzwerken lässt, lassen sich im Rahmen des Forschungsvorhabens in Fragen transformieren und somit im Folgenden konstruktiv nutzen. So beschäftigt sich der Abschnitt 5.5ff anhand des Beispiels multinationaler Unternehmen mit den Konsequenzen von lokaler Einbettung und globaler Orientierung von Unternehmensnetzwerken. Darauf folgt in Abschnitt 5.6 eine Auseinandersetzung mit dem Zusammenhang von Technikeinsatz und netzwerkförmiger Organisation von Unternehmen. Um aber Prozesse der Netzwerkbildung und Abläufe in Unternehmensnetzwerken besser zu verstehen, beschreibe ich nachfolgend zunächst Ursprünge und Folgen von Unternehmensnetzwerken.

5.4 Funktionen und Folgen netzwerkförmiger Organisation von Unternehmen

Der folgende Abschnitt beschäftigt sich mit der Frage, wie es dazu kommt, dass Unternehmen sich in Netzwerken organisieren. Was versprechen sich die Unternehmen von einer Zugehörigkeit zu Netzwerken, und mit welchen Wirklichkeiten werden sie konfrontiert?

Netzwerke entstehen als Reaktion auf turbulente Umwelt- und Wettbewerbssituationen (ausführlich hierzu Siebert 2001: 15ff) unter dem Druck globalisierter Marktbedingungen und technischen Wandels (Schmiede 2005; Grimshaw et al. 2005) sowie aufgrund von Rationalisierungs- und Flexibilisierungsstrategien in den Unternehmen (Hirsch-Kreinsen 1994: 437ff). Durch die

5.4 Funktionen und Folgen netzwerkförmiger Organisation von Unternehmen

Umstellung auf netzwerkförmige Organisation versprechen sich Unternehmen eine höhere Leistungsfähigkeit, als sie durch andere Formen der Handlungskoordination, wie zum Beispiel Markt und Hierarchie, erreicht werden könnte (Weyer 2000a: 4; Aderhold 2004), und hoffen somit auf deutliche Wettbewerbsvorteile (Barley/Kunda 2001: 77f). Gleichzeitig zielen Unternehmen durch die Zusammenarbeit mit anderen Unternehmen, die Überbrückung von organisationalen Grenzen und durch die (Re-)Kombination von Ressourcen (Kallinikos 2007: 285; Hirsch-Kreinsen 2002: 107) darauf ab, Flexibilitätsanforderungen gerecht zu werden. Netzwerkarrangements versprechen also Flexibilität (Powell 1996; Powell/Smith-Doerr 1994; Aderhold 2004: 150) bzw. eine Balance von Flexibilität und Effizienz (Sydow 1993: 3). Gleichwohl spielen Netzwerke auch beim Ausprobieren von Neuem eine wichtige Rolle (Weyer 2000b: 254), denn sie fördern und legitimieren Innovation und Experimente (Grimshaw/Marchington 2005: 15, Krücken/Meier 2003). Sie können somit Such- und Changierprozesse in Umbruchphasen unterstützen und den Unternehmen helfen, „gegenläufige Anforderungen auszuloten und abzustimmen, ohne sich auf spätere Strategien und Strukturen festzulegen" (Hirsch-Kreinsen 2002: 120).

Die Erwartungen an das Problemlösungspotential „leichtfüßiger Netzwerke" (Powell 1996: 224) seitens der Netzwerkforschung und in den Unternehmen sind hoch. Gerade die frühe Netzwerkforschung tendierte dazu, Netzwerke allein als Lösung und erstrebenswerte Organisationsform darzustellen. Probleme und Risiken, die mit der Beteiligung an Netzwerken verbunden sind, wurden vernachlässigt, das Problemlösungspotential von Netzwerken überschätzt. Netzwerke entfalten ihre Vorteile jedoch nur unter bestimmten Bedingungen und in besonderen Kontexten (Hirsch-Kreinsen 2002: 117) oder für bestimmte Parteien (Ramioul 2006: 116; Grimshaw et al. 2005: 51). Über lange Zeit hatten Netzwerke in ihrer Beschreibung durch die Netzwerkforschung eher die positive Konnotation hierarchiearmer, kooperativer und machtfreier Räume der Organisation von Unternehmen. Dabei gibt es – wie bereits beschrieben (siehe Abschnitt 5.2) – sowohl die unterschiedlichsten Formen von Machtbeziehungen als auch Kooperation und Wettbewerb in Netzwerken. Netzwerke, von denen alle beteiligten Akteure profitieren, sind deswegen genauso möglich wie negativ verbundene Netzwerke, in denen für alle Beteiligten durch extreme Konkurrenzbeziehungen nur Nachteile entstehen (Jansen 2000: 41) Asymmetrische Machtbeziehungen können in Unternehmensnetzwerken durchaus auch zu einseitigen Abhängigkeiten führen, die für einzelne Unternehmen – und ab einem bestimmten Punkt auch für das Netzwerk als Ganzes – existenzbedrohend sind. Mächtigere Netzwerkpartner können Risiken oder Kosten leichter vermeiden bzw. externalisieren, indem sie diese an ihre machtunterlegenen „Partner" und deren Belegschaft weiterreichen (Marchington et al. 2005a; Grimshaw et al. 2005). So bietet sich dem mächtigeren Netzwerkakteur eher die Gelegenheit, interne „Arbeitskämpfe" und Auseinandersetzungen mit der Belegschaft zu vermeiden. Zum anderen haben überlegene Netzwerkakteure die Möglichkeit, Ziele und Vorgehensweisen durchzusetzen, ohne dass die anderen die Möglichkeit haben, möglichen Widerstand durchzusetzen und zu verhandeln (Sydow/Windeler 1998). So können Netzwerkakteure mit Definitionsmacht ihre Geschäftspartner durch die Etablierung von Standards kontrollieren (Greenan et al. 2009). Die Vorgaben seitens des Mächtigeren verstärken in der Regel dessen dominante Position. Die unterlegenen „Partner" müssen sich – solange sie keine bessere Alternative haben bzw. ihnen der Weg zu dieser versperrt bleibt – mit diesen asymmetrischen Machtstrukturen im Netzwerk arrangieren (Heidling 2000: 73). Gleichzeitig bleiben Netzwerke trotz spezifischer Machtverteilung in ihrer Positionierung zwischen kooperativer und kompetitiver Organisation häufig uneindeutig. Und diese Uneindeutigkeit von Netzwerken birgt für alle Beteiligten einiges an Problemen (Powell 1996: 257). So wird für die Beschäftigten der einzelnen Unternehmen ab einem bestimmten Punkt aufgrund einer Vielzahl von möglichen Bezugspunkten unklar, wer über Kontrollbefugnisse und Weisungsautorität verfügt bzw. an welche Stelle Bekundungen von Loyalität und von Commitment zu richten sind (Rubery et al. 2005: 64).

Unter bestimmten Umständen oder für bestimmte Parteien kann durch die Beteiligung an Netzwerken der Wettbewerb – u.a. in Form von zunehmendem Kosten-, Flexibilitäts-, Zeit- und Innovationsdruck – angetrieben werden. Damit verschärfen sich genau die Umstände und Erwartungen, zu deren Bekämpfung die Beteiligung an Netzwerken eigentlich dienen sollte (Hirsch-Kreinsen 2002: 111). Dies gilt auch für die Erwartung, dass durch die Beteiligung an Netzwerken eine Reduktion von Unsicherheit und Krisenintervention möglich werden (Weyer 1997d: 329). Denn mit der Beteiligung an Netzwerken werden die Unternehmen mit neuen Unsicherheiten konfrontiert. So können sich die Unternehmen bei der Beziehungsaufnahme wechselseitig kaum einschätzen, wenn adäquate Informationen über Kompetenzen, Ansprüche und Zuverlässigkeit potentieller Netzwerkpartner schwer oder gar nicht zu erhalten sind (Gulati/ Gargiulo 1999: 1440f). In Netzwerken, in denen die Unternehmen stark integriert und voneinander abhängig sind, kommt es neben der Unsicherheit, mit denen jedes Unternehmen in seinen eigenen Arbeitsabläufen konfrontiert wird, zu einer Multiplizierung der „indirekten" Unsicherheit über Netzwerkpartner, da sich Veränderungen der Rahmenbedingungen für die Partner auch indirekt auf andere Unternehmen auswirken (Sieber 2001: 182).

Die netzwerkförmige Organisation und Koordination kann außerdem in den Unternehmen zu einer Entkoppelung und Desintegration einzelner Unternehmensbereiche führen (Ramioul 2006: 111). Dies kann sich unter bestimmten

Umständen oder ab einem gewissen Grad als problematisch erweisen. Genauso kann es aber bei einer starken Integration ins Netzwerk zu Schwierigkeiten kommen, wenn zum Beispiel unvorhergesehen wichtige Unternehmen im Netzwerk ausfallen und es in der Folge zu einem tiefgreifendem strukturellen Wandel des Netzwerks kommt, der existenzbedrohende Auswirkungen hat. Nicht nur für einzelne Unternehmen, sondern auch für das Netzwerk im Ganzen ist eine vollkommene Integration aller Netzwerkakteure also nachteilig. Hinzu kommt, dass sich das Netzwerk mit einer zunehmenden Integration der einzelnen Unternehmen auch zunehmend nach außen abschottet und Kontakte nach außen größtenteils oder ganz einstellt. Dies wirkt sich nachteilig auf die wirtschaftliche Leistung aus, schirmt wichtige Informationen aus der Umwelt ab und macht das Unternehmen anfällig für exogene Schocks (Uzzi 1997).

Die Gefahr der Abschottung von Netzwerken nach außen zeigt, dass nicht nur die Möglichkeiten von Netzwerken zur Unsicherheitsreduktion kritisch zu hinterfragen sind. Vielmehr können (insbesondere große oder eingespielte) Netzwerke durch ihre Routinen, Trägheits- und Verharrungstendenzen auch Innovationsprozesse blockieren (Heidling 2000: 77; Abel 2000: 166, 177). Pfadabhängigkeiten können in Netzwerken genauso auftreten wie in anderen Organisationen, diese starr und unflexibel machen und zu Lock-in-Situationen führen (Hansen 2004: 106; Thompson 2005: 520). Entsprechende Gefahren sind besonders bei Netzwerken mit starker Bindung und hoher Loyalität zwischen den Netzwerkpartnern mit zentraler Steuerung und entsprechend ohne interne Korrektive besonders hoch (Dörre/Rötger 2006: 89): "Thus the tie that bind can also be the tie that blind" (Smith-Doerr/Powell 2003: 30).

Innovationsfähigkeit und Flexibilität von Netzwerken sind also nicht ohne Weiteres gegeben. Aber auch wenn sich Netzwerke als flexibel in ihren Abläufen und Strukturen erweisen, kann dies mit Schwierigkeiten verbunden sein. Denn die Nutzung von Flexibilitätspotentialen kann den Unternehmen sowohl Vorteile sichern als auch Schaden zufügen (Smith-Doerr/Powell 2003: 3). Die hohe Flexibilität und Wandlungsfähigkeit von Netzwerken schlägt in unproduktive Hyperflexibilität und Instabilität um, wenn sich die netzwerkinternen Beziehungen nicht bis zu einem bestimmten Maß einspielen und „permanente Abstimmungsprozesse über die verschiedensten Aspekte der Netzwerkkooperation erforderlich werden" (Hirsch-Kreinsen 2002: 114). Wenn sich in Netzwerken also keine Balance von Flexibilität und Stabilität innerhalb des Netzwerkes entwickelt, ergeben sich unproduktive und schädliche Konsequenzen. Der Erfolg von Netzwerken ist also voraussetzungsvoll. Gleichwohl sind bei Misserfolg Entwicklungen, die sich im Rahmen der Vernetzung ergeben haben (z.B. Selbststeuerung einzelner Teile oder Externalisierung von Kompetenzen im Rahmen von Outsourcingprozessen), nicht ohne Weiteres umkehrbar. Bei allen Schwierigkeiten, die mit dem Management oder der Beteiligung von Netzwerken verbunden sind, ein Zurück zu anderen Formen der Organisation ist aufgrund von Pfadabhängigkeiten nicht ohne Weiteres möglich.

5.5 Multinationale Unternehmen als Netzwerke kollektiver Akteure in glokaler Kontextuierung

Im Gegensatz zur Forschung zu Unternehmensnetzwerken werden in Forschungsarbeiten zu multinationalen Unternehmen die Themen der lokalen Einbettung und globalen Ausrichtung von Arbeitsprozessen ausführlich bearbeitet. Dies nutzt das nachfolgende Kapitel. Es zielt nicht nur auf die Anwendung akteurstheoretischer Netzwerkforschung auf multinationale Unternehmen, sondern bezieht umgekehrt auch darauf die Bedeutung lokaler, regionaler, (...) globaler Handlungskontexte von Unternehmensnetzwerken in die Analyse derselben ein.

5.5.1 Die Anwendung einer akteursorientierten Netzwerkperspektive auf multinationale Unternehmen: Glocal Networks

Im Fokus des nachfolgenden Abschnittes steht die Integration der Ergebnisse aus dem Bereich der Erforschung multinationaler Unternehmen mit den Befunden der akteurstheoretischen Netzwerkforschung. Genau wie Unternehmensnetzwerke sind die Strukturen und Prozesse in multinationalen Unternehmen die Folge von Aushandlungsprozessen und Beziehungen verschiedener Akteure. Multinationale Unternehmen lassen sich – selbst bei einer hohen Integration der Tätigkeiten und einer Steuerung durch eine Zentrale – kaum als ein kollektiver Akteur, sondern vielmehr als eine Gruppe von Unternehmen bzw. von kollektiven Akteuren beschreiben (Ghosal/Bartlett 2005). Entsprechend finden sich einige Anwendungen einer akteursorientierten Netzwerkperspektive auf multinationale Konzerne (exemplarisch Ghosal und Nohria 1989). Da der akteurstheoretische Blick auf Netzwerke und auch die gestaltende Rolle der Akteure im Hinblick auf die Glokalisierung multinationaler Konzerne bereits in den oben genannten Abschnitten ausgiebig behandelt wurde, werde ich nachfolgend die reflexive Strukturation von multinationalen Unternehmen(snetzwerken) nur kurz zusammenfassen.

Eine akteurstheoretische Perspektive auf multinationale Unternehmen richtet den Blick zum einen auf die Transformation globalisierter Arbeitsweisen und -standards im Zuge der Umsetzung durch diverse Akteure vor Ort (Rottenburg

1997: 214f; Smith 2005). Zum anderen verändern globalisierte Standards und Routinen auch die „Opportunitätsstruktur" (Rokkan 2000:17), also das Möglichkeitsspektrum von Handlungschancen und -beschränkungen an konkreten Orten (Klemm/Popp 2006: 197). Multinationale Unternehmen sind Netzwerke, die sich in den Handlungen verschiedener kollektiver Akteure, den global verstreuten Niederlassungen, konstituieren und dann auf diese zurückwirken. In ihrer Gestaltung hängen sie somit, wie Unternehmensnetzwerke allgemein, sowohl von den Strategien und dem Interessenskonsens aller kollektiven Akteure ab als auch von deren Möglichkeiten, diese an bestimmten Stellen innerhalb des (multinationalen) Unternehmensnetzwerks durchzusetzen (Geppert et al. 2006; Geppert/ Williams 2006). Da Netzwerke in ihrer Existenz davon abhängen, dass sie Akteure mit der Zugehörigkeit die Verfolgung bestimmter Interessen und Strategien ermöglichen (siehe Abschnitt 5.1), lässt sich die starke Zunahme an multinationalen Unternehmen – insbesondere in der Folge von Fusionen und Übernahmen – nicht nur dadurch erklären, dass ein Konzern seine Tätigkeiten auf andere Länder ausweiten will. Vielmehr verfolgen die einzelnen Niederlassungen bzw. Unternehmen mit der Zugehörigkeit zu entsprechenden Netzwerken ein Interesse. Sie versprechen sich davon bestimmte Vorteile (siehe Abschnitt 5.4), so dass sie die Zugehörigkeit zu multinationalen Konzernnetzwerken gezielt suchen (Kristensen/Zeitlin 2005).

Die Forschung zu multinationalen Unternehmensnetzwerken betont die aktive Rolle aller Netzwerkakteure und sieht nicht allein in der Konzernzentrale die treibende Kraft. Die aktive Rolle der Niederlassungen durchzieht den gesamten Zeitraum der Zugehörigkeit zu entsprechenden Netzwerken. Die Niederlassungen entwickeln und verändern mit der Zeit eigenständig verschiedene Rollen, Funktionen und strategische Perspektiven gemäß ihren eigenen Interessen. Sie beschränken sich nicht passiv auf die Rolle(n) etc., die ihnen von der Zentrale zugewiesen wurde(n). Vielmehr zielen die Niederlassungen darauf, ihr Mandat auszuweiten (Kristensen/Zeitlin 2005) und ihre Wettbewerbsposition sowohl innerhalb des Konzerns als auch außerhalb zu verbessern (Delany 1998). Hierbei profitieren sie von den Erfahrungen, die sie bereits in Auseinandersetzung mit nationalen oder regionalen Wirtschaftssystemen gemacht haben. Zudem unterstützen der Bedarf an regionaler Anpassung sowie aus räumlicher Distanz resultierende Kontroll- und Informationslücken der Zentrale ihre Autonomisierungsbestrebungen. Einzelne Filialen können somit nicht nur das ihnen zugedachte Aufgabenfeld hinter sich lassen, sie sind auch insgesamt erfolgreicher als Niederlassungen, denen dies nicht gelingt (Kristensen/Zeitlin 2001). Im Gegenzug verlieren fokale Unternehmen schnell an Kontrollmöglichkeiten (Hessinger 2006: 13). Der Blick auf die einzelnen Akteure zeigt, dass Integrations- und

Kontrollstrategien grenzüberschreitend tätiger Unternehmen im Organisationsalltag unterwandert und nicht bruchlos umgesetzt werden. Genau wie die Forschung zu Unternehmensnetzwerken kommt die Forschung zu multinationalen Unternehmensnetzwerken zu dem Befund, dass sich ihr Forschungsfeld durch Heterogenität auszeichnet. Multinationale Unternehmen können von einer starken Zentralisierung der Handlungs- und Entscheidungskompetenzen geprägt sein. Sie können aber genauso gut ein eher gleichberechtigtes Nebeneinander der Organisationseinheiten aufweisen (Wagner/Mense-Petermann 2006). Der allgemeine Befund der Ko-Existenz von Tendenzen der Dezentralisierung und Zentralisierung seitens der Forschung an Unternehmensnetzwerken lässt sich also auch bei multinationalen Unternehmensnetzwerken ausmachen.

Die Netzwerkperspektive auf multinationale Unternehmen umfasst aber nicht die multinationalen Unternehmen selbst, sondern auch die verschiedenen Umwelten, in die die einzelnen Unternehmensteile eingebettet sind. So beschreiben Ghosal und Bartlett (2005) multinationale Unternehmen als Netzwerke, deren einzelne Einheiten vor Ort wieder in andere Netzwerke eingebettet sind[28]. Diese multiple Einbettung der einzelnen Teile des multinationalen Unternehmensnetzwerks in weitere (Unternehmens-)Netzwerke vor Ort beeinflusst wiederum bestimmte Merkmale des multinationalen Unternehmens. Bei schwach ausgeprägten Beziehungen zu externen Netzwerken hat die Einbettung in lokale Kontexte kaum Auswirkungen, und das multinationale Unternehmen kann seine Arbeitsprozesse von innen heraus gestalten. Im Gegenzug wirkt eine starke Beeinflussung durch externe Netzwerke der internen Beeinflussung durch das multinationale Unternehmen selbst entgegen[29]. Die Einflussmöglichkeiten einer Zentrale werden dagegen nicht nur durch die Einbindungen der Filialen in externe Kontexte, sondern auch durch enge Beziehungen der Filialen untereinander sowie durch die zuvor genannten Autonomisierungsbestrebungen der einzelnen Niederlassungen begrenzt. Das Integrations- und Bindungspotential der Unternehmenseinheiten von multinationalen Unternehmen ist also begrenzt: Konzerninterne Bindungen und die Integration in konzerninterne Kontexte konkurrieren mit der Integration der einzelnen Unternehmen in die entsprechenden Umwelten. Die einzelnen Akteure in den multinationalen Unternehmensnetzwerken nutzen

---

28 Wenn nicht anders beschrieben, rekurriere ich mit dem Begriff „Umwelt" im Folgenden auf diese lokalen Netzwerke einzelner Unternehmen.

29 Zur Zugehörigkeit von Callcentern in Deutschland zu externen Netzwerkformen von der Mitgliedschaft zur Industrie- und Handelskammer, Arbeitgeberverbänden sowie regionalen und überregionalen bzw. callcenterspezifischen und branchenübergreifenden Verbänden siehe Scholten/Holtgrewe (2006: 34f). Konkrete Auswirkungen dieser Zugehörigkeit ließen sich allerdings nicht ausmachen.

diese „kompetitive Hemmung" für ihre Zwecke und insbesondere zum Ausbau der eigenen Autonomie. Multinationale Unternehmen lassen sich als ein Netz im Netz beschreiben, also als ein Netzwerk, dessen einzelne Knoten bzw. Niederlassungen in andere Netzwerke eingebunden sind. Die Gestaltung multinationaler Netzwerke hängt entsprechend nicht nur von den Qualitäten der internen Beziehungen, sondern auch von den Beziehungen, mit denen einzelne Teile des Netzwerks in andere Netzwerke eingebunden sind, ab. Gleichzeitig sind zwischen dem Kerngedanken netzwerktheoretischer Perspektiven auf multinationale Unternehmen und den allgemeinen Überlegungen zu den Besonderheiten multinationaler Unternehmen deutliche Parallelen erkennbar: Aspekte, die bisher als Anpassung an und Einfluss von lokalen Kontexten behandelt werden, werden unter explizit netzwerktheoretischen Sichtweisen auf multinationale Unternehmen als Einbindungen in und Beeinflussung durch andere Netzwerke vor Ort behandelt. Die Durchsetzungskraft von globalem Standardisierungs- und Anpassungsdruck seitens des Konzerns wird dagegen in explizit netzwerktheoretischen Betrachtungsweisen unter der Integration in das multinationale Unternehmensnetzwerk subsumiert.

Für die Akteure in multinationalen Konzernen bilden diese Netzwerke zwei unterschiedliche Bezugsrahmen. Mit einer Verschachtelung von Netzwerken wird aus den zuvor beschriebenen Doppelorientierungen von Handlungen in Netzwerken – Akteure in Netzwerken richten ihren Handlungen sowohl an vergemeinschaftlichten als auch an ihren individuellen Zwecken, Strategien und Zielen aus (siehe Abschnitt 5.1) – ein multipler Bezugsrahmen. In diesem Bezugsrahmen wirken unterschiedliche Momente lokaler und globaler Handlungsorientierung. Lokale Handlungsorientierungen gehen nicht nur auf die Kontextuierung der Handlungen in das entsprechende Unternehmen zurück, sondern hängen auch von den Netzwerkbeziehungen vor Ort ab. Andererseits ergibt sich mit der Integration in multinationale Konzernstrukturen ein Bezugsrahmen, der eher an globalen Standards, Konzerninteressen und -strategien ausgerichtet ist. Die Multiplität der Bezugsrahmen bedeutet für die einzelnen Akteure in multinationalen Konzernnetzwerken auch, dass die verschiedensten und widersprüchlichen Erwartungen zu erfüllen sind, damit die eigenen Handlungen und Entscheidungen innerhalb der verschiedenen Kontexte viabel sind und als legitim angesehen werden (Geppert et al. 2006; Geppert/Williams 2006). Nur wenn es dem einzelnen Unternehmen in seinen Handlungen und Entscheidungen gelingt, den widersprüchlichen Ansprüchen gerecht zu werden, kann es sich erfolgreich in konzerninternen Netzwerken und lokalen Umwelten positionieren. Den einzelnen Unternehmen kommen dabei das begrenzte Bindungs- und Integrationspotential multinationaler Unternehmenseinheiten, aber auch ihrer lokalen Umwelten entgegen.

Mit Blick auf das gesamte Netzwerk zeigen sich aber deutliches Konfliktpotential und problematische Entwicklungstendenzen, die auf unterschiedliche Interessen und Vorgehensweisen der verschiedenen Akteure sowie auf Schwierigkeiten der Vereinbarkeit von globalen und lokalen Rationalitäten zurückgehen (siehe auch Lane 2001). Die Glokalität (Robertson 1998) von multinationalen Unternehmen ist nicht die Lösung organisatorischer Probleme – wie es anfänglich seitens der Forschung vermutet wurde –, sondern (auch) deren Ursprung (Wagner/Mense-Petermann 2006). In multinationalen Unternehmensnetzwerken verschwimmen Intra- oder Interorganisationsgrenzen. Dies führt dazu, dass sich in multinationalen Unternehmen eine Vielzahl von Rationalitäten und Vorgehensweisen im Blick auf das Aufgabenumfeld der jeweiligen lokalen Einheit herausbilden, die erfolgreich an die Rationalität der Organisation als Ganzes anzuschließen sind. Durch diese multiplen Bezugsrahmen verlieren etablierte Organisationsweisen ihren Status der Selbstverständlichkeit, sodass es sowohl zu einem Wandel von Legitimationsbedürfnissen als auch der Durchsetzbarkeit von Legitimationen kommt. Diese Schwierigkeit der Vereinbarkeit von Prozessen und Strukturen auf verschiedenen Ebenen bei gleichzeitig fehlenden Orientierungspunkten stellt ein besonderes Gefahren- und Konfliktpotential multinationaler Unternehmen dar.

In jüngeren Forschungsarbeiten zu multinationalen Unternehmen finden sich in der Darstellung der Probleme multinationaler Unternehmensnetzwerke deutliche Überschneidungen mit Darstellung der „Dysfunktion" von Unternehmensnetzwerken insgesamt (siehe Abschnitt 5.4). Jedoch sind die Schilderungen um einiges drastischer und pessimistischer: Kristensen und Zeitlin (2005) beschreiben die Netzwerkbeziehungen multinationaler Unternehmen als vernichtendes und selbstzerstörerisches Kriegsspiel rivalisierender Parteien, gegen das keine selbstkorrigierenden Mechanismen verfügbar sind. Lock-In-Effekte und Pfadabhängigkeiten von Netzwerken können sich also nicht nur die Form einer „Innovationsblockade" annehmen, sondern sich auch im Verharren in unproduktiven Rivalitäten äußern. Von einer gemeinsamen Unternehmenskultur oder einem Kontext, der wechselseitiges Lernen und Unterstützen sowie innovative Synergieeffekte fördert, sind multinationale Unternehmen – dieser Beschreibung zufolge – weit entfernt (siehe auch Morgan 2001). Insgesamt scheint eine extrem pessimistische Sicht auf multinationale Unternehmen jedoch genauso übertrieben wie die positive Konnotierung von Netzwerken seitens der frühen Netzwerkforschung.

5.5.2 Netzwerktypologien revisited: Beiträge der Forschung zu multinationalen Unternehmen zur systematischen Unterscheidung verschiedener Formen von Unternehmensnetzwerken

Der Versuch, verschiedene Typologien zur Unterscheidung verschiedener Formen von Unternehmensnetzwerken zu nutzen (siehe Abschnitt 5.3), erwies sich zunächst als wenig gewinnbringend. Dies lag nicht nur daran, dass viele der Typologien in ihrer Systematik deutliche Schwächen zeigen. Vielmehr war der Bezug der Typologien zu einer Fragestellung, die nach dem Einfluss von Verlagerungsprozessen und Technikeinsatz in Unternehmensnetzwerken fragt, nicht direkt gegeben. Obwohl sich in den vorhandenen Typologien von Unternehmensnetzwerken andeutete, dass die Einbettung von Unternehmensnetzwerken in lokale/regionale Kontexte einen Unterschied macht, wurde hierauf in den Typologien nicht durchgängig oder gar systematisch Bezug genommen. Die Lücken, die die Typologien hinsichtlich der Auswirkung lokaler Einbettung und Effekte des „dissembedding" von Netzwerken lässt, sollen im Folgenden in Auseinandersetzung mit den Studien zu verschiedenen Formen multinationaler Unternehmenstätigkeit geschlossen werden. Hierzu nutze ich die zuvor ausgeführten Überschneidungen in den netzwerktheoretischen Ansätzen und der Forschung zu multinationalen Unternehmen, die sich auch in der Bildung von Typologien verschiedener Formen von (multinationalen) Unternehmensnetzwerken äußern.

Wie in der Forschung zu Unternehmensnetzwerken unterscheiden auch Arbeiten zu multinationalen Unternehmen verschiedene Formen von multinationalen Unternehmen (Kristensen/Zeitlin 2005: 12) und bilden entsprechende Typologisierungen (exemplarisch Lane 2001; Osterloh/Weibel 1996: 128ff). Am bekanntesten ist die viel diskutierte und kritisierte Typologisierung von Bartlett und Ghosal (1989). Das Bestreben von Bartlett und Ghosal, eine „gute Form" multinationaler Unternehmen zu finden, beeinflusst die Qualität dieser Typologisierung deutlich. Da zudem Bezüge zur Netzwerktheorie in einer späteren Arbeit von Ghosal und Bartlett (2005) noch deutlicher werden, beziehe ich mich nachfolgend auf die letztgenannte.

Dass es im Hinblick auf die Kriterien, die zur Beschreibung multinationaler Unternehmen(snetzwerke) insgesamt angewendet werden (siehe Abschnitte 5.2ff), einige Überschneidungen gibt, ist nicht weiter verwunderlich, wenn man bedenkt, dass multinationale Unternehmen, wie zuvor dargestellt, als Netzwerke beschrieben werden können. So hat sich das Kriterium „heterarchisch", das eigentlich aus der Forschung zu multinationalen Unternehmen stammt, auch in der Beschreibung zu Unternehmensnetzwerken insgesamt etabliert. Auch das Kriterium der Integration und Einbettung verschiedener Unternehmen bzw. Unternehmensteile findet in beiden Forschungsrichtungen Anwendung. Allerdings fehlt gerade im Hinblick auf das Beschreibungskriterium „Embeddedness" deutlich der Bezug der Forschung zu Unternehmensnetzwerken zu den Ergebnissen der Forschung multinationaler Konzerne. Dies hat zur Folge, dass in der Forschung zu Unternehmensnetzwerken allgemein und deren Typologisierungsversuchen im Besonderen die glokale Konstitution aller Netzwerke, wie sie vorangehend beschrieben wurde, nicht systematisch in die Analyse von Netzwerken einbezogen wird. Typologien multinationaler Unternehmensforschung berücksichtigen dagegen, dass multinationale Unternehmen sowohl durch globalisierende Effekte als auch durch Effekte lokaler Anpassung und Einbettung gestaltet werden, die sich aus ihrer Integration in netzwerkförmige Konzernstrukturen, den Umwelten einzelner Unternehmen und in die jeweiligen einzelnen Unternehmen ergeben. Der Bezug zur Netzwerktheorie bleibt allerdings auch bei den entsprechenden Typologien zumeist implizit und wird deswegen im Folgenden noch einmal detailliert anhand der Auseinandersetzung mit den Studien von Whitley (2001: 35f) sowie von Ghosal und Bartlett (2005) dargelegt.

Beide Studien unterscheiden verschiedene Formen multinationaler Unternehmen und rekurrieren dabei auf die Integration bzw. Einbettung einzelner Unternehmen in den multinationalen Gesamtkonzern als ein Unterscheidungsmerkmal. Hoch integrierte Unternehmen bzw. Unternehmensbereiche verfügen über mehr standardisierte Routinen. Durch die enge Kopplung der entsprechenden Konzernteile wirken sich Veränderungen an einer Stelle stärker auf andere Konzernteile und den Konzern als Ganzen aus. In multinationalen Unternehmen mit einer eher segmentierten Struktur können sich die Niederlassungen den jeweiligen Besonderheiten anpassen, ohne dass dies große Auswirkungen auf die Niederlassungen anderer Länder oder auf die Konzernzentrale hätte. Beide Arbeiten setzen die Einflüsse dieser externen Netzwerke bzw. der „Wirkmächtigkeit" des jeweiligen Umfelds der Unternehmensteile konträr zu den Beeinflussungsmöglichkeiten des multinationalen Unternehmensnetzwerks sowie zu der Tendenz, Routinen über die einzelnen Teile eines Unternehmens zu integrieren und zu standardisieren. Sie unterscheiden sich jedoch in Bezug auf die Unterscheidungsmerkmale, die mit dem Einfluss lokalspezifischer Kontexte einhergehen. Whitley verweist darauf, dass sich der Einfluss lokalspezifischer Kontexte nicht nur aus den Charakteristika der einzelnen Kontexte, sondern auch durch die Unterschiedlichkeit bzw. Ähnlichkeit dieser Kontexte an den verschiedenen Standorten des Unternehmens ergibt. Bartlett und Ghosal argumentieren dagegen, dass es im Hinblick auf die Gestaltung von multinationalen Unternehmen darauf ankommt, wie die einzelnen Unternehmen in externe Netzwerke – die Whitley als Umwelt oder lokale Kontexte fasst – integriert werden.

5.5 Multinationale Unternehmen als Netzwerke kollektiver Akteure

Fasst man die Arbeiten von Bartlett und Ghosal sowie von Whitley zusammen, so bleibt festzuhalten: Die Einbettung von Niederlassungen in ein hoch integriertes Umfeld und eine starke Verschiedenartigkeit der Umwelten der einzelnen Niederlassungen geben dem lokalen Management mehr Möglichkeiten, dem Druck der „globalen" Standardisierung lokaler Praktiken zu widerstehen, (Geppert/Williams 2006) und verstärken die Unterschiedlichkeit der einzelnen Filialen eines multinationalen Unternehmens. In Bezug auf die verschiedenen Formen und Muster multinationaler bzw. netzwerkförmig organisierter Unternehmenstätigkeit lässt sich Whitleys Kategorisierung multinationaler Unternehmen unter Einbezug der bisher erarbeiteten netzwerktheoretischen Bezüge und in Auseinandersetzung mit den Arbeiten von Bartlett und Ghosal wie folgt adaptieren:

Abbildung 3: Unterscheidung multinationaler Unternehmen

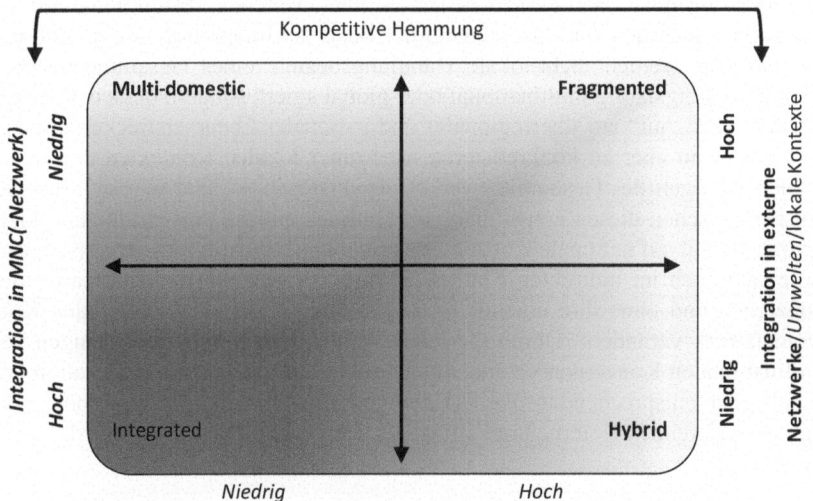

Kursiv gedrucktes geht auf die Arbeit von Whitley zurück, Fettgedrucktes nimmt Bezug auf die Arbeit von Bartlett/Ghosal. Die dunkle Einfärbung des Feldes deutet auf die Durchsetzung globalisierende Strategien hin, helle auf die Beeinflussung durch lokale Kontexte.

Die Kategorien spannen ein Feld auf, innerhalb dessen verschiedene Formen multinationaler und netzwerkförmig organisierter Unternehmenstätigkeit verortet werden können. In multinational agierenden Unternehmen zeigen sich Prozesse der Glokalisierung von Arbeit und Organisation besonders deutlich. Lassen sich vergleichbare Spannungsfelder zwischen lokaler Anpassung sowie Einbettung der Unternehmenstätigkeit in lokale bzw. regionale Kontexte und Tendenzen konzernweiter, standortübergreifender Standardisierungstendenzen jedoch auch in national agierenden Konzernen ausmachen? Tatsächlich erweisen sich die Befunde der Forschung zu multinationalen Unternehmen mit Abstrichen, die sich aus einer länderübergreifenden Spannweite der Unternehmenstätigkeit ergeben, auf national agierende Konzerne als übertragbar. Das Schaubild 3 ist also in abgewandelter Form zur Beschreibung von Unternehmensnetzwerken zwischen Integration ins Netzwerk und weiteren Kontextuierungen jenseits von multinationalen Unternehmen geeignet. Hierzu aber bedarf es eines weiteren Abstraktionsschrittes: Aus globalisierenden Wirkmächten auf der Basis der Integration in multinationale Konzerne, werden nicht-lokale Handlungsbezüge eines Gesamtnetzwerkes, das nicht zwangsläufig multinational oder global agiert, sondern dessen Tätigkeiten sich auch „nur" auf überregionaler und nationaler Ebene erstrecken können. Es bleibt dann aber zu konkretisieren, was unter lokalen Kontexten und nicht-lokalen Bezügen des Gesamtnetzwerkes zu verstehen ist, und wie sich der Gegensatz zwischen diesen konstituiert. Im Hinblick auf die Auswirkungen glokalisierter Arbeit auf nationale Konzerne bleibt aber auch darauf zu verweisen, dass diese sich auch im indirekten Einfluss in ihrer Vernetzung mit multinationalen Konzernen und ohne ihre eigentliche Zugehörigkeit zum multinationalen Konzernnetzwerk verändern. Durch die lokale Einbettung der Niederlassungen von multinationalen Konzernen verändern sich nicht nur die Arbeitsorganisation und -inhalte der entsprechenden Niederlassungen, sondern auch von national oder regional agierenden Unternehmen innerhalb der gleichen lokalen Kontexte.

5.6 Bringing technology in II: Zum Einsatz von Technik in Unternehmensnetzwerken

Um im abschließenden Kapitel die Themen des Technikeinsatzes und räumliche Restrukturierungsprozesse in Unternehmensnetzwerken zusammenzuführen, widmet sich das nachfolgende Kapitel der Frage, welche Rolle der Einsatz von IuK-Technologien bei eben jenen glokalen Restrukturierungsprozessen spielt.

Hierzu referiere ich zunächst Befunde der Forschung zum Technikeinsatz in interorganisationalen Unternehmensnetzwerken.[30] Insgesamt finden sich im Bereich der netzwerkorientierten Technikforschung vor allem abstrakte Befunde, die einen unidirektionalen Einfluss des IuK-technologischen Wandels auf die Bildung von Netzwerken (Grimhaw/ Marchington 2005: 1; Powell/Grodal 2006: 58) oder die Arbeitsgestaltung in Unternehmensnetzwerken (Thompson 2005: 509) ausmachen. Der Wechselwirkung zwischen Technik und sozialen Zusammenhängen wird in diesen Arbeiten kaum Rechnung getragen. Aber selbst in Arbeiten, in denen eine Wechselwirkung zwischen der Gestaltung von Netzwerken und Technikeinsatz formuliert wird, ist die Beschreibung als „wechselseitige Verstärkung" (Rosenkopf/ Tushman 1998) in ihrer Abstraktheit kaum nutzbar. Ausführungen, wie sich bestehende Netzwerkstrukturen auf den Technikeinsatz auswirken und wie der Einsatz von Technik auf die Netzwerkstrukturen zurückwirkt, finden sich nicht. Es wird zudem nicht konkretisiert, welche Unterschiede zwischen den Auswirkungen des Einsatzes von IuK-Technologien in eher netzwerkförmig organisierten Unternehmen im Vergleich zu anderen Unternehmen(sverbünden) bestehen. Denn nicht nur in Unternehmensnetzwerken gehen mit dem Einsatz von IuK-Technologien Veränderungen der Gestaltungsmöglichkeiten und Leistungsfähigkeit einher (Hirsch-Kreinsen 2002: 120). Es bleibt also zu klären, welche Besonderheiten sich im Rahmen der Verwendung von Technik in Unternehmens*netzwerken* ergeben.

5.6.1 Technikeinsatz und Akteure in Netzwerken

Zur wechselseitigen Strukturierung von netzwerkförmiger Organisation und Technikeinsatz

Die nachfolgende Betrachtung des Zusammenhangs von Technikverwendung und Unternehmensnetzwerken mittels der Analyse des Verhältnisses von Technik und Organisation basiert auf einer Beschreibung von Unternehmensnetzwerken als eine unternehmensübergreifende Organisationsform. Zudem richtet sich

---

30 Durch den Fokus auf interorganisationale Netzwerke bleibt der Teil der Forschung zum Technikeinsatz in Unternehmensnetzwerken unberücksichtigt, der Unternehmensnetzwerke als die Beziehungen verschiedener Akteure *innerhalb* eines Unternehmens auffasst. Hierzu zählt beispielsweise die bekannte Studie von Barley (1990), in der die Auswirkungen des Techniksatzes auf netzwerkförmige Strukturen innerhalb von Krankenhäusern verglichen werden. Des Weiteren werden auch Studien, die sich für den Zusammenhang der Gestaltung von Netzwerken und der *Technikgenese* interessieren (exemplarisch Weyer 1997), nicht in die Analyse einbezogen.

der Blick darauf, welche Rolle Akteure bei der wechselseitigen Gestaltung von Technik und Unternehmensnetzwerken spielen. Ähnlich wie zuvor für den Bereich der Vernetzung und Techniknutzung beschrieben, prognostizieren soziologische Arbeiten zum Zusammenhang von Technik und Organisation eine zunehmende Verschmelzung der beiden Aspekte, die es nicht möglich macht, das eine ohne Rücksicht auf das andere einzuführen (Behr et al. 1991: 159ff). Allerdings wird im Gegensatz zu den abstrakten Beschreibungen des Verhältnisses zwischen Netzwerk und Technikverwendungen in Arbeiten, die technik- und organisationssoziologische Perspektiven kombinieren, das Verhältnis zwischen Technik und Organisation genauer analysiert. Sie beschreiben es weder als deterministische noch als eine unidirektionale Kausalbeziehung[31]. Zum einen sind die Auswirkungen des Technikeinsatz auf die Organisation höchst unterschiedlich (Luhmann 2000: 364f), zum anderen ergeben sich je nach organisationalem Kontext unterschiedliche Formen der Techniknutzung. Organisation und Technik beeinflussen sich also wechselseitig. Übertragen auf den Einsatz von Technik in Netzwerken bedeutet dies, dass sich das Verhältnis von Netzwerk und Technikverwendung als eines der zunehmenden Durchdringung und wechselseitigen Gestaltung beschreiben lässt. Hinzu kommt, dass sowohl die Beeinflussung der Handlungen von Akteuren durch die organisationalen bzw. netzwerkförmigen Kontexte sowie durch den Einsatz von Technik als auch die Prägung von Technik und Organisationskontexten einen reflexiven Strukturierungsprozess darstellen.

Eine strukturationstheoretische Betrachtung des Technikeinsatzes knüpft zunächst an akteursorientierte Ansätze der Technikverwendung an. Diese betonen, dass die Wirkung von Technik an die Anwendung durch Nutzer gebunden ist. Durch Technik provozierte Veränderungen ergeben sich nur dort, wo diese in den Handlungen der Akteure aufgegriffen und realisiert werden. Die Nutzung wird nicht dadurch bestimmt, dass sich Anwender an Eigenschaften, Zwänge und Möglichkeiten anpassen, die der Technologie inhärent sind, sondern durch die Art und Weise, wie Nutzer Technik verwenden (De Sanctis/Poole 1994). Erst in den Praktiken und Interpretationen der Akteure reproduziert sich im Laufe der Zeit ein Set von Regeln und Ressourcen, von Optionen und Einschränkungen, bezüglich des Einsatzes der entsprechenden Technologie (Orlikowski 2000; Bijker/Law 1992). Dieses Set, das mit dem Einsatz bestimmter Technologien verbunden wird, formt wiederum die weitere Nutzung der Technologie. Erst in der wiederholten Interaktion der Nutzer mit der Technik verliert diese ihre Ambiguität, die die Nutzung anfänglich begleitete. Technik wirkt dann als externe Entität, als kontingentes und nicht intendiertes Ergebnis von Handlungsprozes-

---

31 Diese Tendenz des Technikdeterminismus macht McPhail (2002: 44) auch in einigen Studien zum Technikeinsatz in Callcentern aus.

sen auf die Akteure zurück, erzwingt, verhindert sowie ermöglicht bestimmte Formen von Handlungen und gibt so in gewissem Maße den Ablauf des Handelns vor (Hennen 1992; Dolata/Werle 2007: 37). Mit der Zeit und mit wiederholter Anwendung tendiert die Nutzung der Technik dazu, immer selbstbezüglicher zu werden. Es bilden sich Handlungsroutinen und Pfadabhängigkeiten heraus, die zu einer Institutionalisierung der Technikverwendung und einer Stabilisierung der „technologies-in-practice" beisteuern (Orlikowski 1992). Zudem entwickelt sich im Rahmen ihrer Institutionalisierung eine gewisse Eigendynamik sozio-technischer Prozesse, die Ciborra als „Drifting" bezeichnet (2004: 22).

Im Hinblick auf die Technikverwendung lässt sich also konstatieren: "Technology is both shaped by and shapes human action, and that the interaction between people and technology is ongoing and dynamic." (Jones/Orlikowski 2007: 297). Netzwerke und Technikverwendung konstituieren sich jedoch nicht nur jeweils in den Praktiken von Akteuren, sie stellen auch füreinander wechselseitig Handlungskontexte dar. Der Einsatz von Technik ist in sozial konstituierte Kontexte der Handlung, wie zum Beispiel organisationale Netzwerke, eingebettet (Suchman 1999) und wird durch die Praktiken der Akteure an entsprechende Kontexte angepasst (Avgerou 2007: 3). In der Anpassung an lokale Kontexte wird der Technikeinsatz in Netzwerken durch die verschiedenen, teils widersprüchlichen Handlungsorientierungen der Akteure in Netzwerken geprägt. Außerdem beeinflusst der Zugang der Akteure zu Ressourcen unterschiedlichster Art die Technikverwendung in Organisationen (Orlikowski et al. 1994) bzw. in Netzwerken.

Der Einsatz von Technik steht in Abhängigkeit zu spezifischen Macht- und Kontrollverhältnissen in Netzwerken und den Versuchen der Akteure, diese in ihrem Sinne zu transformieren. Callaghan und Thompson (2005) verweisen beispielsweise in ihrer Studie zum Einsatz von IuK-Technologien in Callcentern zum Beispiel auf die entscheidende Rolle von Strategien und Entscheidungsbefugnissen des Managements. Die Akteure wirken mit ihren Versuchen, nicht nur das eigene Handlungspotential zu steigern, sondern auch das anderer zu begrenzen, gestaltend auf Netzwerkbeziehungen und Technikeinsatz ein (Rammert 1993: 93ff; Ortmann et al. 1990). In der Folge ergeben sich mit der Nutzung der Technologien durch Akteure in Netzwerken wiederum Veränderungen in der Organisation (De Sanctis/Poole 1994) bzw. in Netzwerken. So verändert der Technikeinsatz die oben angeführten Handlungsorientierungen von Akteuren sowie Macht- und Kontrollverhältnisse zwischen den „Netzwerkpartnern".

Zusammenfassend bleibt festzuhalten: Strukturen und Prozesse von Netzwerken wirken in Form bestimmter Einschränkungen und Optionen auf die Verwendung der Technik ein (Coombs et al. 1992:). Gleichzeitig verändern sich diese durch die Verwendung von Technik. Der wechselseitige Einfluss findet im

Vollzug von Praktiken statt, die sich im Rahmen der Verwendung der Technik durch die Akteure in Netzwerken entwickelt haben.

Akteursbeziehungen im Bereich der Entwicklung, Anwendungen und Verbreitung von Callcenter-Technologien: zum Einfluss externer Unternehmen

Im Hinblick auf die Technikverwendung kommt, wie zuvor beschrieben, den Nutzern als gestaltenden Akteuren eine bedeutende Rolle zu. Darum werden im letzten Kapitel der Arbeit die Praktiken der Nutzer in Callcentern analysiert. Darüber hinaus war zu prüfen, ob nicht auch andere Akteure Einfluss auf die Nutzung von IuK-Technologien in Callcentern nehmen. Gerade Studien im Bereich der Technikgenese verweisen auf die entscheidende Rolle der Unternehmen, in denen entsprechende Technik entwickelt wird.

Tabelle 5: Fallstudien bei Technologienanbietern und Beratungsunternehmen

Unternehmen	Bemerkungen bzgl. Spezialisierung auf bestimmte Kunden, Branchen	Multinationales Unternehmen
[Tec1]		Ja
[Tec2]	(Spezialisiert auf Banken)	Ja
[Tec3]		Ja
[Tec4]	Spezialisiert auf Luftfahrt bzw. Flugunternehmen	Ja
[Cons]	Spezialisiert auf Technologieberatung von Callcentern, führt Umfragen in Callcentern zum Einsatz von Technologien durch, Ausrichter einer Messe zu Sprachportalen	Nein

Um diese Akteure in der Analyse nicht zu vernachlässigen, wurden auch Fallstudien in Unternehmen durchgeführt, die Callcenter-Technologie entwickeln und vermarkten. Hierbei handelt es sich um vier Anbieter von callcenterspezifischer Software und um ein Consultingunternehmen [Cons], das sich auf die Beratung von Callcentern spezialisiert hat.

Zunächst stelle ich die Unternehmen kurz vor, die als Entwickler für Callcenter-Technologien arbeiten. [Tec4] nimmt im Bereich der Fallstudien bei den Technologieanbietern eine gewisse Sonderstellung ein. Sein Aufgabenfeld zeichnet sich stärker durch die Spezialisierung auf den IT-Support von Flugunternehmen als auf die Spezialisierung der Entwicklung von IT-Anwendungen für Callcenter aus. Durch die Branchenspezialisierung orientiert sich die Entwicklung von Callcenter-Technologien beim Anbieter [Tec4] stark an der Entwicklung von Flugunternehmen. Das Unternehmen entstand als Kooperation verschiedener Airlines. Es betreibt für seine zumeist international agierenden Kunden ein weltweites Datennetzwerk. Entsprechend versteht sich [Tec4] eher als „Datennetzwerkunternehmen", das durch die Zunahme von Internet-Telefonie auch im Telefoniebereich die Bereitstellung der Infrastruktur anbietet und Technologien zur Unterstützung von Callcentern entwickelt.

Bei den anderen Unternehmen [Tec1-3] handelt es sich um Anbieter von IuK-Technologie im klassischen Sinne[32]. Bei allen handelt es sich um die deutschen Unternehmenszweige von weltweit agierenden US-amerikanischen Konzernen. [Tec2] und [Tec3] haben ihren Ursprung in den USA, [Tec1] wurde durch einen US-amerikanischen Konzern aufgekauft.

Sollte man davon ausgehen, dass sich Unterschiede in Verlagerungsprozessen dadurch ergeben, dass in ihrem Verlauf Technologie unterschiedlicher Anbieter zur Anwendung kommt, so wird diese Annahme schnell widerlegt. Die Produktpalette und die einzelnen Serviceleistungen, die die Technologieunternehmen für Callcenter entwickeln, unterscheiden sich kaum. Alle Technologieanbieter vertreiben Anwendungen, die die verschiedensten Kanäle, mit denen der Kunde mit dem Unternehmen in Kontakt treten kann, umfassen. Weiterhin bieten alle Anwendungen zur automatisierten Abwicklung von Kundenanfragen in Form von internet- oder telefonbasierten Selfservice-Lösungen an (siehe Abschnitt 6.6). Die Ähnlichkeit der Produkte geht darauf zurück, dass sich die Technologie-Anbieter untereinander an Konkurrenzprodukten orientieren und versuchen, erfolgversprechende Anwendungen anderer Hersteller zu imitieren. Gleichwohl versuchen sie sich von den anderen Unternehmen zu differenzieren, allerdings mit mäßigem Erfolg. Der Befund der geringen Heterogenität der angebotenen Produkte und Leistungen ergibt sich nicht nur aus den Darstellungen der Technologie-Unternehmen. Auch in den Fallstudien in den Callcentern zeigen sich dort, wo die Funktionalität bestimmter Anwendungen beschrieben oder von Service-Angeboten entsprechender Technologieanbieter berichtet wird, kaum Besonderheiten. Der Einfluss von Technologieanbietern auf Verlagerungsprozesse in Unternehmen ist also eher allgemeiner Natur. Unterschiede in Verlagerungsprozessen können nicht auf die Verschiedenheit der eingesetzten Anwendungen entsprechender IuK-Anwendungen und sonstige Faktoren zurückgeführt werden, die im Folgenden zu klären sind (siehe Kapitel 6).

---

32 Und jedes einzelne von ihnen ist, wenn man den Angaben der Interviewten bzw. der Unternehmenshomepages glauben darf, Marktführer.

Neben den Unternehmen, die entsprechende Technologien vertreiben, kommen noch weitere Parteien außerhalb der Callcenter, die Einfluss auf den Einsatz und die Verwendung von Callcenter-Technologien nehmen, in Frage. Hierzu gehören verschiedenste Formen von Unternehmensberatungen, die ihre Dienste anbieten, um mit Hilfe des Einsatzes diverser IT-Anwendungen Abläufe im Kundenservice zu optimieren. Insgesamt ist laut Telefonumfrage der Einsatz von Unternehmensberatungen in Callcentern weit verbreitet. Rund 70% der Callcenter engagieren Consultingunternehmen zur Beratung bezüglich verschiedener Themengebiete; 45,1% der Callcenter nutzen Unternehmensberatung zu Fragen des Einsatzes von IuK-Technologien (Scholten/Holtgrewe 2006: 36f).

Ein Beispiel für eine eher kleine Unternehmensberatung, die sich auf den Bereich Callcenter und Technologieberatung spezialisiert hat, ist die Unternehmensberatung [Cons]. Sie bietet den Technologieanbietern Unterstützung bei der Vermarktung ihrer Produkte an und führt in deren Auftrag regelmäßig Umfragen bei den Callcentern durch. Gleichzeitig gibt [Cons] Unternehmen, die entsprechende Technologien einführen wollen, eine Übersicht über die Vor- und Nachteile von Produkten verschiedener Anbieter und spricht Empfehlungen aus.[33]

Neben der Fallstudie von [Cons] gibt die Fallstudie von [IN_IuK] Aufschluss über den Einsatz von Unternehmensberatungen in Callcentern. [IN_IuK] suchte bei den technischen Umstellungen (wie z.B. bei der Migration und Integration der Datenbanken), die sich im Rahmen des Aufkaufs des Unternehmens durch [Telco_I] ergaben, Unterstützung bei einer Unternehmensberatung, mit der [Telco_I] üblicherweise zusammenarbeitete. Vergleicht man den Einsatz von Unternehmensberatungen im Fall von [IN_IuK] mit Beschreibungen der Nutzung von Unternehmensberatungen in weiteren Fallstudien von Callcentern und dem Einsatzgebiet von [Cons], so wird klar, dass Unternehmensberatungen zwar Einfluss auf den Einsatz von Technik in Callcentern üben, ihre konkreten Tätigkeitsfelder aber teilweise recht wenig gemein haben. Zudem werden beratende Funktionen im Bereich Technikeinsatz nicht nur von Unternehmensberatungen, sondern auch von den Technikanbietern und von Callcenter-Dienstleistern (wie zum Beispiel [ED-Div1]) angeboten.[34]

Des Weiteren nehmen auch externe IT-Dienstleister Einfluss auf den Einsatz von Technologien in Callcentern, da sie häufig entsprechende Anwendun-

---

33 Dass Unternehmen bei der Wahrnehmung von Doppelfunktionen wirklich objektiv beurteilen, erscheint unwahrscheinlich, ist aber für die Fragestellung nicht relevant.
34 Dass diese Beratungsfunktion von den Auftraggebern wirklich in Anspruch genommen wird, erscheint jedoch wenig wahrscheinlich: Zum einen gibt es zahlreiche Alternativen. Zum anderen dürfte gerade bei den größeren Auftraggebern von Dienstleistern der entsprechende Beratungsbedarf gering sein, da sie eher auf das Know-how eigener Beratungsabteilungen oder der IT-Beratung outgesourcter Tochterunternehmen, über die zum Beispiel das Unternehmen [Telco1] oder auch [D-Air] verfügen, zurückgreifen.

gen implementieren und in die bestehende „Systemlandschaft" integrieren. Mit Anbieter, IT-Dienstleister und Auftraggeber sind also meist drei Parteien an der Implementation von Software beteiligt. Außerdem werden IT-Dienstleister auch genutzt, um vorab die verschiedenen Hersteller auf ihre Integrierbarkeit zu überprüfen. Somit übernehmen auch IT-Dienstleister teilweise beratende Funktionen. Zudem entwickeln externe Dienstleister in Auftragsarbeit (wie z.B. im Fall von [IN_IuK]) Applikationen für ein Unternehmen oder fungieren als „Zulieferer" einzelne Module wie zum Beispiel Sprachapplikationen für Anbieter von Callcenter-Technologien.

Fast alle Akteure, die als Externe Einfluss auf den Technologieeinsatz in Callcentern nehmen, erfüllen mehrere Funktionen. In der Regel umfasst das Geschäftsfeld der Akteure Tätigkeiten aus verschiedenen Bereichen der Technologieentwicklung, -vermarktung, -beratung und -implementierung.[35] Die Übergänge zwischen den verschiedenen Akteursgruppen sind also fließend. Es fällt auf, dass der Einfluss der Technologieanbieter auf die Verwendung von Technik weniger durch die Entwicklung spezieller Produkte ausgeübt wird, sondern darin besteht, dass sie auch noch andere Funktionen, wie Unternehmensberatung, Provider etc., wahrnehmen. Mögliche Auftraggeber stehen Unternehmen mit Doppelfunktionen teils ausgesprochen skeptisch gegenüber, befürchten sie doch – wohl nicht ganz unbegründet – in zu große Abhängigkeit zu einem Unternehmen zu geraten. Einige Konzerne setzten selbst in den verschiedenen Tochterunternehmen Callrouting-Software unterschiedlicher Anbieter ein, um der Abhängigkeit von einem Anbieter zu entgehen.

Durch diese Mehrfachfunktionen der verschiedenen Akteure liegen verschiedene Formen von Beziehungen sehr dicht zusammen. Dies gilt sowohl für Kunden- und Dienstleisterbeziehungen als auch für Kooperation und Konkurrenz zwischen den Akteuren. Besonders eindrucksvoll zeigt dies das Beispiel des Technologieanbieters [Tec4]. So bezieht [Tec4] seine Telefonanlagen von [Tec1], bietet aber gleichzeitig in Bezug auf die Entwicklung von callcenterspezifischen IT-Anwendungen Konkurrenzprodukte zu den Entwicklungen von [Tec1] an. Des Weiteren ist das outgesourcte Tochterunternehmen von [D-Air] nicht nur wichtigster Kunde, sondern auch größter Konkurrent von [Tec4] ist, da es vergleichbare IT-Services anbietet. Im Betrieb seines Datennetzwerkes steht [Tec4] zu [Telco1] sowohl in einem Kunden- als auch Konkurrenzverhältnis.

---

35 Eine ausgesprochen extreme Konstellation im Hinblick auf die Wahrnehmung mehrer Funktionen im Hinblick auf die Technikanwendung in Callcentern ergibt sich beim Unternehmen [Telco1]. Es betreibt nicht nur selber Callcenter und bietet mittels outgesourcter Tochterunternehmen Callcenter-Dienstleistung an, sondern betreibt auch einen Unternehmenszweig, der sich auf IT-Beratung spezialisiert hat, und arbeitet zudem für die meisten Callcenter in Deutschland als Provider.

Zusammenfassend bleibt festzuhalten, dass sich zwar ein Einfluss unternehmensexterner Akteure auf die Verwendung von Technologien in Callcentern ausmachen lässt. Der Einfluss der Technikanbieter auf Unterschiede *in den Praktiken* der Technikverwendung in den Callcentern fällt aber eher gering aus. Der Einfluss anderer Akteure, wie IT-Dienstleister und Unternehmensberatungen, ist deutlicher. Alles in allem übt das Feld der „Technologieunternehmen" als externes Netzwerk (vgl. Abschnitt 5.5.2 insbesondere Abbildung 3), allenfalls geringen Einfluss auf die Nutzung von IuK-Technologien in Callcenter aus. Zudem sind genaue Einflussrichtungen kaum auszumachen, da durch die multiplen Funktionalitäten der beteiligten Akteure aus dem Bereich „IuK-Dienstleistungen für Callcenter" die Beziehungen innerhalb dieses Feldes ausgesprochen diffus sind. Die „Konfliktarenen und Kooperationsverflechtungen" (Rammert 2006: 19f) sind, wie es typisch für Netzwerke der Technikgenese ist, stark verflochten; es zeigen sich deutliche Effekte der Coopetition.

5.6.2 Technisierte Prozesse in Unternehmensnetzwerken

Paradoxe Effekte und institutionalisierter Technikeinsatz in Unternehmensnetzwerken

Welche Effekte ergeben sich nun konkret durch den Einsatz von IuK-Technik in Netzwerken? Worauf zielt der Einsatz von IuK-Technologien in Netzwerken ab und wie verhalten sich diese Effekte zu den Folgen und Funktionen von Netzwerken (siehe Abschnitt 5.4)? Das sind die zentralen Fragenstellungen, auf die im nachfolgenden Abschnitt auf Grundlage des Forschungsstandes zu den Folgen des Technikeinsatzes in Unternehmensnetzwerken Antworten gesucht werden.

Dass es im Rahmen von Reorganisationsprozessen so häufig zum Einsatz diverser Technologien kommt, hängt zum einen mit den Erwartungen zusammen, die das Management von Unternehmen mit einem entsprechenden Einsatz von Technologien verbindet. Es fällt auf, dass die Motivation zur Implementation bestimmter IuK-Technologien eine große Ähnlichkeit zu den Erwartungen aufweist, wegen denen Unternehmen die Zugehörigkeit zu Netzwerken suchen. Durch die Implementierung und Anwendung von IuK-Technologien versprechen sich die Unternehmen ein höheres Maß an „kontrollierbarer" Informationsverarbeitung und an Absorption von Unsicherheit (Dollhausen 1997: 17ff) sowie einen Zugewinn an Rationalität und Verlässlichkeit (Halfmann 1996). Die Anwendung auf IuK-Technologien zielt, wie die Vernetzung von Unternehmen, auf eine höhere Produktivität und eine Verbesserung der Wettbewerbsposition. Effekte des IT-Einsatzes in Form von Produktivitätssteigerung lassen sich jedoch kaum ausmachen (Kling 1996a). Vielmehr zeigen sich beim Einsatz von Technik in Organisationen sowie in Unternehmensnetzwerken zunehmend nichtintendierte oder gar paradoxe Effekte. Bereits in den Eigendynamiken der Institutionalisierung von der Verwendung von Technologien und in der Abhängigkeit der Technikverwendung von der Nutzung organisationaler Akteure deutet sich an, dass Technikverwendung in Unternehmen weder allein durch Rationalitätsprinzipien noch durch intendierte Prozesse bestimmt wird. Der Einsatz von Technik in Netzwerken resultiert zwar aus Bestrebungen, ein Optimum an Rationalisierung, Vorhersehbarkeit und Effizienz zu erreichen, wird aber in der Folge weniger von diesen Idealen als von den wiederholten Praktiken der Akteure in organisationalen Kontexten geformt. Sowohl der Einsatz von Technik als auch die Gestaltung des Netzwerkes ist entsprechend an die Vermittlung von Akteuren und damit an deren Wissen, Interessen, Erfahrungen und Reflexionsfähigkeit gebunden. Dadurch können Akteure institutionalisierte Routinen und Standards durchbrechen und anpassen (Schneider 1992), so dass einerseits Neues entsteht. Andererseits bleiben deswegen – trotz aller Tendenzen der Institutionalisierung technisierter Praktiken – die Konsequenzen und Risiken des Technikeinsatzes im Endeffekt kaum abzuschätzen. Entsprechend ist die Implementierung von IuK-Technologien meist teurer und komplexer als gedacht.

Außerdem verändern sich durch den Einsatz entsprechender Technologien die Transparenz von Prozessen und Abläufen in verschiedenen Bereichen des Netzwerkes und die Einbindung der Akteure sowie deren Verantwortlichkeiten auf unvorhersehbare und nicht kontrollierbare Weise (Wagner 1992, 1993; Zuboff 1988: 285). Insgesamt gesehen kommt es langfristig aufgrund einer stärkeren Reaktivität in den Unternehmensnetzwerken zu einer zunehmenden Intransparenz, Unvorhersehbarkeit und Unkoordiniertheit organisationaler Prozesse (Wehrsig/Tacke 1992). „Die neue Technik öffnet den Blick für die Unvermeidbarkeit und Nichtnachvollziehbarkeit von unerwarteten Effekten mit möglicherweise unvorstellbaren Ausmaßen" (Dollhausen 1997: 96ff). In der Folge verlieren Technologien ihre Anmutung als reibungslos und nachvollziehbar funktionierendes Instrument mit einem angebbaren Wirkungsbereich, einem berechenbaren Ergebnis und einem bestimmten Zweck. Statt Komplexitätsreduktion wird die Komplexität durch den Einsatz der Technik weiter gesteigert, nicht zuletzt weil die Fähigkeiten der Akteure, die zusammenhanglosen Informationen zu rekontextuieren und zu deuten, sich nicht mit der erhöhten Informationsverarbeitungskapazität der Systeme steigern lassen (Braczyk 1993). Auch die „bounded rationality" von Entscheidungsträgern (Burkhard/Rammert 2000: 5ff) und die begrenzten Fähigkeiten der Akteure in den Unternehmen des Netzwerkes, Informationen in Wissen zu transformieren, wirken einer rein rationalen und strategischen Techniknutzung entgegen. Hinzu kommt, dass in Netzwerken durch die Multiplikation der Bezugsrahmen die Komplexität im Vergleich zum einzelnen Unternehmen um ein Vielfaches steigt. Der Versuch, die auftretenden paradoxen Effekte (wie z.b. den zunehmenden Kontrollverlust oder die Hyperkomplexität) dadurch zu vermindern, dass der Einsatz von Technologien durch ein Mehr an Organisation gelenkt und kontrolliert wird, verstärkt diese Effekte nur noch. Es kommt zu einer wechselseitigen Steigerung und Abhängigkeit von Technikeinsatz und Organisationsbedarf, „ohne dass das System noch die Möglichkeit hätte, sich auf Handbetrieb umzustellen oder sich durch Zuruf zu koordinieren" (Luhmann 2000: 369). Im Rahmen des Technikeinsatzes haben sich also Pfadabhängigkeiten entwickelt, die dazu führen, dass nicht nur Organisationen allgemein, sondern auch organisationale Netzwerke im Besonderen zunehmend auf den Einsatz von IuK-Technologien angewiesen sind. Dabei ist es egal, ob die ursprünglichen Erwartungen, die mit dem Technikeinsatz verbunden waren, erfüllt wurden und das Streben in Unternehmen(snetzwerken) nach rationalen und funktional aufeinander bezogenen Abläufen wirklich unterstützt oder aber unterwandert wird. Zudem wird trotz dieser paradoxen Effekte der Einsatz von IuK-Technologien kaum hinterfragt. Die Anwendung entsprechender Technologien ist zu einer Institution geworden (Krücken/Meier 2003; Krücken 2003) und stellt für die Anwender als ‚rational myth' (Avgerou 2007: 31) eine wichtige Quelle der Legitimation und der Anerkennung des Unternehmens(netzwerkes) durch die Umwelt dar.

Die Diskussion theoretischer Erkenntnisse zum Einsatz von Technik in Unternehmensnetzwerken legt also die Erwartung nahe, dass sowohl der Einsatz von Technik als auch die Zugehörigkeit zu Unternehmensnetzwerken letztlich genau die Effekte verstärken, gegen die sie eigentlich wirken sollen. Auch ähneln sich diese nicht-intendierten Konsequenzen; es kommt sowohl im Zuge der Nutzung von IuK-Technologien als auch im Rahmen der Vernetzung von Unternehmen zu einer Steigerung der Komplexität und Unsicherheit. Zudem ergeben sich sowohl im Hinblick auf den Einsatz von IuK-Technologien als auch im Hinblick auf Unternehmensnetzwerke Pfadabhängigkeiten, die es verhindern, entsprechende Entwicklungen rückgängig zu machen. Vielmehr verstärken sie generell die Abhängigkeit der Unternehmen vom Einsatz bestimmter IuK-Technologien sowie von bestimmten organisationalen Routinen und Strukturen netzwerkförmiger Unternehmensorganisation. Der Einsatz von IuK-Technologien und netzwerkförmiger Organisation setzen die Unternehmen in solche Abhängigkeitsverhältnisse, dass sie sich gegenüber Versuchen der Abschaffung resistent zeigen. Zudem verstärken sich die (ungewollten) Effekte und die Abhängigkeit der Unternehmen von IuK-Technologien und der Zugehörigkeit zu Netzwerken wechselseitig: Die Unternehmen versuchen die Dysfunktionen des

Technologie-Einsatzes durch Netzwerkbildung (wie z.B. dem Outsourcen von IT-Dienstleistungen an externe Unternehmen) zu umgehen. Andersherum sollen problematische Entwicklungen in Netzwerken durch ein höheres Maß an IuK-basierter Kontrolle und Kommunikation eingedämmt werden. Der Einsatz von IuK-Technologien und die Teilnahme von Netzwerken steigern sich also nicht nur jeweils für sich genommen, sondern auch wechselseitig.

Zur technischen und organisatorischen Vernetzung der Callcenter mit unternehmensinternen oder externen Auftraggebern

Im folgenden Abschnitt wird konkret auf Prozesse und Folgen technisierter Vernetzung, wie sie sich in den Fallstudien bei den Callcentern zeigen, eingegangen. Um ihre Funktion erfüllen zu können, müssen Callcenter in die Arbeitsabläufe anderer Abteilungen eingebunden sein. Die anderen Abteilungen, auf die sich der Arbeitsvollzug im Callcenter bezieht, können sowohl zum gleichen Unternehmen als auch zu externen Auftraggebern gehören. Die Arbeitsabläufe zwischen Callcentern und Gesamtunternehmen bzw. Auftraggebern unterliegen dabei nicht nur einer wechselseitigen Beeinflussung. Sie verlaufen auch unter Einbezug von IuK-Technologien: Callcenter-Agenten treten in operativen Abläufen durch den Einsatz diverser IT-basierter Anwendungen (wie zum Beispiel dem System zum Beschwerdemanagement, dem Customer-Management-System etc.) mit anderen Bereichen in Verbindung. Obwohl diese Einbindung in Arbeitsabläufe des Mutterkonzerns oder des Auftraggebers unter Rückgriff auf IuK-Technologie erfolgt, nimmt sie unterschiedliche Formen an.

Bei der Integration von Inhouse-Centern und Dienstleistern lassen sich hinsichtlich der IuK-technologischen Einbindung der verschiedenen Standorte deutliche Unterschiede ausmachen. Bei den Inhouse-Centern sind ein restriktiver Zugang zu IuK-Technologien und eine geringe Integration in technisierte Abläufe des gesamten Unternehmens eher die Ausnahme als die Regel. Jedoch zeigt sich bei den Inhouse-Centern großer Konzerne teilweise eine starke Segmentierung im Hinblick auf Nutzung von IuK-Technologien im Allgemeinen und die Nutzung von Callrouting-Programmen im Besonderen. So zeigen sich im Konzern [Telco1] sowohl auf nationaler wie auch auf internationaler Ebene kaum Bestrebungen, technisierte Routinen und Strukturen in Callcentern konzernübergreifend zu vereinheitlichen und zu integrieren. Vielmehr werden IuK-Technologien segmentär genutzt. Gleichwohl steht im Rahmen der Zusammenlegung des Kundenservices verschiedener Bereiche des Unternehmens nicht nur die Integration der verschiedenen IT-Systeme und der Kundendatenbanken an, sondern es sind auch (erneut) Änderungen bezüglich der Kooperation und Arbeitsteilung zwischen den Unternehmensbereichen zu erwarten. Auch bei [IN_Han] zeigen sich im Hinblick auf die Einbindung des Callcenters in die technisierten Routinen und Strukturen des Gesamtkonzerns Ansätze einer Segmentierung. Jedoch verlaufen die Grenzen zwischen der Einbindung und Nicht-Einbindung zwischen den Callcentern des Konzerns und anderen Unternehmensbereichen. Allgemein fällt bei [IN_Han] auf, dass in anderen Unternehmensbereichen Callcenter kaum Beachtung finden. Der starke Bezug des Managements der Callcenter auf das gesamte Unternehmen und das Selbstverständnis als interner Dienstleister, genauso Teil des Konzerns zu sein wie das Filialgeschäft, findet sowohl beim übergeordneten Management als auch durch einen Großteil der Beschäftigten der Filialen kaum Resonanz. Dass sich, wie vor allem Technikanbieter vermuten, Vorgehensweisen im Rahmen interner Reorganisation und des Transfers von Prozessen und Mechanismen aus den Callcentern auch in anderen Unternehmensbereichen durchsetzen, erscheint bei einer derartigen unternehmensinternen Wahrnehmung der Callcenter unwahrscheinlich.

Im Verlauf der Verteilung der Callcenter-Funktionen auf zwei Standorte zeigen sich bei [IN_Han] auch die problematischen Konsequenzen der technisierten Vernetzung in Form des Nebeneinanders von kompetitiven und kooperativen Beziehungen. Gerade die Konkurrenz zwischen den Standorten nahm Formen an, die das Management überraschte. Zum anderen sah sich das Management allein mit zwei Standorten auf nationaler Ebene mit Problemen konfrontiert, die in der Analyse multinationaler Konzerne als „Auseinanderdriften" der Arbeits- und Vorgehensweisen an verschiedenen Standorten sowie als Streben der Niederlassungen nach Autonomie beschrieben wurden.

Um die Konkurrenz zwischen den Standorten in Bahnen zu halten und um die Einbindung des Callcenters auf nationaler Ebene zu verbessern, setzt der Callcenter-Leiter auch auf Face-to-Face-Kontakte. So kann man Kenntnisse von Aufgabenbereichen und Arbeitsweisen anderer Bereiche erlangen, so dass Arbeitsabläufe transparent und in der Erfahrung zugänglich werden. Der persönliche Kontakt der Beschäftigten soll auch das Gefühl der gemeinsamen Zugehörigkeit stärken. Deswegen machen die Mitarbeiter der Callcenter „Schnupperpraktika" in den Filialen bzw. werden zwischen den beiden Callcenter-Standorten trotz der relativ großen Distanz sukzessive Mitarbeiter besuchsweise ausgetauscht. Auch um die Arbeitsweisen der Callcenter innerhalb des Unternehmens besser zu „vermarkten", sucht auch der Callcenter-Leiter selbst regelmäßig Kontakt zum Management anderer Bereiche in der nahe gelegenen deutschen Konzernzentrale und zu den Führungskräften in den Filialen.

Im Hinblick auf die Verwendung von IuK-Technologien zeigt sich jedenfalls die Integration der Callcenter in den gesamten Konzern als ambivalent: Da,

5.6 Bringing technology in II

wo in der Anwendung von IuK-Technologie Kontakt zu anderen Bereichen hergestellt wird und sich die Nutzung nicht auf Callcenter beschränkt, wird deren Nutzung durchaus seitens der Zentrale reglementiert. In diesen Fällen findet sich eine vergleichsweise enge Einbindung des Callcenters in die IT-Struktur des Gesamtunternehmens. So gibt es innerhalb des Konzerns bereichsübergreifend nur eine Anwendung zur Verwaltung und Erfassung der Warenbestände, die dann bereichsspezifisch durch diverse IT-Abteilungen angepasst werden muss. Dort, wo es allerdings um die Auswahl und Nutzung von callcenterspezifischen Technologien geht, sind die Callcenter von [IN_Han], wie nachfolgend beschrieben (siehe Abschnitte 6.1f), auf sich allein gestellt, da es kaum Vorgaben gibt.

Im Gegensatz zu [IN_Han], in dem die Callcenter zu den IuK-Anwendungen, die im gesamten Unternehmen genutzt werden, genauso Zugang haben wie andere Abteilungen desselben Unternehmens, können die Vermittlungscallcenter von [OT_FiDi] die IT-Systeme des Unternehmens nur sehr restriktiv und selektiv nutzen. Sie haben zum Beispiel nur eingeschränkten Zugriff auf das Customer-Relationship-Managementsystem, das ansonsten im gesamten Unternehmen genutzt wird. Sowohl im Vergleich zu den anderen Callcentern des Unternehmens als auch im Vergleich zu den anderen Fallstudien in Inhouse-Centern haben die „Vermittlungscenter" eine Randposition, die sich eben nicht nur in deren spezialisierten Aufgabenbereich jenseits der Kerntätigkeit von Finanzdienstleistern, sondern auch in der IT-technischen Anbindung der Callcenter wiederfindet.

In dem restriktiven Zugang ähnelt die Einbindung der „Vermittlungscallcenter" in die IT-Struktur des gesamten Unternehmens der Einbindung der Dienstleister in die IT-Systeme der Auftraggeber. Denn zumeist lässt sich der Auftraggeber weder die Administration der entsprechenden Anwendungen aus der Hand nehmen, noch lässt er den Dienstleistern Möglichkeiten, über den Einsatz spezifischer Anwendungen zu entscheiden. Im Vergleich zu den Inhouse-Centern und deren Einbindung in das gesamte Unternehmen sind bei den Dienstleistern – wenig überraschend – die Zugänge und Nutzungsmöglichkeiten der IT-Systeme des Auftraggebers deutlich eingeschränkt. Teils sind die Restriktionen bezüglich der Nutzung von IT-Anwendungen so hoch, dass sich die Arbeitsabläufe schwierig gestalten. Aber auch dort, wo die Anwendungen und die technische Infrastruktur nicht vom Auftraggeber gestellt werden, muss sich der Dienstleister nach den Vorgaben des Auftraggebers richten. Dies bedeutet für den Dienstleister, dass er sich im Hinblick auf seine IuK-technologische Ausstattung auf die unterschiedlichsten Anforderungen seiner Auftraggeber einstellen und über eine entsprechende Bandbreite an optional zu verwendender Ausstattung verfügen muss. Das Beispiel der IuK-technologischen Ausstattung bei den Dienstleistern verdeutlicht die Rolle IuK-technologischer Ressourcen als Quelle der Legitimität seitens der Umwelt und die Unabhängigkeit entsprechender Legitimierung von der Nutzung. Ob es sich aber nun um die Nutzung von Anwendungen, über die der Dienstleister selber verfügt, handelt oder ob im Arbeitsvollzug auf die IuK-technologische Infrastruktur des Auftraggebers zurückgegriffen wird, in beiden Fällen zeigt sich klar der Einfluss der Auftraggeber auf die technisierten Arbeitsvollzüge bei den Dienstleistern. Der Einfluss der Auftraggeber auf die Dienstleister hinsichtlich des Einsatzes von IuK-Technologien ist deutlicher und durchgängiger als der Einfluss der Unternehmenszentralen auf ihre Inhouse-Callcenter.

Auf der Basis des unter 5.5ff erarbeiteten Schemas (Abbildung 3) lassen sich die Fallstudien wie folgt in Bezug auf die Beeinflussung der Techniknutzung positionieren:

Abbildung 4: Einordnung der zuvor aufgeführten Fallstudien in Bezug des Einflusses des Techikeinsatzes in Callcentern durch ...

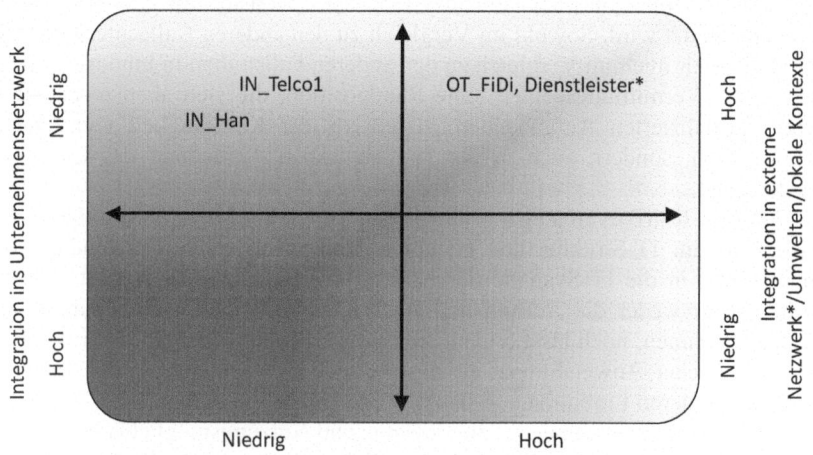

* Externe Netzwerke beziehen sich hier auf die Auftraggeber bzw. das Ursprungsunternehmen.

Insgesamt zeigt sich am Beispiel der Callcenter, dass sich die funktionale Differenzierung von Unternehmen auch in der Anwendung verschiedener IuK-Technologien widerspiegelt. Callcenter müssen, je nach Integration in sonstige Unternehmenskontexte, nicht nur callcenterspezifische Anwendungen nutzen, sondern auch auf Applikationen zurückgreifen, die in sonstigen Unternehmensteilen verwendet werden. Bei Dienstleistern, die als Externe Teil einer funktionalen Differenzierung sind, zeigt sich eine restriktivere Einbindung in die IT-Struktur des Auftraggebers. Gleichwohl kommt es hier, durch eine Vielzahl von Auftraggebern, zu einer Nutzung verschiedener Applikationen. Insgesamt wird jedoch mit der zunehmenden Anzahl von genutzten IuK-Technologien der Umgang mit ihnen schwierig und es wird wahrscheinlich, dass die Intensität, mit der jede Anwendung genutzt wird, stark variiert. In Bezug auf das gesamte Unternehmen erscheint eine komplette Integration aller Technologien, wie sie in verschiedenen Abteilungen verwendet wird, nicht nur schwierig, sondern auch unnötig. Gerade in Bezug auf die Verwendung von callcenterspezifischen Technologien erscheinen „Insellösungen" nicht schädlich, sondern vielmehr sinnvoll, da sie andere Unternehmensbereiche vom Ballast zusätzlicher Anwendungen entlasten.

5.6.3 Zusammenfassung

Im Rahmen der wechselseitigen Strukturierung von netzwerkförmiger Organisation und Technikeinsatz kommt Akteuren als Vermittlern eine entscheidende Rolle zu. Die konkrete Analyse des Einflusses externer Unternehmen auf den Einsatz von callcenterspezifischer Technologie in Callcentern zeigt jedoch, dass deren Einfluss auf die konkreten Anwendungspraktiken in Callcentern gering und allgemeiner Natur ist. Unterschiede zwischen den Produkten und Leistungen der verschiedenen Technologieanbieter, die auf eine Variation in der Anwendung schließen lassen, sind sich nicht auszumachen. Technologieanbieter üben weniger auf der Basis ihrer Produkte als durch die Übernahmen anderer Funktionen Einfluss auf den Einsatz von Technologien in Callcentern aus. Durch die Überschneidungen und Ergänzungen des Aufgabenfeldes der verschiedenen externen Unternehmen lassen sich die Beziehungen zwischen diesen als Coopetition beschreiben. Insgesamt stützt die Analyse des Einflusses externer Unternehmen die These, dass weniger den Akteuren allgemein, als insbesondere den Anwendern, also den Nutzern und Administratoren in den Callcentern, im Hinblick auf die Gestaltung des Technikeinsatzes die bedeutende Rolle zukommt.

Lenkt man den Blick nun auf den Ablauf IuK-technologisch gestützter Arbeitsprozesse in Netzwerken, so lässt sich unter Rückgriff auf den Stand der Forschung in Bezug auf die Vernetzung von Unternehmen und den Einsatz von Technik konstatieren: Sowohl durch Netzwerkbildung als auch durch den Einsatz von Technik werden die Unternehmen mit erheblichen Effekten konfrontiert, die die antizipierten Wirkungen konterkarieren. Entsprechende Dysfunktionalität kann jedoch nicht durch einen Verzicht auf den Einsatz von IuK-

Technologien bzw. die Zugehörigkeit zu Unternehmensnetzwerken behoben werden. In den Fallstudien zeigen sich deutlich problematische Effekte des Nebeneinanders von kompetitiven und kooperativen Beziehungen im Netzwerk. Zudem veranschaulicht die IuK-technologische Ausstattung bei den Callcenter-Dienstleistern, wie Technik als Quelle der Legitimität seitens der Umwelt dienen kann und dass diese Legitimierung nicht an eine konkrete Einsatzweise gebunden ist. Auch lässt sich anhand der Fallstudien die Relevanz von Face-to-Face-Kontakten auch im Falle IuK-technologisch vermittelter Arbeitsbeziehungen bestätigen. Das Fallbeispiel von [IN_Han] zeigt jedoch auch, dass der Erfolg entsprechender komplementärer Maßnahmen unsicher ist.

Die Fallstudien verweisen weiterhin darauf, dass sich hinsichtlich der IuK-technologischen Einbindung der verschiedenen Callcenter-Standorte innerhalb von Netzwerken deutliche Unterschiede ausmachen lassen. Inhouse-Center haben im Vergleich zu Dienstleistern und outgesourcten Tochterunternehmen einen extensiveren Zugang zu den IuK-Technologien, die innerhalb des gesamten Konzerns genutzt werden. Entsprechend sind sie auch stärker in die IuK-vermittelten Abläufe und Strukturen des gesamten Unternehmens integriert. Aber auch bei den Inhouse-Centern variieren die Möglichkeiten, die die Callcenter im Hinblick auf die Gestaltungsmöglichkeiten des Einsatzes von IuK-Technologien haben. Im Hinblick auf IuK-Technologien, die im gesamten Konzern durch verschiedene Abteilungen angewandt werden, haben die Callcenter wenig Gestaltungsspielraum. Hinsichtlich der Nutzung von callcenterspezifischen Anwendungen gibt es dagegen relativ wenig Vorgaben.

Insgesamt fällt mit Blick auf das gesamte Unternehmensnetzwerk, für das ein Callcenter als interne Abteilung oder Dienstleister arbeitet, eine stark segmentierte Nutzung verschiedener IuK-Technologien auf. Die Anwendung einiger weniger zentraler Anwendungen in internen Unternehmensnetzwerken erweist sich bei einer starken funktionalen Differenzierung der Abteilungen als ungeeignet oder zumindest schwierig. Sie ist einem hohen Arbeitsaufwand zur Anpassung der entsprechenden Anwendungen und Zugriffsberechtigungen an die Bedürfnisse und Befugnisse der verschiedenen Abteilung seitens der IT-Abteilungen verbunden. Entsprechend lassen sich die IT-Abteilungen von Inhouse-Callcentern als eine wichtige Gruppe von Akteuren ausmachen, die durch ihre Praktiken IuK-technologische Anwendungen an entsprechende Kontexte anpasst (Avgerou 2007: 3).

6 Technikeinsatz und räumliche Restrukturierung in Unternehmensnetzwerken

In den vorangegangenen zwei Kapiteln wurden die Themen der Vernetzung und Verlagerung von Unternehmenstätigkeiten getrennt abgehandelt und jeweils der Einfluss des Einsatzes von IuK-Technologien auf das eine oder andere dargelegt. Das nachfolgende Kapitel fasst die drei Themen nun zusammen und stellt dar, welche Rolle der Einsatz von IuK-Technologien bei Verlagerungsprozessen in Unternehmensnetzwerken spielt.

Die Befunde zu den Auswirkungen des IuK-Einsatzes in Rahmen von Restrukturierungsprozessen in Unternehmensnetzwerken bleiben recht allgemeiner Natur. So konstatieren Greenan et al. (2009: 16ff), dass Restrukturierungsprozesse in Unternehmensnetzwerken fast immer mit der Anwendung von IuK-Technologien einhergehen und dass mit dem Einsatz von IuK-Technologie die Ausweitung und Umverteilung der Arbeitsprozesse über Organisations- und Landesgrenzen hinweg gefördert wird. Auch Castells (1996) Beschreibung der Folgen der Nutzung von IuK-Technologien als „erste globale technische Transformation" und als Motor zur Entstehung der „Netzwerkgesellschaft" greift zu kurz. Beide Arbeiten vernachlässigen, dass technische Optionen auf vielfältigste Weise und in Abhängigkeit von verschiedenen Handlungskontexten genutzt werden sowie dass aus dem Zusammenspiel von Technikeinsatz und Restrukturierungsprozessen die unterschiedlichsten räumlichen Konfigurationen von Netzwerken entstehen. Sicherlich förderte die rasche Verbreitung von IuK-Technologien Veränderungen von Wirtschaft und Arbeit in einem bisher ungekannten Ausmaß (Coombs et al. 1992: 58f) und hat auch eine Globalisierung sowie Internationalisierung von Unternehmensnetzwerken zur Folge (Thompson 2005: 509). Und gewiss werden in den Handlungen, deren Vollzug an die Nutzung von IuK-Technologie gebunden ist, neue Beziehungen zwischen Akteuren geschaffen, die sich nicht auf die lokale Ebene beschränken (Sassen 2004a: 11). Jedoch kommt es unter der Nutzung von IuK-Technologien zu einem Nebeneinander von Aktionen mit verschiedensten Bezugsrahmen in Netzwerken, das sich eben nicht unter dem Begriff der „Globalisierung" subsumieren lässt. Arbeitsprozesse können zwar durch den Einsatz von IuK-Technologien aus lokalen Kontexten gelöst werden. So können mithilfe entsprechender Callrouting-Technologien Unternehmen „ihren Kundenservice in einem bestimmten Land konzentrieren und automatisch Anrufe aus anderen Ländern zu diesem Center weiterleiten, ohne dass die Kunden dieses merken" (D'Cruz/Noronha 2007: 53, Übersetzung JL). Jedoch werden jene Arbeitsprozesse in ihrem Vollzug wieder in lokale und organisationale Kontexte eingebettet. Durch die Bindung an lokale Kontexte, so zeigen die Kapitel zur räumlichen Restrukturierung von Dienstleistungsarbeit (siehe Abschnitt 4.2.3), können die Optionen der Technik zur globalisierten Arbeits(ver)teilung im Bereich der Callcenter-Dienstleistungen für den deutschen Markt nicht in eine tatsächliche Verlagerung der Arbeit ins Ausland umgesetzt werden.

Die nachfolgenden Abschnitte zielen mittels der Analyse der Fallstudien auf die Beantwortung der Frage, welche Rolle die Technik bei der Gestaltung der Verstandortung von Callcentern sowie die De- und Re-Kontextuierung von Arbeitsprozessen spielt. Der nachfolgende Abschnitt nutzt hierzu die Beispiele von Callcentern als Teil multinationaler Unternehmensnetzwerke. Ab Abschnitt 6.2 wird dagegen der Einfluss des Technikeinsatzes auf die Gestaltung der Verlagerungsprozesse von Callcenter-Dienstleistungen anhand des Einsatzes konkreter IuK-technologischer Anwendungen, den Callrouting-Technologien, analysiert.

6.1 Zur Nutzung von callcenterspezifischer IuK-Technologien in multinationalen Unternehmensnetzwerken: Ergebnisse der Fallstudien

Die unter 4.1.3 referierten Befunde der Forschung an multinationalen Unternehmen zeigen, dass in den Unternehmensnetzwerken multinationaler Konzerne, in den Handlungen der (kollektiven) Akteure globale, nationale, regionale und lokale Bezugsrahmen zum Tragen kommen. Wie aber wirken sich diese verschiedenen Bezugsrahmen auf den Einsatz callcenterspezifischer Technologien aus? Die nachfolgenden Fallbeispiele verdeutlichen, wie Kooperationen zwischen den Filialen von multinationalen Unternehmen und wie die internationalen Konzernzentralen verschiedener Länder Einfluss auf die Nutzung von Technologien in Callcentern nehmen. Die Einbettung in internationale Konzernstrukturen im Allgemeinen und die Einflussnahme von Zentralen auf die Verwendung callcenterspezifischer Technologien im Besonderen variiert hierbei in beträchtlichem Ausmaß.

Bei [Telco1] lassen sich sowohl auf nationaler als auch auf internationaler Ebene geringe Formen des kooperativen sowie des integrativen Arbeitens zwischen den verschiedenen Teilen des Unternehmens ausmachen. Weder beeinflusst der Kontakt zu Kollegen innerhalb und außerhalb von Deutschland sowie die Vorgehensweisen in anderen Ländern und Unternehmensteilen die Gestaltung von Arbeitsprozessen in Callcentern, noch lassen sich entsprechende Auswirkungen auf den Einsatz und Nutzung von Technik in den deutschsprachigen Callcentern von [Telco1] ausmachen. Kurz: Die Internationalität formaler Konzernstrukturen lässt sich in der Aktivitätsstruktur nicht wiederfinden. Der geringe Einfluss der formal multinationalen Konzernstrukturen von [Telco1] auf die Aktivitätsstrukturen mag darin begründet sein, dass – im Gegensatz zu den anderen Telefonkonzernen in den Fallstudien – Deutschland das Stammland und Haupttätigkeitsgebiet von [Telco1] ist.

Anders verhält es sich bei [IN_PC]. Hier zeigt sich nicht nur in den Vorgaben zum Einsatz von externen Dienstleistern, sondern auch in den weiteren Regelungen zum Ablauf von Arbeitsprozessen und dem Einsatz bestimmter Technologien die dominante Rolle der Konzernzentrale. Den Callcentern bleibt bei Einsatz und Nutzung von IuK-Technologien aufgrund umfassender Vorgaben durch die europäische Zentrale bzw. durch das Head Quarter in den USA wenig Spielraum. Konkret entscheidet die Konzernzentrale, welche Anwendungen in den Callcentern eingesetzt werden. Zumeist handelt es sich bei den Anwendungen um Eigenentwicklungen durch eine entsprechende Abteilung der Konzernzentrale in den USA, der auch die Administration der Programme obliegt. Die starke Reglementierung führt bei den Callcentern in den verschiedenen Ländern zu einem homogenen Auftreten und Agieren. Servicestrukturen und Arbeitsabläufe sind standortübergreifend sehr ähnlich und unterscheiden sich auch in Hinblick auf den Einsatz bestimmter Callcenter-Technologien zwischen den verschiedenen Ländern kaum. Es zeigt sich auch eine starke Abschottung des Konzerns nach außen: Lediglich das Vorgehen anderer IT-Hotlines multinationaler Konzerne, also der Hauptkonkurrenten, stellt einen wichtigen Referenzpunkt für das Benchmarking und die strategische Ausrichtung dar.

Wie sich der Einsatz von Technik in Callcentern verändert, wenn es zu einer Übernahme des Unternehmens durch einen anderen multinationalen Konzern kommt, zeigt das Beispiel von [IN_IuK]: Ursprünglich waren die Callcenter Teil eines großen US-amerikanischen Konzerns. Neben dem Hauptsitz des Mutterkonzerns in den USA nahm auch die europäische Zentrale in Großbritannien deutlichen Einfluss auf das operative Geschäft und auf den Einsatz bestimmter Callcenter-Technologien. Mit der Übernahme von [Telco_I] wird [IN_IuK] aus diesen multinationalen Konzernstrukturen entbunden. Sowohl die Zusammenarbeit mit dem „neuen" Mutterkonzern als auch mit [Telco3], mit dem [In_IuK] zu einem neuen Unternehmen fusioniert wurde, führt zu deutlichen Veränderungen in den Arbeitsprozessen bei allen Beteiligten.

Als besonderer, durch den Aufkauf anfallender Restrukturierungsprozess ist hier die Integration der IT-Systeme zu nennen. Während sich für die Beschäftigten von [IN_IuK] durch die Übernahme durch ein Telekommunikationsunternehmen vor allem die Arbeitsinhalte ändern, sind in Bezug auf technische und organisatorische Routinen die Umstellungen für die Beschäftigten der ehemaligen Standorte von [Telco3] deutlich höher. Denn [Telco3] übernimmt nicht nur einige technische Anwendungen, wie z.b. das Knowledge-Management-System. Vielmehr wird dem Unternehmen auch die Supportstrategie von [IN_IuK] „übergestülpt": Es werden also keine Telefonmenüs zu Beginn des Gespräches eingesetzt, sondern das Gespräch wird direkt zu einem „multi-skill"-Agenten aus dem Frontoffice vermittelt. Die Übernahme der Supportstrategie hat also nicht nur Auswirkungen auf die Struktur der Arbeit, sondern auch auf die Techniknutzung in den Callcentern. Auch wenn die inhaltliche Ausrichtung durch die Zentrale bestimmt wird, lassen sich bezüglich der Gestaltung und Nutzung der Technik in den Callcentern im Fall von [IN_IuK] deutliche Tendenzen einer Bottom-up-Beteiligung ausmachen. In Bezug auf die einzelnen Unternehmensbereiche und -ebenen zeigt sich eine wechselseitige Integration der verschiedenen Unternehmensroutinen auf technischer, inhaltlicher und organisatorischer Ebene.

Den stark zentralisierten Entscheidungsstrukturen und geringen Handlungsspielräumen zur lokalen Anpassung bei [IN_PC] stehen eine geringe Integration von Callcentern in den Gesamtkonzern sowie geringe Auswirkungen übergeordneter multinationaler Konzernstrukturen auf den Bereich Callcenter bei [IN_Han] gegenüber. Wie im vorangegangen Kapitel angedeutet, zeigt sich dies bereits bei den Vorgaben bezüglich der Verwendung bestimmter Anwendungen in Callcentern auf nationaler Ebene. Wenig anders verhält es sich auf internationaler Ebene. Auch hier bleibt den Callcentern im Vergleich zu anderen Teilen des Unternehmens – insbesondere bei Callcenter-spezifischen Fragen – ein relativ großer Handlungsspielraum, der teils in Isolation von anderen Unternehmensteilen und „Auf-sich-gestellt-Sein" umschlägt. Im Konzern gibt es weder speziell auf Callcenter bezogene Richtlinien noch einen designierten Verantwortlichen in der internationalen Zentrale. Viele Anfragen aus den Callcentern an die Zentrale werden wieder an die Callcenter-Manager zurückgeleitet. Entsprechend schwierig ist es für das Management von Callcentern, Einfluss auf Vorgehensweisen zu nehmen, die den Konzern insgesamt betreffen, und mit Vorschlägen sowohl in den nationalen Zentralen als auch im internationalen Head Quarter Gehör zu finden. So konnten die Callcenterleiter ihr Anliegen, Produktnummern im Katalog abzudrucken, nur mühsam durchsetzen, da das Management in der Zentrale sich nicht bewusst war, dass es für die Callcenter eine enorme Arbeitserleichterung ist, wenn Kunden bei telefonischen Rückfragen auf die Produktnummern verweisen können.

Da es durch die Zentrale wenig Vorgaben und keine Lobby für die Callcenter gibt, schlossen sich die Manager der einzelnen Callcenter zu einem konzerninternen „Callcenter-Netzwerk" zusammen. Dadurch erhofften sich die Manager der Callcenter ihren Arbeitsbereich innerhalb des Konzerns besser präsentieren zu können, so dass in der Folge die Wahrnehmung von Callcentern innerhalb des gesamten Konzerns als zugehöriger Unternehmensbereich verbessert wird und die Nutzung der Einsatzmöglichkeiten von Callcentern zunimmt.

Da es bisher im Bereich der konzerneigenen Callcenter kaum Standardisierungstendenzen gab, sind die „Entwicklungsstände" der Callcenter in den verschiedenen Ländern recht unterschiedlich. Deswegen haben insbesondere die großen Callcenter dadurch, dass sie über eine vergleichsweise große IT-Abteilung mit entsprechenden personellen Ressourcen verfügen, eine Vorreiterrolle und Leitbildfunktion innerhalb des Netzwerkes. Neben dem Callcenter in den USA gehören hierzu auch die großen Callcenter aus umsatzstarken europäischen Ländern, wie Deutschland, Großbritannien und Frankreich. Neuerungen werden zunächst in diesen Ländern probeweise eingeführt. Zeichnet sich der Erfolg einer Maßnahme ab, werden auf Basis der aus den Pilotprojekten gewonnene Erfahrungen Richtlinien mit Empfehlungscharakter durch die Callcenter-Manager erarbeitet. Zumeist werden in der Folge erfolgreiche Maßnahmen sukzessive auch in anderen Ländern eingeführt. Außerdem vergleichen die Callcenter der verschiedenen Länder – technologiegestützt über eine interne Webseite – wichtige Kennzahlen. Aus diesem konzerninternen Vergleich könnte sich auch eine wechselseitige Kontrolle entwickeln, noch ist die Teilnahme an dieser Maßnahme sowie an den Treffen insgesamt aber freiwillig.

Mithilfe des Erfahrungsaustausches und des Zusammenschlusses im „Callcenternetzwerk" strebt das Management von Callcentern verschiedener Länder auch eine Kooperation in Bezug auf die Anschaffung und Nutzung von Hard- und Software an. Denn nicht nur in Deutschland zeigte sich, dass der insgesamt starke Rekurs des Unternehmens auf eine gemeinsame Identität inklusive Einheitlichkeit der verwendeten Software („one company-one IT") im Hinblick auf die Anschaffung und Verwendung callcenterspezifischer Technologien nicht griff. Bisher konnten also in allen Ländern die Verantwortlichen in den Callcentern diesbezüglich weitgehend unabhängig voneinander entscheiden. Auch wenn teilweise in den Callcentern verschiedener Länder einheitliche Callcenter-Software verwendet wurde, so erfolgte dieser Einsatz vergleichsweise unsystematisch und ohne entsprechende Erfahrungen von Callcentern anderer Länder einzubeziehen.

Mit der Zunahme von Kooperation und Kontakt des Managements der Callcenter verschiedener Länder scheint sich dies zu ändern. So soll zukünftig international bei allen Callcentern von [In_Han], in denen eine neue Telefonanlage benötigt wird, zu einem Anbieter gewechselt werden. Ziel der Absprachen zwischen den Callcentern ist eine größere Homogenität auch beim Einsatz von callcenterspezifischer IuK-Technologie und die Generierung von Kooperationsmöglichkeiten. Durch die internationale Vernetzung der IuK-technologischen Strukturen entstehen zum einen zusätzliche Back-up-Möglichkeiten. Zum anderen lassen sich IT-gebundene Prozesse, die in einem Land bereits implementiert wurden, auch in anderen Ländern zur Anwendung bringen. Vor allem Länder, die in absehbarer Zeit neue Service-Center aufbauen, können von den Synergieeffekten internationaler Kooperation profitieren, da sie nicht in eigenes Equipment investieren müssen. Anrufe aus einem Land könnten auf der Telefonanlage eines anderen Lands geschaltet werden, dort entsprechende Auswahlmenüs und Sprachapplikationen durchlaufen und schließlich wieder an die entsprechenden Mitarbeiter ins Ursprungsland des Anrufes zurückgeleitet werden.

Abgesehen von der Kostenersparnis profitieren neue Center auch von den Erfahrungen der IT-Teams anderer Länder, wenn sie diesen die Administration der entsprechenden Anwendungen und Anlagen überlassen. Standorte, an denen die entsprechende Soft- oder Hardware administriert wird, erweitern dagegen ihre Kompetenzen sowie ihr Kontrollpotential. Im Zuge internationaler Kooperationen können so neue Abhängigkeiten entstehen. Diese betreffen nicht nur die Beziehungen zwischen den Filialen in den verschiedenen Ländern. Vielmehr steigt durch eine geringere Diversität der verwendeten Technologien auch die Abhängigkeit zu den jeweiligen Technologieanbietern. Zudem zeigt sich, dass eine Zunahme der Absprachen und Abstimmungsprozesse des Callcenter-Managements verschiedener Länder nicht zu einer grenzüberschreitenden Arbeitsteilung auf den operativen Ebenen in Form von Nearshoring oder Offshoring des Telefonsupports führt. Stattdessen nutzten die Callcenter von [IN_Han] eine zunehmende Automatisierung von Abläufen als Alternative zur Verlagerung von Aufgaben ins Ausland (siehe Abschnitt 6.6).

Im Anschluss an die zuvor erstellten Schemata (Abbildung 3 und 4) lassen sich die Beeinflussung der Techniknutzung in Callcentern durch ihre Einbettung in multinationale Konzernstrukturen bzw. sonstige Kontexte so darstellen.

Abbildung 5: Einordnung der aufgeführten Callcenter multinationaler Unternehmen in Bezug auf die Beeinflussung des Technikeinsatzes in Callcentern durch ....

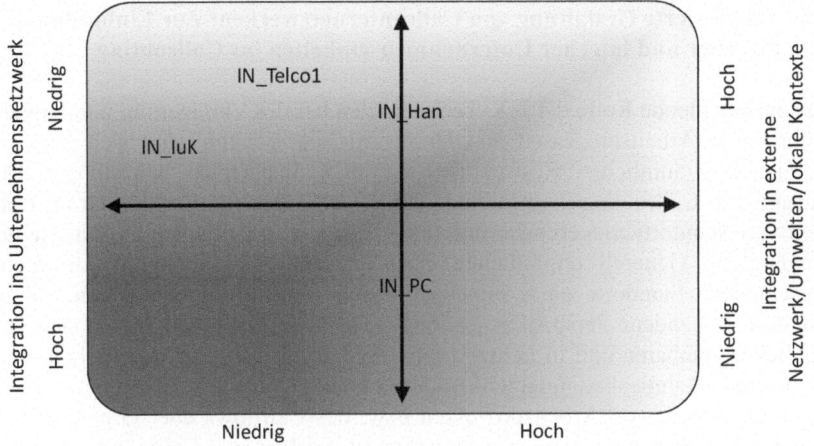

Zusammenfassend bleibt festzuhalten, dass sich in den meisten Fallstudien durchaus ein Einfluss multinationaler Konzernstrukturen auf eine Nutzung von IuK-Technologien zeigt, die mit einer Veränderung der räumlichen Bezüge der Organisation von Arbeit einhergeht. Jedoch variiert der Einfluss internationaler Konzernstrukturen nicht nur stark, entsprechende Einflüsse bleiben auch auf das eigene Unternehmen begrenzt. Eine Beeinflussung der Nutzung callcenterspezifischer Technik durch eine bewusste Imitation von erfolgreichen Geschäftspraktiken anderer Unternehmen lässt sich, wenn überhaupt, nur in geringem Maße und innerhalb der Grenzen einer Branche, wie zum Beispiel im Bereich Telekommunikation oder bei Flugunternehmen, ausmachen.

Multinationale Konzerne allein als „globalisierende Kraft" hinsichtlich der Nutzung von Technologien auszumachen, erscheint also unangebracht und wird der Vielfalt von lokalen und globalen Bezügen in den Unternehmen nicht gerecht. Auch die Einschätzung der Technikanbieter, dass in großen Unternehmen und multinationalen Konzernen vor allem Top-Down-Prozesse die Gestaltung des Technologie-Einsatzes bestimmen, erweist sich nur bedingt als treffend. Vielmehr zeigt das Beispiel von [IN_Han], dass den Callcentern gerade in Bezug auf die Nutzung (callcenterspezifischer) Technologien auch innerhalb von multinationalen Konzernstrukturen viel Handlungsspielraum bleibt. Der Fall von

[IN_IuK] verweist sogar auf Bottom-up-Tendenzen hinsichtlich der Nutzung callcenterspezifischer IuK-Technologien.

6.2 Technisierte Gestaltung von Callcenternetzwerken: Zur Einbindung externer und interner Unternehmenseinheiten ins Callrouting

Die entscheidende Rolle der IuK-Technologien bei der Verlagerung und Umverteilung von Arbeitsprozessen in Unternehmensnetzwerken zeigt sich auch im Bereich der (räumlichen) Restrukturierung von Callcenter-Dienstleistungen. Der Einsatz von Callrouting-Anwendungen zur Verteilung von Anrufen ist im Rahmen von Standortverlagerungen und der Vergabe von Aufgaben an Externe unumgänglich. Generell ermöglichen entsprechende Anwendungen, Anrufe an verschiedene Standorte eines organisationalen Netzwerkes umzuleiten und an das dort vorhandene Personal zu verteilen. Solche Verteilungen lassen sich vertraglich vereinbaren und in Echtzeit modifizieren, so dass die Unternehmen auf wechselnde Rahmenbedingungen reagieren können. Dadurch, dass ein schnelles Re-Arrangement von Arbeitsprozessen bzw. des Callflows über Organisationsgrenzen und Standorte hinweg realisierbar ist, wirken sich Callrouting-Technologien also unmittelbar auf die Gestaltung von interorganisationalen Prozessen aus. Demzufolge ist die Frage, wie die Anrufe verteilt werden, für alle Unternehmen, die ihren Kunden eine telefonische Kontaktaufnahme anbieten, zentral. Sie betrifft aber nicht nur die Verteilung der Anrufe zwischen verschiedenen Standorten, sondern macht auch eine gezielte Weiterleitung von Anrufen zu funktional differenzierten Teams innerhalb von Standorten möglich. Des Weiteren muss der formale Aufbau des Routings nicht nur auf die schnellstmögliche Verfügbarkeit kompetenter Ansprechpartner gerichtet sein, sondern auch die Verteilungsgerechtigkeit der Anrufe zwischen den Mitarbeitern sicherstellen.

Die Anforderungen und Erwartungen an das Callrouting sind also vielfältig und – da zum Beispiel die Verteilungsgerechtigkeit der Anrufe mit dem Ziel der möglichst schnellen Entgegennahme unterlaufen werden kann – teils auch widersprüchlich. Der folgende Abschnitt beschreibt am Beispiel der konkreten Nutzung von Anwendungen zur Anrufverteilung, wie im Arbeitsalltag diese Anforderungen in den Vorgehensweisen der Anrufverteilung realisiert werden, welche konkrete Form die Praktiken der technisch gestützten, standortübergreifenden Verteilung von Anrufen überhaupt annimmt und wie sich der Einsatz von Callrouting-Technologien auf die räumliche Restrukturierung von Unternehmensnetzwerken auswirkt. Der Schwerpunkt der Beschreibung liegt also auf der tatsächlichen Nutzung technischer Optionen in netzwerkförmiger Organisation von

Unternehmen insbesondere hinsichtlich des Einflusses der Nutzung entsprechender Technologie auf die räumliche Flexibilität von Callcenter-Dienstleistungen.

6.2.1 Die Verteilung von Anrufen innerhalb virtueller Callcenter

Die am weitesten integrierte Variante des Callroutings ist die Schaltung eines „virtuellen Centers" zwischen mehreren Standorten, die zu einem oder mehreren Unternehmen gehören können. Die virtuelle Zusammenlegung von Callcenter-Standorten lohnt sich vor allem bei vielen kleinen Standorten[36] und spielt deswegen vermutlich in Deutschland, wo die Anrufe eher durch die Beschäftigten in mehreren kleineren Callcentern bearbeitet werden, eine größere Rolle als in US-amerikanischen oder brasilianischen Callcentern. Sie wird vor allem von Unternehmen praktiziert, die selbst Inhouse-Callcenter betreiben. Fast alle Inhouse-Callcenter in den Fallstudien sind im Verlauf der Erhebungsphase zur Nutzung virtueller Center übergegangen.

Zentrales Element von virtuellen Centern ist der Telefonserver, der mehrere Standorte vernetzt und so standortübergreifendes Routing möglich macht. Die genaue Leitung des Anrufes hängt von diversen Anrufinformationen, den Statusinformationen der einzelnen Telefonanlagen hinsichtlich der Verfügbarkeit von Agenten mit den entsprechenden Aufgabenfeldern und den Parametern der Routingstrategie, wie zum Beispiel die Vorgabe, Anrufe ursprungsnah zu beantworten, ab. Durch die Integration der verschiedenen Standorte in ein „virtuelles Center" kann der Anruf im Vergleich zur einfachen Anrufweiterleitung (siehe folgenden Abschnitt) schneller an die entsprechende Stelle geleitet werden. Hinzu kommt, dass Über- und Unterkapazitäten standortübergreifend erfasst und durch eine automatische Veränderung der Anrufverteilung kompensiert werden. So steigt durch die „virtuelle" Zusammenschaltung verschiedener Standorte die Auslastungsquote des Centers, gleichzeitig wird der Personalbedarf geringer. Virtuelle Center bieten also die Möglichkeit, Arbeitsplätze in den Regionen zu halten und bestehende Standorte zu erhalten. Sie sind insgesamt aber auch ein Mittel zur Rationalisierung personeller Ressourcen und bieten Möglichkeiten, Aufgaben zu verlagern. So versucht das Unternehmen [Telco1] trotz der Möglichkeiten virtueller Schaltungen (weiterhin), Callcenter zusammenzulegen und weiteres Personal in das outgesourcte Tochterunternehmen zu verlagern.

Der Telefonserver steht in der Regel an einem der Unternehmensstandorte der Auftraggeber und wird auch durch dessen IT-Personal – zumeist aus der

---

36 Auch Heimarbeitsplätze könnten in virtuelle Center eingebunden werden; in der Praxis wird diese Möglichkeit jedoch kaum genutzt.

Ferne – administriert. Die tatsächliche Positionierung der Hardware ist im Vergleich zum Standort einer Telefonanlage, die nur vor Ort administriert werden kann, erst einmal unkritisch. So befindet sich der Telefonserver, der alle Callcenter des Unternehmens [D-Air] bedient und für diese bestimmte Anwendungen bereitstellt, in Irland. Von dort aus werden die telefonischen Kundenanfragen auf der Basis bestimmter Abfragen und Sortiermechanismen u.a. nach dem „follow-the-sun"-Prinzip weltweit verteilt. In virtuelle Center ließen sich also auch Offshoring-Standorte einbinden, in der Praxis findet sich eine entsprechende Nutzung für den deutschen Markt kaum.

Durch virtuelle Center werden die Mitarbeiter an den verschiedensten Orten in eine funktionale Einheit integriert, innerhalb derer Anrufe zirkulieren. In dem entsprechenden Netzwerk können sowohl Mitarbeiter vor Ort als auch externe Unternehmen (nach entsprechender Identifizierung mit Login und Passwort) Gespräche entgegennehmen. Falls auf dem Telefonserver nicht entsprechende Regeln hinterlegt sind, wird innerhalb der virtuellen Center bei der Verteilung von Anrufen nicht zwischen unternehmenseigenen Standorten und den von Dienstleistern unterschieden. Mit der Aufschaltung auf den Telefonserver übernimmt ein Callcenter-Standort also automatisch die dort – üblicherweise durch den Auftraggeber – hinterlegten Routingregeln. Für die Partei, die sich einwählt, hat dies den Vorteil, dass ein Großteil des administrativen Aufwands, der mit der Nutzung bzw. Programmierung dieser Anlagen und der entsprechenden Applikationen verbunden ist, wegfällt. Mit diesem Vorteil ist für den Dienstleister allerdings gleichzeitig der Nachteil verbunden, dass er kaum Einfluss auf das Callrouting hat. Denn die Kontrolle verbleibt bei der Partei, die den Telefonserver administriert, und das ist zumeist der Auftraggeber.

Für den Auftraggeber hat die virtuelle Zusammenlegung von Callcentern den Vorteil, dass er kurzfristig weitere externe Kapazitäten hinzuschalten kann.

„Sie wären jetzt dieser [Telco1] Bereich, der da irgendwo seine Hotline nicht mehr in den Griff kriegt, also seine Anrufe nicht gehändelt kriegt, so, jetzt rufen Sie Hilfe und sagen, ich brauch 80 Leute. So, und jetzt gehen Sie zur [OT_Telco1], und jetzt sagt [OT_Telco1] ‚in [E-Stadt] kann ich Dir 20 geben, ich könnte Dir in [X-Stadt] zehn geben' und was weiß ich, über das ganze Bundesgebiet verteilt. Und trotzdem bekämen Sie auf diesem Wege innerhalb weniger Stunden die Leute alle an die Leine." (Technischer Leiter [OT_Telco1], Zeile 812-818 in den Fallstudienberichten).

Der Auftraggeber gewinnt eine „quasi virtuelle Callcenter-Erweiterung". Die Idee, dass durch die IuK-technologisch vermittelte Integration des Anrufroutings Standorte zu einem virtuellen Callcenter zusammengelegt werden, geht sogar so weit, dass sich bei einigen Interviewpartnern die Unterscheidung zwischen unternehmensinternen und -externen Akteuren verschiebt. Sie beziehen bei der

Unterscheidung nicht auf die Organisationsgrenzen sowie die Eigenständigkeit der Unternehmen. Vielmehr verschwimmen in der Wahrnehmung dieser Beschäftigten die Organisationsgrenzen auf der Basis dieser technischen Vermittlung.

Am bedeutendsten ist aber, dass die administrierende Abteilung zusätzliche, zentralisierte Kontrollpotentiale erhält, die weit in den operativen Betrieb hineinreichen. Das Management aller Daten sowie des Routings bleibt in der Hand der Partei, die die Telefonserver administriert, und das sind in Netzwerken, in denen Dienstleister eingebunden sind, zumeist die Auftraggeber. So können die Auftraggeber kontrollieren, ob die für den jeweils für den Bereich zuständige Agentengruppe bzw. der entsprechende Unternehmensbereich den Anruf entgegennimmt und ob die Anrufe somit für die dezidiert auf diesen Auftrag abgestellten Agenten entgegengenommen werden. Im Idealfall ermöglicht die Remoteanmeldung eine Aufstockung der Callcenter-Kapazität durch Zuschaltung von zusätzlichem Personal an mehreren Standorten, ohne jedoch die Kontrolle über das Callrouting aus der Hand zu geben. Des Weiteren können zentral hinterlegte Routingvorgaben nicht durch konkurrierende Routingstrategien, die an anderen Stellen der Anrufleitung hinterlegt sind, ausgehebelt werden. Da die Auftraggeber mit der Vergabe der Administration an Callcenter-Dienstleister wichtige Kontrollpotentiale verlieren, findet sich in den Fallstudien kein Beispiel der aktiven Nutzung virtueller Callcenter durch einen Dienstleister. Da zudem auch das Monitoring an den Telefonserver gebunden ist, erscheint es insgesamt unwahrscheinlich, dass sich Auftraggeber auf die Vergabe von Aufträgen an einen Dienstleister einlassen würden, der ein virtuelles Center betreibt.

Die Nutzung virtueller Callcenter und die zentrale Position eines Auftraggebers zeigt Effekte, wie sie Thompson (2005: 511) für die Nutzung von Technik in Netzwerken beschreibt. Die fokalen Unternehmen – in diesem Falle die Auftraggeber von Callcenter-Dienstleistungen – versuchen sich auf technologischer Ebene abzusichern, um eine Heterogenität technischer Anwendungen zu vermeiden, die den reibungslosen Ablauf der technisierten Arbeitsvollzüge im Netzwerk stören würde. Dies gilt nicht nur für das Anrufrouting. Bei der Nutzung virtueller Center können auch sonstige Anwendungen (wie z.B. Spracherkennung und Telefonmenü) von allen Parteien genutzt werden, ohne dass der Auftraggeber Einbußen der Kontrollpotentiale befürchten müsste. Die Zunahme von virtuellen Callcentern bestätigt also den Befund der Forschung, dass der Einsatz von IuK-Technologien im Rahmen von Verlagerungsprozessen möglichen Kontrollverlusten kompensatorisch entgegenwirken soll. Dies geschieht, indem eine Quasi-Integration der neuen „Geschäftspartner" ermöglicht wird, ohne dass das „fokale" Unternehmen oder die Auftraggeber die Kontrolle aus der Hand gegeben sehen (Greenan et al. 2009: 83).

Den Vorteilen virtueller Center für die Auftraggeber stehen zwei Nachteile gegenüber: Zum einen lässt sich die Integration verschiedener Standorte zu einem virtuellen Center nicht ad hoc vornehmen. Denn Voraussetzung für die Remote-Einwahl ist die Einbindung der Rechner in das IT-Netz des Unternehmens, das die Anlage betreibt, und der Aufbau entsprechender Datenverbindungen. Zum anderen funktionieren virtuelle Center noch nicht so reibungslos, wie im vorangegangenen Zitat geschildert. Auf technischer Ebene wird also bei virtueller Zusammenlegung von Standorten und der Integration der Telefonie ins IT-Datennetzwerk die Ausfallsicherheit des Telefonservers und der entsprechenden Datenverbindungen zum Server zum zentralen Problem. Generell besteht auch noch die Möglichkeit, bei Serverausfall kurzfristig wieder auf das Routing der Telefonanlage mit relativ einfachen Verteilmechanismen zurückzugreifen. Doch dadurch, dass bei der internen Verteilung der Anrufe komplett auf eigenständige Telefonleitungen verzichtet wird und die Anrufe statt dessen im allgemeinen Datennetzwerk verteilt werden, nehmen sich die Unternehmen eine wichtige Option, das Funktionieren der Callcenter zu sichern. Durch die Bindung der Telefonie an die IT-technische Infrastruktur gefährden die Unternehmen das für Callcenter wesentlich kritischere Funktionieren der Telefonie. Es scheint, dass die Nutzung von IT-Technologie für die meisten Arbeitsabläufe und für die meisten Aufgaben, für die Callcenter eingesetzt werden, unabdingbar geworden ist, so dass eine Kopplung der Telefoniefunktion an das IT-Netz nicht weiter ins Gewicht fällt. Des Weiteren steht zu vermuten, dass der Vorteil der Zentralisierung von Kontrolle beim Auftraggeber die Nachteile überwiegt. Wie dem auch sei, trotz der zuvor beschriebenen Nachteile breitet sich der Einsatz virtueller Center in Callcentern immer weiter aus.

6.2.2 Die „einfache" Weiterleitung von Anrufen als Alternative zu virtuellen Callcentern

Auch wenn die Anrufverteilung in virtuellen Centern inzwischen von immer mehr Inhouse-Centern genutzt wird, so gibt es dennoch als Alternative „einfache" Anrufweiterleitungen zwischen verschiedenen Standorten. Diese Vorgehensweise wird vor allem von Dienstleistern praktiziert, wenn Projekte eines Auftraggebers über mehrere Standorte verteilt werden. Von den Auftraggebern wird diese Möglichkeit der Verteilung von Anrufen allerdings immer seltener in Anspruch genommen, da bei der Weiterleitung das Routing an Transparenz und der Auftraggeber somit Kontrollpotential verliert. Dementsprechend wird diese Form des Routings von den Auftraggebern nur für bestimmte Themenbereiche, Kundengruppen und bei „vertrauenswürdigen" Dienstleistern akzeptiert.

Im Vergleich zur Rufverteilung in virtuellen Centern muss bei der einfachen Anrufweiterleitung häufiger situativ durch entsprechende Kontrollabteilungen auf Schwankungen im Anrufvolumen reagiert werden. Unter- und Überkapazitäten an einen Standort werden nicht automatisch durch eine veränderte Rufumleitung kompensiert. Die Anpassung der Anrufleitung an das Anrufaufkommen ist an vertragliche Absprachen gebunden. So kann der Dienstleister Anrufe nur an solche Standorte weiterleiten, an denen seitens der Auftraggeber die Bearbeitung der Anrufe gestattet ist und an denen entsprechend qualifiziertes Personal zur Verfügung steht. Bei engen vertraglichen Vorgaben und einer starken funktionalen Differenzierung der Standorte sind die Möglichkeiten des Dienstleisters hierbei relativ beschränkt.

Bis zu einer Komplexität der Anrufverteilung und der funktionalen Differenzierung sowie bis zu einer bestimmten Höhe des Anrufaufkommens ergeben sich, wenn die Entwicklung des Anrufaufkommens an einer Stelle zentral überwacht wird, nach außen zwischen einer einfachen Anrufweiterleitung und virtuellen Centern kaum Unterschiede. Wie notwendig eine zentrale Überwachung und die Intervention einer Abteilung sein können, die die gesamte Anrufsituation im Blick hat, zeigt allerdings das Beispiel der ehemaligen Anrufverteilung eines Tochterunternehmens von [Telco1]. Das Unternehmen nutzte mehrere Dienstleister für den Überlauf, also für die Anrufe, die die eigenen Callcenter nicht innerhalb einer gewissen Zeit beantworten konnten. Jeder Dienstleister bekam einen bestimmten Anteil der Anrufe aus dem Überlauf zugeroutet. Konnte er diese nicht innerhalb der vorgegebenen Zeit entgegennehmen, wurden die Anrufe nacheinander den anderen Dienstleistern angeboten. Konnte keiner der Dienstleister den Anruf bearbeiten, „kreisten" die Anrufe im Überlauf und wurden nacheinander immer wieder den Dienstleistern angeboten. Hierdurch schaukelte sich das Anrufaufkommen – wie die Bugwelle von einem Schiff – immer weiter auf. Hinzu kam, dass das Anrufaufkommen in diesem Überlauf sehr stark variierte und kaum vorhersehbar war.

Für die eingebundenen Dienstleister erhöhte der „Weiterleitungsring" den Wettbewerb. Das Beispiel zeigt deutlich, dass mit der Einbindung von Techniken in den Arbeitsprozess deren Nutzung nicht nur mit sozialen Kooperations- und Kommunikations-, sondern auch mit Konkurrenz- und Abgrenzungsprozessen einhergeht (Schmiede 2005: 322). Alle eingebundenen Abteilungen versuchten sich möglichst vorn an den Beginn der Weiterleitungsschleife zu positionieren, um so einen möglichst hohen Anteil von Anrufen zugeleitet zu bekommen. Der Auftraggeber konnte mit dem Weiterleitungsring die Wettbewerbssituationen zwischen den Dienstleistern verschärfen und vom damit verbundenen Preisdruck profitieren. Er hatte also nur ein bedingtes Interesse, Kooperationen zwischen den Dienstleistern zu fördern, um das „Service-Problem" zu lösen. Inzwischen zwang allerdings die schlechte Erreichbarkeit der Hotlines den Auftraggeber zum Handeln. Statt Kooperationen zwischen den Dienstleistern zu fördern, hat man es allerdings vorgezogen, die verschiedenen Dienstleister in virtuelle Center einzubinden und ihnen jeweils verschiedene unterschiedliche Aufgabenbiete bzw. Unterpunkte des Telefonmenüs zu übertragen.

Sowohl die einfache Rufweiterleitung als auch die Einbindung von Callcentern an verschiedenen Standorten in virtuelle Center bietet die Möglichkeit, Anrufe nicht nur in Arbeitsteilung, sondern auch flexibel, räumlich verteilt entgegenzunehmen. Für den deutschen Markt wirkt sich die Nutzung von Technik deutlich auf die Dynamiken und Prozesse der Verstandortung von Callcenter-Dienstleistungen auf nationaler Ebene aus. Das Management von Callcentern nutzt die Flexibilität, die durch die Umverteilungsmöglichkeiten der Anrufe einhergehend mit der Nutzung von Callrouting-Technologien entsteht, bewusst, um den Wettbewerb zwischen den Standorten zu schüren. Auch in Bezug auf Callrouting-Technologien wird deutlich, dass die Nutzung bestimmter Techniken von den Interessen und der Durchsetzungsmacht verschiedener Akteure beeinflusst wird.

6.3 Mechanismen und Strategien technisierter Anrufverteilung von Callcenter-Dienstleistungen

Nicht nur die im vorangegangenen Abschnitt beschriebenen Möglichkeiten der technischen Einbindung variieren und beeinflussen in ihrer Varianz das Callrouting. Auch die Kriterien, nach denen die Anrufe verteilt und sortiert werden, unterscheiden sich zwischen den Unternehmen. In der Regel ist die Sortierung, Verteilung und Positionierung von Anrufen ein mehrstufiger Prozess, in dem verschiedene technologische Hilfsmittel eingesetzt werden. Und auch wenn im aktuellen Arbeitsvollzug die Ebenen immer wieder ineinandergreifen (siehe Abschnitt 6.4), so werden nachfolgend die verschiedenen Stufen der Beeinflussung getrennt beschrieben. Zunächst werden die verschiedenen allgemeinen Prinzipien erläutert, nach denen die Unternehmen, sei es im Rahmen virtueller Center oder „einfacher" Anrufweiterleitung, die Anrufe verteilen. Danach beschreibe ich anhand der Verwendung und Strukturierung von Telefonmenüs u. Ä., wie die weitere Sortierung von Anrufen erfolgt.

6.3.1 Über die Kriterien der Anrufverteilung, strategische Manipulationen und interne Differenzierung von Aufgabenbereichen

Im folgenden Abschnitt werden auf Grundlage der Fallstudien die Kriterien aufgeführt, nach denen die Anrufe verteilt werden. Dass nachfolgend zur Erläuterung nur Fallbeispiele von Inhouse-Centern herangezogen werden, lässt sich darauf zurückführen, dass, wie zuvor geschildert, die Möglichkeiten, Kriterien festzusetzen, nach denen die Anrufe verteilt werden, den Dienstleistern von Seiten der Auftraggeber nicht zugestanden wird. Entsprechend variieren zwischen und innerhalb der externen Dienstleistungsunternehmen die grundlegenden Prinzipien der Anrufverteilung mit den Vorgaben der Auftraggeber. Die Arbeitsweise der Dienstleister und die Vorgehensweise bezüglich der Verteilung der Anrufe nähern sich unternehmensübergreifend an, wenn für denselben Auftraggeber oder einen anderen Auftraggeber aus derselben Branche gearbeitet wird. Innerhalb der Callcenter, die für ein Unternehmen arbeiten, findet sich immer ein oberstes Prinzip, nach dem die Anrufe verteilt werden. Allerdings variiert dies zwischen den verschiedenen Unternehmen.

Beim Konzern [Telco1] galt für mehr als zehn Jahre die Steuerung nach Ursprung als das wichtigste Prinzip. Anhand der Ortsnetzkennzahl wurde der Anruf an das lokal nächste Callcenter weitergeleitet, in dem das Thema bearbeitet wurde und in dem Kapazitäten frei waren. Mit Hilfe dieses Prinzips versuchte der Betriebsrat Arbeitsplätze in den Regionen zu erhalten und einen Schutz gegen Standortverlagerungen zu schaffen. Allerdings gab es einige Möglichkeiten, diese ursprungsnahe Beantwortung der Anrufe zu umgehen: So bündelte das Unternehmen im Zuge der umfassenden Restrukturierungsmaßnahmen bestimmte Themen oder Hotlines an einem Standort. Damit sank die Wahrscheinlichkeit, dass ein Anruf in einem lokal nahe gelegenen Callcenter beantwortet werden konnte. Auch führte die personelle Unterbesetzung im eigenen Unternehmen zu einem hohen Überlauf an Anrufen, der dann vom outgesourcten Tochterunternehmen oder auch externen Dienstleistern bearbeitet wurde, dazu, dass die „Ursprungsregel" außer Kraft gesetzt wurde. Schließlich kam noch eine steigende Anzahl von Anrufen hinzu, die nicht automatisch geografisch verortet werden konnte. Ende 2006 wurde das „Ursprungsprinzip", im Rahmen weiterer Reorganisationsprozesse und unter dem Druck von weiterem Personalabbau, abgeschafft. Gleichzeitig verändert sich die funktionale Differenzierung innerhalb von [Telco1]. Dies hat aufgrund der Verteilung der Anrufe zwischen eigenen Callcentern, den Callcentern von [OT_FiDi] und von externen Dienstleistern unternehmensübergreifende Auswirkungen. So wurden im Zuge der weiteren Zusammenlegung von Niederlassungen und der Schließung kleinerer Callcenter eine Aufteilung zwischen Vertrieb und Support vorgenommen, um so eine Spezialisierung sowie (weitere) Professionalisierung der Callcenter zu erreichen. Gleichzeitig wurde im Support eine vierstufige Kundensegmentierung nach Umsatz(potential) eingeführt. Das Unternehmen operiert also zunehmend mit einer Differenzierung von Kundengruppen, und Vieles deutet darauf hin, dass die Umstellung der Aufgabenteilung auf weiteres gezieltes Outsourcen von Tätigkeiten mit geringer Gewinnmarge ausgelegt ist. Bereits nach 2006 wurden einzelne Themenbereich komplett durch externe Dienstleister bearbeitet.

Bei den „Vermittlungscallcentern" von [OT_FiDi] sowie bei [IN_Han] werden die Anrufe nach festgelegten prozentualen Anteilen zwischen den Standorten verteilt. Die prozentuale Zuleitung wird aber bei hohem Anrufaufkommen durchbrochen. Dies geschieht bei [IN_Han] automatisch durch die Routing-Software (siehe Abschnitt 6.2.1) und bei [OT_FiDi] durch manuelle Umverteilung durch den Teamleiter. Die prozentuale Vergabe von Anrufanteilen ist möglich, weil es sowohl bei [OT_FiDi] als auch bei [IN_Han] hinsichtlich der Aufgabengebiete standortübergreifend kaum Unterschiede gibt.

Bei [IN_PC], [Telco2] und [IN_IuK] ist das bestimmende Kriterium für das Routing die Differenzierung zwischen Privat- und Geschäftskunden mittels unterschiedlicher Rufnummern der Hotlines. Während bei [IN_PC] die Standorte für Privat- und Geschäftskunden getrennt geführt werden, werden bei [IN_IuK] Anrufe der beiden Kundensegmente sowohl von den beiden eigenen Standorten als auch von den Dienstleistern bearbeitet[37]. Die Anrufverteilung beim Unternehmen [IN_PC] zeigt im Vergleich zu den anderen Fallstudien die stärkste Differenzierung in der Bearbeitung und dem Routing der Anrufe entsprechend der Umsatzstärke des Kundensegments. Diese Differenzierung findet sich nicht nur in den formalen Qualifikationen der Beschäftigten wieder, sondern auch in der Verstandortung der Callcenter und in der Nutzung von Nearshoring für Privatkunden.

Im Gegensatz dazu setzt [Telco2] bei der Bearbeitung von Anrufen von Privatkunden eher auf den Einsatz von Dienstleistern. Es existiert allerdings keine strikte Zuordnung in der Zuleitung der Anrufe von Privatkunden zu externen Unternehmen und der Anrufe von Geschäftskunden zu eigenen Standorten, vielmehr bekommen die Dienstleister im Vergleich zu den unternehmenseigenen Standorten in geringem Maße Anrufe von Geschäftskunden und einen höheren Anteil an Anrufen von Privatkunden zugeleitet.

Bei [IN_IuK] überschnitten sich zunächst Kundendifferenzierung (Kunden mit Breitband- oder Schmalband-Internetzugang) und die Unterscheidung verschiedener Anfragearten (technischer oder kaufmännischer Bereich). Im Laufe

---

37   Beide Unternehmen und [IN_Telco1] setzen unterschiedliche Rufnummern auch ein, um den Erfolg von Marketingkampagnen zu messen.

der Zeit verlor die Differenzierung nach verschiedenen Anfragearten jedoch ihre Relevanz: Es werden immer mehr Agenten im Frontoffice eingesetzt. Aufgabenspezifische Spezialisierung gibt es sowohl auf der Team- also auch auf der Standortebene kaum noch. Zudem wird bei der Verteilung der Anrufe innerhalb des „virtuellen" Centers zumeist nicht zwischen Standorten von [IN_IuK] und von Dienstleistern unterschieden. Ausgenommen von dieser „gleichberechtigten" Verteilung sind Anfragen zu neuen Produkten. Diese werden zunächst durch die eigenen Mitarbeiter bearbeitet, um die damit verbundenen neuen organisatorischen Prozesse und Abläufe „verstehen zu lernen" und vor der Abgabe an externe Dienstleister alle Möglichkeiten der Standardisierung in den Arbeitsablauf einzubinden. Wenn es um organisatorische Kompetenz geht, achtet [IN_IuK] also relativ genau darauf, die Expertise zu behalten. Im Vergleich dazu zeigt sich das Unternehmen bei der Verteilung der Anrufe auf der Basis der Kompetenzen, die die Inhalte der Anrufe betreffen, weniger kritisch. Doch auch wenn zumeist nicht systematisch bzw. a priori in der Zuleitung zwischen eigenen Standorten und denen der Dienstleister unterschieden wird, experimentiert das Unternehmen mit Unterschieden, die sich im Arbeitsablauf zeigen. Wenn auffällt, dass Anrufe aus bestimmten Aufgabenbereichen bei den Dienstleistern besser oder schlechter bearbeitet werden, leitet [IN_IuK] diesen entsprechend mehr oder weniger Anrufe zu. Aber auch dabei wird darauf geachtet, dass ein kleiner Anteil der jeweiligen Aufgabe auch intern bearbeitet wird, um nicht das Wissen bestimmter Geschäftsbereiche vollkommen aus der Hand zu geben und so ggf. in Abhängigkeit zum jeweiligen Dienstleister zu geraten. [IN_IuK] greift also auf die Nutzung von Callrouting-Technologien zurück, um Outsourcing als Sondierungsinstrument in Veränderungs-, Justierungs- und Etablierungsprozessen zu nutzen (vgl. zu dieser Strategie auch Hirsch-Kreinsen 2002).

Insgesamt zeigt sich ein enger Zusammenhang zwischen den Qualifikationsstrukturen von Dienstleistern und von eigenen Standorten. Denn wenn zu bestimmten Themen mehr Anrufe an die Dienstleister weitergeleitet werden, bedeutet dies im Gegenzug, dass mehr oder weniger dieser Anfragen inhouse telefoniert werden. Die „Skills" bei den Outsourcern und Inhouse-Centern müssen sich also kompensieren und ergänzen. Die funktionale Differenzierung der beteiligten Callcenter ist also kritisch für die Verteilung der Anrufe. Je stärker die funktionale Differenzierung von Aufgabenbereichen und je weniger Überschneidungen es bei den Aufgabenbereichen gibt, desto wichtiger wird die Auswahl des Agenten und desto weniger Spielraum bleibt. Bei [IN_Han] und bei [IN_Iuk], wo nur wenige Aufgabengebiete von speziellen Teams bearbeitet werden, ist die Zuleitung von Anrufen zum entsprechend kompetenten Agenten weniger kritisch als bei Callcentern mit starker Aufgabenteilung, wie zum Beispiel [IN_PC].

Die Grenzen der funktionalen Differenzierung verlaufen in vielen, jedoch nicht in allen Fällen zwischen Dienstleistern und eigenen Unternehmen. Im Falle von [IN_IuK] kommt es im geringen Maße zur wechselseitigen Anpassung der Qualifikationen bei eigenen Beschäftigten und denen bei den Dienstleistern. Im Vergleich dazu kommt es bei den beiden Telekommunikationsunternehmen [Telco1] und [Telco2] zu einer stärkeren Aufgabenteilung zwischen Dienstleistern und eigenen Unternehmen. Besonders hoch ist die Spezialisierung bei Agenten der Dienstleister, die für [IN_Telco1] arbeiten, da das Unternehmen – nachdem es von der zuvor beschriebenen Weiterleitung und der herkunftsnahen Beantwortung der Anrufe abgerückt ist – einzelne Unterpunkte des Telefonmenüs komplett an verschiedene Dienstleister vergibt.

Alles in allem bleibt festzuhalten, dass das Ausmaß der funktionalen Differenzierung variiert. Im Rahmen der Fallstudien lassen sich keine branchenspezifischen Muster ausmachen. Es wird aber auch deutlich, dass allein anhand der Prinzipien, nach denen das Callrouting mehr oder weniger automatisiert abläuft, nicht auf die Arbeitsteilung innerhalb der Unternehmensnetzwerke geschlossen werden kann. Es zeigt sich zudem eine Tendenz bei den Fallstudien aus dem Bereich Telekommunkations- sowie Informationstechnologie, dass das Callrouting (zunehmend) durch Kundendifferenzierungen beeinflusst wird.

6.3.2 „... drücken Sie die Eins": Telefonmenüs und sonstige Technologien zur Sortierung von Anrufen

Die zuvor dargestellten Praktiken und Prinzipien, nach denen die Anrufe verteilt werden, sind wichtige Steuerungsinstrumente und -prozesse, die Einfluss auf die Verteilung von Anrufen nehmen. Gleichwohl hat in der Regel auch der Kunde mittels Telefonmenüs die Möglichkeit, navigierend in die Anrufverteilung einzugreifen. Telefonmenüs dienen dazu, dass der Kunde mittels Tastendruck oder Sprachsteuerung zielgerichtet an (spezialisierte) Agenten vermittelt wird. Der Einsatz von Telefonmenüs ist gängige Praxis, gleichwohl sind sich die Unternehmen der Problematik des Einsatzes und der Abneigung der Kunden, sich durch mehrstufige Auswahlmenüs zu navigieren, bewusst.

> „Also ich war auch schon in solchen Lines drin, da werden Sie abgefertigt mit Ziffern tippen und Raute abschließen und ja, Stern für ja und X für nein und so weiter, da legen Sie irgendwann auch auf." (Technischer Leiter von OT_Telco1)

Der Ruf von Telefonmenüs ist also schlecht, deswegen versucht man die Anrufe von Neukunden und umsatzstärkeren Kundengruppen mittels verschiedener

Rufnummern an den Telefonmenüs vorbei direkt an den Agenten zu leiten und so den Einsatz von Telefonmenüs auf ein Minimum zu beschränken.

Neben der eingeschränkten Nutzung von Telefonmenüs versuchen die Unternehmen, durch die Umstrukturierung des Telefonmenüs einen angemessenen und kundenfreundlichen Einsatz diverser Sortiermechanismen zu erreichen. Der schlechte Ruf von Telefonmenüs entstand letztendlich auch dadurch, dass viele Unternehmen lange Zeit mehrere Auswahlmenüs an verschiedenen Stellen in die Anrufleitung einbauten. Mit zunehmender Differenzierung und Verschachtelung der Telefonmenüs wurde es allerdings zunehmend schwieriger, diese Telefonmenüs aufeinander abzustimmen und lästige Redundanzen in der Abfrage und Eingabe zu vermeiden. Deswegen rücken viele Unternehmen zunehmend von der Nutzung entsprechend komplex verschachtelter Telefonmenüs ab und führten in den Fällen, in denen sie nicht ganz auf eine Vorsortierung verzichten wollten, insbesondere bei Hotlines für schwächere Umsatzgruppen ein zentrales Eingangsmenü ein.

Neben dem Bemühen um eine bessere Servicequalität geht die Umgestaltung des Telefonmenüs auch häufig auf eine Restrukturierung der Aufgabenbereiche und Zuständigkeiten der Beschäftigten zurück. Bei [IN_Han] wurden mit der Integration der Aufgaben der Bestellannahme in den Bereich des Kundenservices die zuvor getrennten Menü-Bäume von Bestellannahme und Service zusammengeführt und das gesamte Telefonmenü neu strukturiert. Das Beispiel von [In_Han] macht auch deutlich, dass die Aufgabenteilung im Callcenter und die Struktur der Telefonmenüs fast unabhängig nebeneinander stehen können. Denn das Callcenter setzt bei der Verteilung der Anrufe zwar ein ausdifferenziertes Telefonmenü ein, jedoch gibt es keine Spezialisierung der Agenten auf bestimmte Aufgaben oder Kundengruppen.

Bei den Callcentern, die für [Telco1] arbeiten, überlagern sich die Struktur des Telefonmenüs und die Aufgabenteilung zwischen den Beschäftigten bzw. zwischen eigenen Unternehmensstandorten und denen von externen Dienstleistern stärker, da [Telco1] einige Unterpunkte des neu gestalteten, zentralen Eingangsmenüs gezielt an Dienstleister abgibt. So liegt im Falle von [Telco1] die Vermutung nahe, dass die Umgestaltung des Telefonmenüs mit Veränderungen der Organisationsstruktur und Tendenzen der Zusammenführung der Callcenter der verschiedenen Tochterunternehmen zusammenhängt. Gleichzeitig werden – so fürchten die Betriebsräte – diese Reorganisationsprozesse von Versuchen seitens des Managements flankiert, nicht nur bei den beteiligten Dienstleistern, sondern auch bei den eigenen Beschäftigten das Aufgabenspektrum einzuschränken und so Lohnsenkungen durchzusetzen. Denn in einer so gestalteten Anrufverteilung wird schließlich nicht mehr innerhalb einer bestimmten Hotline konkurriert, sondern um die Zuleitung bestimmter Themen, vorzugsweise umsatzstarker Kundengruppen.

Die Struktur von Telefonmenüs kann – im begrenzten Maße – Aufschluss über eine funktionale Differenzierung und Hinweise auf die formale Struktur der Arbeitsteilung in den Callcentern geben. Auch Dynamiken der Restrukturierung von Aufgabenbereichen können teilweise an der Umgestaltung von Telefonmenüs abgelesen werden. Jedoch gibt die Gestaltung des Telefonmenüs nur Hinweise auf die formale Struktur der funktionalen Differenzierung in den Callcentern. Eine vollkommene Deckung von Telefonmenüs und Aufgabenstruktur in den Callcentern ist nicht zwingendermaßen erforderlich. Tatsächlich überlagern sich die funktionale Differenzierung und Struktur des Telefonmenüs meist nur teilweise. Außerdem bleibt offen, wie eine formale Differenzierung verschiedener Aufgabenbereiche im Arbeitsablauf umgesetzt wird.

So bestehen bei [IN_IuK] zwischen den Restrukturierungsmaßnahmen im Unternehmen und der Umgestaltung des Telefonmenüs lediglich lockere Zusammenhänge. Dafür zeigt das Fallbeispiel, welchen Verlauf die Nutzung von Telefonmenüs sowie alternativer Sortiermechanismen nehmen können und wie dabei die Strategien der Kundeneinbindung, also die Frage, ob und inwieweit man dem Kunden Einfluss auf die Platzierung seines Anrufes lässt, indirekt das Callrouting beeinflussen. Generell muss der Kunde – will er sein Problem lösen – kooperieren, Informationen bereitstellen und sein Problem formulieren. Falls seine Anfrage komplett automatisiert abgewickelt wird, bedarf es zur erfolgreichen Navigation durch diverse telefonische Menüs neben Zeit und Geduld auch Wissen um die Funktionsweise solcher Menüs und um die korrekte Zuordnung seines Anliegens in entsprechende Kategorien. Ein Anruf im Callcenter ist also nicht nur für den Callcenter-Agenten, sondern auch für den Kunden mit (Wissens-)Arbeit verbunden (Voss/Rieder 2005). Diese vergleichsweise aktive (wiewohl oftmals entnervende) Beteiligung des Kunden am Routing wird dann „problematisch", wenn die Kunden ihr Anliegen nicht präzise formulieren, kategorisieren oder keinem Menüpunkt zuordnen können. Hierdurch kommt es zu Fehlleitungen. [IN_IuK] suchte dieses Problem durch die Abkehr vom klassischen Telefonmenü und Einführung einer „Routingmaschine" zu lösen. Nach der Identifikation des Kunden anhand der Rufnummer bzw. E-Mail-Adresse wurde der Anruf aufgrund dieser Daten und auf der Basis von Vorgaben durch das Marketing oder anderen Abteilungen weitergeleitet. So sollten zum Beispiel Kunden mit offener Rechnung erst an die kaufmännische Abteilung durchgestellt werden, bevor sie sonstige Informationen erhalten oder weitere Bestellungen abgeben können. Das Routing erfolgt also, bevor man das eigentliche Anliegen vom Kunden selbst abgefragt hat und ohne dass dieser direkt Einfluss nehmen kann. Die „Routingmaschine" beruht also auf einer weiteren Automatisierung des Routings und des Einsatzes weiterer IT-Anwendungen in Form einer technikgestützten Kundendifferenzierung. Zur erfolgreichen Einführung war es notwendig, dass die unterschiedlichen Abteilungen ihre Prozessabläufe so transparent und ihr Wissen explizit machen, dass diese in Routingregeln transformiert werden können. Durch diese Formalisierung von Prozessen verschieben sich die vorder- und rückseitigen Zonen des Unternehmens (Wagner 1992), so dass die Prozesse bestimmter Abteilungen nun für andere nachvollziehbar sind. Dass zuvor implizites Wissen einzelner Abteilungen breiteren Bereichen der Organisation zugänglich gemacht wird, kann durchaus ein vom Management intendierter Nebeneffekt sein. Allerdings entsteht durch eben jenen Formalisierungsbedarf zunächst ein zusätzlicher Arbeitsaufwand. Zudem war die höhere Effizienz der „Routingmaschine" keinesfalls sicher. Denn dass die vorgegebenen Regeln die verschiedenen Kundenanliegen sinnvoller sortieren, als es der Kunde vermag, war nicht gewiss. Wenn die „Routingmaschine" das Anliegen des Kunden nicht erfasst, bedarf es doch einer im Vergleich zeit- und kostenaufwändigen Klärung in der Interaktion mit dem Callcenter-Agenten.

Die Umsetzung der „Routingmaschine" gestaltete sich jedoch auch aus anderen Gründen problematisch. Zum einen tat sich [IN_IuK] schwer, einen Technikanbieter zu finden, der entsprechende Anwendungen wunschgemäß entwickelt. Zum anderen konnten die Anrufe den Kunden nur schwer eindeutig zugeordnet werden, da bei [IN_IuK] keine Kundennummern vergeben wurden. So waren bei 40-50% der Anrufe noch zusätzlich manuelle Eingaben durch den Kunden nötig, was den Nutzen und die Einsatzmöglichkeit der „Routingmaschine" extrem schmälerte. Entsprechend schaffte das Unternehmen schließlich die Routingmaschine wieder ganz ab.

Die Anrufe werden daraufhin direkt im Frontoffice entgegengenommen und bearbeitet. Von dort werden die Anfragen gegebenenfalls an die vergleichsweise wenigen Fachberater im Backoffice weitergeleitet. Die veränderte Nutzung von Technik geht in diesem Beispiel also deutlich mit organisationalen Restrukturierungsmaßnahmen einher. Das Hauptziel dieser Maßnahme war neben der (weiteren) Reduzierung von Fehlleitungen und -zuordnungen von Anrufen, dass man hierdurch Kundenfreundlichkeit demonstrieren wollte und sich so von anderen Callcentern zu unterscheiden suchte. Gleichzeitig versuchte man so, strategisch mehr Möglichkeiten zu Verkaufsgesprächen zu schaffen. Die „innovative" oder „mutige" (und zumindest aus Kundensicht vielleicht doch auch recht naheliegende) Support-Idee der Abschaffung eines Telefonmenüs fand innerhalb der „Callcenter-Branche" viel Anerkennung. Zudem arbeitet das Unternehmen mit dieser Restrukturierung von Front- und Backoffice und zumindest teilweise nicht automatisierter Anrufverteilung so erfolgreich und effizient, dass diese Form der

Anrufverteilung auch nach der Übernahme durch [Telco_I] vom gesamten Unternehmen [Telco3] übernommen wird.[38]

Beim Einsatz von Telefonmenüs zeigt sich, dass sich Restrukturierungen innerhalb von Unternehmensnetzwerken in der Strukturierung und Nutzung von IT-Technologien widerspiegeln. Allerdings zeichnet sich dieser Zusammenhang – genauso wie der Zusammenhang von funktionaler Differenzierung und Routing-Algorithmen – nicht durch Eindeutigkeit oder gar Kausalität aus. Vielmehr ist (auch) die Umgestaltung von Telefonmenüs als Indiz für eine Restrukturierung der Unternehmensnetzwerke und deren Aufgabenteilung zu begreifen bzw. haben entsprechende Restrukturierungen häufig eine veränderte Gestaltung und Nutzung von Telefonmenüs zur Folge.

6.4 Callrouting-Enactment im Netzwerk

Bereits in den vorangegangenen Abschnitten deutet sich an, dass das Callrouting durch verschiedene Akteure gestaltet wird. In die Verteilung der Anrufe kann und wird auf vielen Ebenen und von vielen Akteuren eingegriffen. Besonders wenn keine „virtuellen Center" genutzt werden, wird die Zuleitung der Anrufe häufig reaktiv angepasst. Aber auch mit der Etablierung virtueller Center wird die Manipulation des Callroutings durch verschiedene Stellen weder unmöglich noch unnötig. Der folgende Abschnitt zeigt, wie sich die Anpassung und Steuerung des Callroutings gestaltet, wo Verantwortlichkeiten und Zugriffsmöglichkeiten hinsichtlich der Administration von Programmen liegen und welche Folgen bestimmte Konstellationen der Verantwortlichkeit haben.

Schon bei der Beschreibung der Nutzung des Telefonmenüs oder der verschiedenen Formen der Anrufweiterleitung wird deutlich, dass die Anrufleitung von der funktionalen Differenzierung, der möglichen Spezialisierung verschiedener Parteien und der Verteilung der Qualifikationen der Beschäftigten in den beteiligten Unternehmen beeinflusst wird. Damit ein Anruf letztendlich auch einem entsprechend qualifizierten Mitarbeiter zugeordnet werden kann, müssen diesem entsprechende „Skills" zugewiesen werden. Diese Zuweisung von Kompetenzen und Aufgabebereichen zu entsprechenden Beschäftigten kann aber nur vor Ort erfolgen. Und auch wenn sich der Eingriff lediglich auf die „letzte" Meile des Callroutings, also auf die Zuleitung von Anrufen zum Agenten bezieht, so

---

38 Gleichzeitig würde sich nach der Übernahme durch das Telekommunikationsunternehmen eine weitere Nutzung der „Routingmaschine" erleichtern. Denn mit der Telefonnummer, die jetzt an die Kunden vergeben wird, hat das Unternehmen die Möglichkeit, den einzelnen Kunden eine (leicht zu merkende) Kundennummer zuzuweisen. Der Nutzen der „Routingmaschine" wäre hierdurch deutlich höher, trotzdem versuchte man keine erneute Einführung.

6.4 Callrouting-Enactment im Netzwerk

sollte man den Einfluss dieser Eingriffe auf die gesamte Verteilung nicht unterschätzen. Callcenter nutzen entsprechende „Kompetenz-Zuweisungen", um ihre Mitarbeiter mehrere Hotlines abwechselnd oder gleichzeitig bedienen zu lassen. Abgesehen davon bietet die Zuweisung von Kompetenzen und deren reaktiver Anpassung eine weitere Möglichkeit, die Verteilung von Anrufen zu beeinflussen. So können bei außerplanmäßig hohem Anrufaufkommen durch die Veränderung der Kompetenzzuweisung Mitarbeiter, die eigentlich mit anderen Aufgaben wie E-Mail-Bearbeitung oder Outbound-Aufträgen beschäftigt sind, zugeschaltet werden.

Für Dienstleister ist diese Form des Eingriffes am operativen Ende – gerade wenn sie in „virtuelle Center" eingebunden sind – die einzige Möglichkeit der Einflussnahme auf das Callrouting. Sie nutzen die Zuweisung von Kompetenzen, um ihre Beschäftigten für verschiedene Auftraggeber einzusetzen, und zielen dabei tendenziell darauf ab, dass der einzelne Agent möglichst viele Anrufe des Auftraggebers bedienen kann. Die Intensität, mit der die Beschäftigten für verschiedene Auftraggeber eingesetzt werden, variiert allerdings zwischen den beiden Dienstleistern [ED_Div] und [ED_Div1] im Sample. Die Unterschiede gehen darauf zurück, dass der Dienstleister [ED_Div] eine wesentlich stärkere funktionale Differenzierung aufweist. Durch seine Aufteilung in verschiedene Tochterunternehmen mit unterschiedlichen Aufgabenbereichen und Auftraggebern kommt es innerhalb des gesamten Unternehmens selbst für einen Dienstleister zu sehr heterogenen Praktiken, was die Anrufverteilung und Zuleitung von Anrufen angeht. Gleichzeitig variieren die Praktiken der internen Anrufverteilung dadurch, dass sich die interne Differenzierung der Aufgabenbereiche der Tochterunternehmen ständig verschiebt und gegebenenfalls auch durch kurzfristige „manuelle" Zuleitung von Anrufen zu Arbeitsgruppen mit ähnlichen Aufgabenbereichen durchbrochen wird. In einigen Tochterunternehmen nutzt man die reaktive Anpassung der Qualifikationen der Agenten nicht nur, um außerplanmäßig hohes Anrufvolumen abzufangen, sondern auch, um einzelne Beschäftigte gezielt anzusteuern. Und selbst wenn von Seiten des Managements die aus dem manuellen Eingreifen resultierende Durchbrechung der internen Differenzierung und eventuell gar der Routingstrategien als problematisch angesehen wird, so greifen bei [ED_Div] im alltäglichen Arbeitsablauf automatische Anrufverteilung und manuelle „Feinjustierung" besonders häufig ineinander.

Mit der Anpassung des Routings mittels der Kompetenzzuweisung der Teamleiter kommen zu den zahlreichen Akteuren, die an den Praktiken der Anrufverteilung beteiligt sind, noch weitere hinzu. Zudem erfolgen reaktive Anpassungen des Callroutings häufig auf den verschiedensten Ebenen gleichzeitig. Denn die Überwachung des Service-Levels und die reaktive Gegensteuerung bei schlechter Auslastung der Kapazitäten in Form der Anpassung der Anrufverteilung obliegen in der Regel einer gesonderten Abteilung. Die reaktiven Anpassungen dort ergänzen bzw. konterkarrieren teilweise die reaktive Anpassung der Teamleiter mittels einer Veränderung der Kompetenzzuweisung. Hinzu kommt, dass die Zuständigkeiten für reaktive Anpassungen nicht immer klar verteilt sind. So erwartet man bei [IN_Telco1] von den einzelnen Callcenter-Standorten und -hotlines eine eigenständige reaktive Anpassung und ein Ausgleichen hoher oder niedriger Anrufaufkommen ohne zentrales Eingreifen. Gleichzeitig überwacht die zentrale technische Abteilung die Service-Level und kann ebenfalls eingreifen.

Neben den reaktiven Anpassungen wird das Routing auch noch durch häufige Restrukturationsmaßnahmen verändert. Sie erfolgen in der Regel durch die technischen Abteilungen oder im Falle von [OT_FiDi] durch externe Techniker. Strukturelle Veränderungen des Callroutings nehmen die Form der Zu- oder Abschaltung einzelner Standorte oder einer Neueinteilung des Telefonmenüs bei der Einführung neuer Produkte und Services an. Das IT-Personal kann hierbei nicht nur die eigentliche Verteilung der Anrufe auf der Ebene der Standorte, der Teams und der einzelnen Callcenter-Agenten ändern. Vielmehr können durch „offene Schnittstellen" diverse Applikationen, wie zum Beispiel Programme zur Spracherkennung (siehe Abschnitt 6.6) verschiedener Hersteller, in das Routing eingebunden werden.

Zu den „Manipulationen" der Anrufverteilung durch die Teamleiter mittels „Kompetenzzuweisung" und den reaktiven Anpassungen seitens spezieller Abteilungen, denen die Kontrolle der Servicelevel unterliegt, kommen also noch die Optionen der technischen Abteilungen hinzu, in die grundsätzliche Struktur der Anrufverteilung einzugreifen. Die Vielfalt der Möglichkeiten, in das Routing einzugreifen, führt nicht nur zu einer hohen Flexibilität und Anpassungsfähigkeit der Anrufverteilung, sondern birgt durchaus auch Gefahren. Denn Veränderungen sind nicht nur einfach zu realisieren, sie zeigen ihre Wirkungen auch sofort. Wenn nun an verschiedenen Stellen gleichzeitig ohne Absprache Veränderungen vorgenommen werden, verändert sich die Gesamtwirkung der diversen Manipulationen. Die Auswirkungen der einzelnen Veränderungen können sich aufheben oder auch in ungewünschtem Maße exponentiell verstärken. Wiewohl die Manipulationen an den einzelnen verschiedenen Stellen sinnvoll erscheinen mögen, so gefährden sie doch ein insgesamt einheitliches und widerspruchsloses Routing der Anrufe. Durch die Komplexität des Netzwerks und des Routings wird eine Koordination der Eingriffe in das System von verschiedenen Stellen zu einer administrativen Herausforderung, zu deren Bewältigung die Zeit fehlt. Obgleich es unumgänglich scheint, verschiedenen Akteuren den Eingriff ins Routing zu gewähren, so erhöht sich hierdurch die ohnehin schon enorme Komplexität der Anrufverteilung. Durch die Ausdifferenzierung verschiedener Ebenen des IT-Systems und der lokalen Verteilung von Handlungsoptionen erhöht sich die

Komplexität der Netzwerkprozesse dermaßen, dass eine Steuerung der Prozesse im Netzwerk dadurch erschwert, wenn nicht gar unmöglich wird. Bei der Gestaltung der Anrufverteilung durch die verschiedenen Akteure zeigen sich also deutlich Probleme verteilter Handlungen in komplexen Netzwerken. Somit lassen sich durch die Fallstudien die Befunde der Forschung (siehe Abschnitt 5.6.2), dass Unternehmen sowohl durch die Netzwerkbildung als auch durch den Einsatz von Technik mit erheblichen paradoxen Effekten konfrontiert werden, die die antizipierten Wirkungen konterkarieren, deutlich bestätigen. Es wird zudem deutlich, dass sich im Zusammenspiel des Einsatzes von IuK-Technologien und vernetzten Arbeitsprozessen entsprechende problematische Konsequenzen potenzieren. Des Weiteren zeigen sich jedoch in den Fallstudien Pfadabhängigkeiten hinsichtlich des Einsatzes entsprechender IuK-Technologien und der Gestaltung von Netzwerkprozessen, die dazu führen, dass die Unternehmen – trotz aller Unzulänglichkeiten – sowohl auf den Einsatz entsprechender IuK-Technologien als auch auf die Zugehörigkeit zu entsprechenden Netzwerken angewiesen sind.

6.5 Zusammenfassung

Die Fallstudien zeigen, dass sich in Unternehmensnetzwerken – vermittelt durch die Handlungen der (kollektiven) Akteure – internationale, nationale, regionale und lokale Bezugsrahmen auch auf den Einsatz callcenterspezifischer Technologien auswirken. Bei der Betrachtung des Einflusses von internationalen Konzernstrukturen auf die Verwendung von IuK-Technologien im Arbeitsabläufen von Callcentern multinationaler Konzerne fällt auf, dass die entsprechenden Vorgehensweisen auf das eigene Unternehmen beschränkt bleiben und nicht von anderen Unternehmen imitiert werden (können). Des Weiteren zeigt sich im Hinblick auf die Techniknutzung in Callcentern multinationaler Konzerne nicht nur die bestimmende Kraft von Konzernzentralen, sondern auch Bottom-up-Tendenzen, bei der die Praktiken eines Unternehmensteils auf alle anderen Callcenter des Unternehmens übertragen werden.

Die Analyse zur Nutzung des Callroutings verdeutlicht, wie Unternehmen die Möglichkeiten vernetzter und vernetzender Technik zur Reorganisation der Arbeit konkret nutzen: Vor allem auf nationaler Ebene werden Anrufe – und damit die Arbeit – zwischen verschiedenen Standorten eines Unternehmens, zwischen Inhouse-Centern und externen Dienstleistern, zwischen verschiedenen Dienstleistern sowie in und zwischen Regionen in Echtzeit verschoben. Auffallend ist weiterhin, dass sich mit den technischen Optionen des Callroutings die Erwartungen und Ansprüche von Unternehmen, Auftraggebern und Kunden verändern. Die Wahrnehmung technischer Möglichkeiten übersetzt sich in strategische Optionen, die sich je nach Markt- und Machtpositionen der Beteiligten verteilen. Dies spiegelt sich unter anderem in verschärften Vertragsverhandlungen und -bedingungen wider. Insgesamt verbessert sich die Verhandlungspositionen für die Auftraggeber, da es aufgrund der Verfügbarkeit entsprechender technischer Mittel relativ einfach ist, den Anbieter von Callcenter-Dienstleistungen zu wechseln. Aus diesem Grund werden im Allgemeinen die vertraglich vereinbarten Zielvorgaben zunehmend strenger und die Auftraggeber können sich die Produktivitätsgewinne ihrer Subunternehmer aneignen. Dementsprechend nimmt, gemäß den Interessen der Auftraggeber, die Vertragsdauer ab, während Kostendruck und damit insgesamt der Druck auch auf die Beschäftigten des Auftragnehmers steigen.

Insgesamt stehen die ständige Suche nach neuen, günstigeren Anbietern und die Ausübung von (weiterem) Kostendruck auf die Anbieter der Etablierung von langfristigen Beziehungen und relationalen Netzwerken im Wege (Thompson 2005). Jedoch ist die Effizienz dieser Marktstruktur fraglich: Die relativ kurze Vertragsdauer und der damit einhergehende fragile Interessenskonsens der Akteure (Weyer 1997b: 97) erfordern permanente und zeitaufwendige Abstimmungsprozesse. Es zeigen sich indirekte Effekte des Einsatzes der Technik auf die Beziehung in Netzwerken, die den Vorrang der Kostensenkung vor anderen Orientierungen verstärken, Optionen und Flexibilitätspotentiale steigern sowie Macht und Einfluss auf die Gestaltung der Arbeit bei den Auftraggebern konzentrieren.

Das Beispiel der Callcenter zeigt, dass selbst wenn Arbeit aufgrund der technischen Möglichkeiten theoretisch überall verrichtet werden kann, der Ort der Arbeit doch nur teilweise in den Hintergrund tritt. Für den Arbeitsalltag und die Gestaltung der Arbeit spielen die Bedingungen vor Ort eine so bedeutende Rolle und schränken Verlagerungsprozesse in so erheblichem Maße ein, dass diese bei der Analyse von Verlagerungsprozessen nicht außer Acht gelassen werden können. Das Standortparadoxon, also dass der Standort trotz aller informationstechnologisch gestützten weltweiten Kommunikation und Kooperationsmöglichkeiten von zentraler Bedeutung ist (Hirsch-Kreinsen/Schulte 2000: 13f), lässt sich anhand der Fallstudien deutlich bestätigen. Das (Re-)Arrangement von Aufgaben und Arbeit ist nicht so frei gestaltbar, wie es allein unter Berücksichtigung der durch die Technik gegebenen Möglichkeiten zu vermuten wäre. Im Unterschied zu Castells' Perspektive (Castells 1996, 2001) der ortsunabhängigen und gleichzeitig zeitlosen Vernetzung zeigen die Fallstudien, wie sehr Technik, Netzwerkbildung und deren Interaktion durch Vermittlung und Handlungen von Akteuren in entsprechenden Kontexten und Situationen (Suchman 2000, 1999) gestaltet werden und gleichzeitig rekursiv als Orientierung weiterer Handlungen fungieren (Giddens 1988; Sydow/Van Well 2001).

6.6 Ausblick: Selbstbedienung und verstärkte Automatisierung im Kundenservice als Alternative zu Offshoring

Trotz technischer Möglichkeiten sind – wie die Fallstudien verdeutlichen – Verlagerungstendenzen in Form eines Offshorings von Callcenter-Dienstleistungen kaum vorhanden. Stattdessen entwickeln sich, zumindest im Bereich der Callcenter-Dienstleistungen für den deutschen Markt, branchenspezifische Praktiken des Outsourcings. Es zeigen sich jedoch in einigen Fallstudien stattdessen auch andere Formen der Verlagerung von Arbeit. Sie nehmen die Form einer zunehmenden Automatisierung und des Aufbaus von Self-Service-Funktionalitäten an. Im Rahmen des Ausbaus von Self-Service-Funktionalität wird die Arbeit zwischen Kunde und Unternehmen neu verteilt. Bei der zunehmenden Nutzung automatisierter Abläufe kommt es parallel auch zur Umverteilung der Aufgaben zwischen Mensch und Maschine. Durch den Einsatz entsprechender Automatisierungstechnologien ergeben sich Optionen, Callcenter-Dienstleistungen oder Personal einzusparen und so Lohnkosten zu senken. Entsprechend erscheint eine zunehmende Automatisierung und Einbeziehung des Kunden als eine Alternative zur Verlagerung von Tätigkeiten ins Ausland.

Genau diese Vorgehensweise lässt sich bei [IN_Han] beobachten. Statt Callcenter-Dienstleistungen für den deutschen Markt ins nahe Ausland zu verlagern oder statt externe Dienstleister zu beauftragen, setzt das Unternehmen zunehmend auf einen hohen Anteil der automatisierten Bearbeitung im telefonischen Kundenservice. Zudem soll ein zukünftiger Mehrbedarf durch den Einsatz von Sprachapplikationen und einer weiteren Erhöhung des Automatisierungsgrades im telefonischen Kundenservice abgefangen werden. Parallel dazu baute das Unternehmen sowohl im Bereich des Kundenservice als auch in der Bestellannahme Self-Service-Strukturen im Internet stark aus.

Neben dem Potential, durch entsprechende Technologien Lohnkosten einzusparen, lässt sich eine entsprechende Zunahme automatisierter Arbeitsabläufe auch darauf zurückführen, dass sich die Akzeptanz gegenüber entsprechenden Technologien sowohl beim Management als auch bei den Kunden erhöht hat. Den Unternehmen kommt hierbei eine Schlüsselrolle zu, da sie entscheiden, wie sie jene Technologien einsetzen oder ob sie diese – wie nachfolgend am Fall von Anwendungen zur Spracherkennung dargestellt – verweigern. Kunden haben hingegen nur bedingte Entscheidungsmöglichkeiten, denn Unternehmen gestalten ihren Kundenservice teilweise so, dass Kunden gar keine andere Möglichkeit haben, als Self-Service-Möglichkeiten und automatisierte Abfragen zu nutzen, wollen sie ihr Anliegen unkompliziert und wenig zeitaufwändig erledigen. Sowohl [IN_IuK] als auch [IN_Han] versuchen den Kunden zur Nutzung automatisierter Abfragen und Self-Service-Funktionen zu motivieren. Der Callcenterleiter von [IN_Han] zielt durch die Strukturierung des Telefonmenüs darauf ab, die Möglichkeiten der Vermittlung von Informationen durch den Agenten „zu verstecken" und so die eigentliche Präferenz des Kunden für einen menschlichen Ansprechpartner zu unterwandern. Zudem würde er gerne die Kunden über eine günstigere Rufnummer zur verstärkten Nutzung automatisierter Anfragen motivieren – eine Strategie, die auch das Management der Callcenter von [IN_IuK] schon erwogen hat, um den Kunden einen Anreiz zu geben „mit einer Maschine zu reden" (Zweites Interview mit dem technischen Leiter von [In_IuK] am Standort in [A-Stadt]: 00:38:01).

Ganz erfolglos sind diese Bemühungen der Unternehmen, den Kunden zur Nutzung des Self-Services zu drängen, nicht. Während der Fallstudien zeigt sich insgesamt eine deutliche Zunahme von Self-Service-Technologien. Im Vergleich von Anwendungen für telefonischen Self-Service via Sprachapplikationen mit dem Ausbau des Angebotes von internetgebundenen Formen der Selbstbedienung lassen sich gerade bei Letzteren stärkere Zunahmen verzeichnen. Besonders deutlich zeigen sich der Ausbau und der zunehmende Einsatz von Online-Service-Anwendungen in den Fallstudien von [IN_Han, IN_IuK, D-Air und Telco1]. Das Verhältnis von Online-Self-Service und telefonischem Kundenservice wird dabei aber nicht als eine so starke Konkurrenz von den Befragten beschrieben, dass eine komplette Verdrängung von telefonischem Kundenservice durch „das Internet" wahrscheinlich wäre. Es zeigen sich jedoch deutliche Tendenzen, dass Unternehmen den Online-Self-Service zur Übernahme von Funktionen nutzen, die auch via telefonischem Kundenservice erbracht werden könnten.

Der Einsatz von Sprachapplikationen bietet Unternehmen eine Möglichkeit, parallel zum Angebot von Online-Self-Services im Internet, Automatisierungstechnologien und Self-Service-Funktionen auch in den sprachgebundenen Telefonbereich zu übertragen. Sprachapplikationen werden wie die Telefonmenüs in das Callrouting eingebunden. Das Spektrum der Sprachapplikationen umfasst nicht den Bereich automatisch abgespielter Ansagen, sondern vielmehr die Kopplung von Spracherkennung und synthetischer Widergabe von Sprache. Der Einsatz von Sprachapplikationen ist auf eine Interaktion zwischen Maschine und Mensch (Kunde) ausgelegt, in deren Verlauf der Kunde sein Problem ohne oder mit weniger Unterstützung eines Callcenter-Agenten löst. In Telefonmenüs dient die Einbindung von Spracherkennung nicht nur der komplett automatisierten Beantwortung von Anfragen, sondern auch der Vermittlung des Kunden an einen geeigneten Ansprechpartner. Bekannte Beispiele sind die automatische Fahrplanauskunft der Deutschen Bahn oder die Navigation durch Auswahlmenüs beim Telefonbanking.

Die Nutzung von Sprachapplikationen hat während des Erhebungszeitraumes zwar weniger deutlich zugenommen als die Nutzung von Self-

6.6 Ausblick

Service-Strukturen im Internet, jedoch zeigen sich auch hier – ob nun durch diverse Lobby-Arbeit (z.B. von [Cons]) oder (auch) durch die Verbesserung der technischen Systeme – deutliche Zunahmen. Im Gegensatz zu den USA stand das Management von Unternehmen in Europa zuvor entsprechenden Technologien eher skeptisch gegenüber und sah nicht, dass bei „sinnvoller Nutzung" und Integration von Sprachapplikationen in bestehende „Routing-Systeme" auch ein kundenfreundlicher Einsatz möglich ist, der zum Beispiel mit kürzeren Wartezeiten, einer höheren Verfügbarkeit und längeren Öffnungszeiten einhergeht. Aber auch wenn man von Managementseite nun Sprachapplikationen weniger skeptisch gegenübersteht, so mündet die erhöhte Akzeptanz (noch) nicht zwangsläufig in einen umfangreichen Einsatz. Vielmehr zeigt sich in den Fallstudien ein eher eingeschränkter Einsatz von Sprachapplikationen als Alternative zur Tastatursteuerung bei der Navigation im Telefonmenü. Im Fall von [IN_IuK] zeigen sich sogar Gegentendenzen, denn dort ist man mit der Abschaffung des Telefonmenüs von der Nutzung von Sprachapplikationen abgerückt.

Bei [IN_Han] ist dagegen ein umfangreicher Einsatz einer „intelligenten Sprachapplikation" geplant. Bis auf Reklamationen kann sich der Befragte viele Anwendungsgebiete vorstellen. Es gibt sogar Pläne, entsprechende Sprachapplikationen nicht nur für den deutschen Markt einzusetzen. Denn da mit einer Sprachapplikation inzwischen Kunden aus verschiedenen „Sprachräumen" bedient werden können, planen die Manager der Callcenter von [IN_Han] in verschiedenen Ländern die sukzessive Nutzung der Sprachapplikation.[39] Ziel ist – wie bei der Nutzung von Anwendungen zum Callrouting –, durch eine kooperative Anschaffung die Kosten zwischen den Callcentern verschiedener Länder zu teilen und langsam Erfahrungen zu sammeln, ohne die gesamte Anrufverteilung in allen Callcentern zu gefährden. Allerdings zeigt sich der deutsche Callcenterleiter von [IN_Han] durch die technischen Probleme, die sich bei der Einführung der Callrouting-Software zeigten, mit der Einführung zusätzlicher Komponenten in das Callrouting zögerlich. Außerdem schiebt er die Einführung der Sprachapplikation aufgrund hoher Anschaffungskosten, wie viele andere Unternehmen auch, noch auf und wartet auf niedrigere Preise. Denn obwohl die Möglichkeit, eine Sprachanwendung für Kunden aus verschiedenen Sprachräumen einzusetzen, diese für viele multinationale Konzerne aus Europa interessanter und rentabler macht, und obwohl der Preis von Sprachanwendungen in den letzten Jahren gesunken ist, sind sie vielen (großen) Unternehmen immer noch zu teuer. Es zeigt sich also ein wachsendes Interesse der Unternehmen, Sprachapplikationen

---

39 Diese sukzessive Implementation von Sprachapplikationen in den Kundenservice gleicht in ihrer Vorgehensweise der Einführung von Live-Chats und des Internet-Avatars zur Beantwortung von Kundenfragen im Internet.

einzusetzen, jedoch läuft die tatsächliche Nutzung aufgrund von strategischem Abwarten nur langsam an. Auch wenn sich Tendenzen einer Zunahme der Nutzung von Technologien des Self-Services zwar erst langsam, dafür aber recht deutlich ausmachen lassen, so zeigen sich selbst in diesen Tendenzen erste Unterschiede in der Nutzung von telefonischem Self-Service und von Automatisierungstechnologien seitens der Unternehmen. Zum einen variiert die Nutzung entsprechender Technologien mit dem Kundensegment. Kundensegmente mit hohem Umsatz werden häufiger „persönlich bedient" als Kunden des Massenmarktes. Weiterhin variieren Möglichkeit und Nutzen der Automatisierung auch mit der Häufigkeit der Anfrage. Eine Einbindung von Automatisierungstechnologien und Self-Service können nur dann effizient eingesetzt werden, wenn sie häufige Anliegen der Kunden betreffen oder für eine große Anzahl von Kunden genutzt werden können. Außerdem eignen sich auch nur bestimmte Formen von Anfragen zur Bearbeitung unter Einbindung von Automatisierungstechnologien. Anfragen, bei denen emotionale Komponenten eine wichtige Rolle spielen, wie zum Beispiel bei Beschwerden, werden zumeist im persönlichen Telefonkontakt bearbeitet. Die erfolgreiche Abwicklung dieser Anfragen macht es notwendig, dass die Mitarbeiter Handlungsspielräume nutzen und ad hoc reagieren können. Entsprechend sind die Möglichkeiten der Standardisierung dieser Aufgaben – auch jenseits der Frage des Einsatzes von Automatisierungstechnologien – gering.

Die Nutzung von Automatisierungs- und Self-Service-Technologien verschiedenster Art hat zur Folge, dass in den Unternehmen über die Verteilung von Aufgaben zwischen Mensch und Maschine sowie über die Nutzung und Besonderheiten menschlicher Arbeitskraft neu nachgedacht wird. Der Einsatz entsprechender Technologien ist mit einem Lernprozess verbunden, in dessen Verlauf die Unternehmen auszuloten versuchen, in welchen Bereichen automatisierte Bearbeitung und Selbstbedienung erfolgreich ist und wo der Kontakt zum Mitarbeiter notwendig bleibt. Die Ergebnisse dieser Lernprozesse decken sich mit denen der Forschung zu Mensch-Maschine-Interaktionen und Möglichkeiten, Aufgaben zwischen Mensch und Maschine zu verteilen. So beschreibt Suchman (1999), dass Maschinen zu der Situation der Anfragen der Anwender nur eingeschränkt Zugang finden, da ihnen jenseits programmierter Routinen die Fähigkeit fehlt, Handlungen zu interpretieren. IuK-technologische Anwendungen können entsprechend regelbasierte Aufgaben schneller bearbeiten und stoßen an ihre Grenzen, wenn die Aufgaben neue oder unerwartete Probleme umfassen, wenn Entwicklungen nicht absehbar sind oder die Erkennung von Mustern und Interpretationen gefragt sind (Levy/Murnane 2004). Oder wie es einer der Interviewpartner formulierte: „(l)ieber die Skills der Menschen dafür verwenden wirklich zu verstehen, was das Problem des Kunden ist, das kann eine Maschine

6.6 Ausblick

nicht." (Zweites Interview mit dem technischen Leiter von [In_IuK] am Standort in [A-Stadt]: 00:36:52).

Das Problem besteht des Weiteren nicht in dem Auftreten von „Missverständnissen", die es ja auch in der rein menschlichen Kommunikation gibt, sondern darin, dass der Technik kein Repertoire zur Verfügung steht, diese unvermeidlich auftretenden Störungen zu entdecken und zu beheben. Menschliche Interaktion verläuft dank der Fähigkeit, Bedeutung zu konstruieren, aber auch Missverständnisse zu entdecken und zu überwinden, erfolgreich. Die Interaktion zwischen Menschen bleibt also notwendig um „Defizite informatisierter Systeme auszugleichen" (Kleemann/Matuschek 2003: 139). Aber auch wenn IuK-Technologien nicht Informationen interpretieren und eigenständige Diagnosen erstellen können, so können sie die menschliche Arbeitskraft doch bei diesen Tätigkeiten unterstützen, wo diese auf große Informationsmengen und Berechnungen zurückgreifen muss. Andererseits kann, wie zuvor geschildert, genau diese Informationsflut zum Beispiel in Form einer Unmenge von Kundendaten die menschliche Interpretationsfähigkeit überfordern.

Insgesamt erscheint somit ein kompletter Ersatz der IuK-technologisch gestützten Mensch-Mensch-Interaktion durch automatisierte Abläufe und Self-Service-Funktionen in Callcentern unwahrscheinlich. Flexibles, menschliches Agieren bleibt zur erfolgreichen Lösung bestimmter Anliegen unabdingbar. Es gibt dementsprechend eine klare Begrenzung der Standardisierbarkeit von Arbeitsprozessen und der automatisierten Bearbeitung von Anrufen. Gleichwohl fällt auf, dass die Callcenter in letzter Zeit vermehrt darauf abzielen, parallel oder alternativ zur Nutzung von Restrukturierungsmaßnahmen vor allem in Form von Outsourcing, diese Grenzen zu verschieben und verstärkt komplett automatisierte Abwicklungen zu nutzen.

7 Fazit: Callcenter-Dienstleistungen in Deutschland als globalisierte und informatisierte Dienstleistungsarbeit?

Die Annahme, dass Verlagerungsprozesse und der Einsatz von Technik in Unternehmensnetzwerken zusammenspielen, stellte den Ausgangspunkt der Untersuchung dar. Nicht nur verändern die Technologien durch ihre Anwendung die Praktiken der Arbeits(ver)teilung in bzw. zwischen Unternehmen. Ihr Einsatz in Kontexten netzwerkförmiger, unternehmensübergreifender Arbeitsorganisation, die durch Verlagerungsprozesse aufgespannt wird, hat auch Rückwirkungen auf die Nutzung der Technologie selbst. Abschließend diskutiere ich nun, ob diese Annahme durch die empirischen Befunde gestützt wird oder zu modifizieren ist.

Die Callcenter-Fallstudien bestätigen die Annahme des wechselseitigen Zusammenhangs von Verlagerungsprozessen und Technikeinsatz nur bedingt. Im Hinblick auf Outsourcingprozesse unterstützen die empirischen Ergebnisse diese Ausgangsvermutung einer bidirektionalen, rekursiven Beziehung. Der geringe Einfluss technischer Optionen auf die Verlagerung von deutschsprachigen Callcenter-Dienstleistungen ins Ausland weist jedoch darauf hin, dass weitere Faktoren Verlagerungsprozesse beeinflussen. Es zeigen sich also erklärungsbedürftige Unterschiede hinsichtlich des Einflusses der Technik auf verschiedene Formen der Verlagerung von Unternehmenstätigkeiten. Deswegen werden abschließend Faktoren und Prozesse jenseits der Beeinflussung der Verlagerungsprozesse von Technologien vorgestellt und diskutiert.

Zunächst jedoch deutet sich in den Fallstudien nicht nur ein wechselseitiger Zusammenhang, sondern auch eine funktionale Äquivalenz von Technikeinsatz und Verlagerungsprozessen in Form von Offshoring und Outsourcing an: In den letzten Jahren nutzen Callcenter in Deutschland einen Ausbau der weitgehend automatisierten Abwicklungen des Kundenkontaktes nicht nur parallel, sondern vor allem alternativ zur Verlagerung von Aufgabenbereichen. Dies bedeutet im Hinblick auf den Bedarf an Arbeitskraft und die Qualifikation von Beschäftigten, dass sich Dienstleistungsarbeit – zumindest im Bereich deutschsprachiger Callcenter-Services – weniger durch die Verlagerung ins Ausland auszeichnet. Vielmehr kommt es in den Callcentern, die für den deutschen Markt arbeiten, mittels des begrenzten Ersatzes menschlicher Arbeitskraft durch Technik (siehe Abschnitt 6.6), zu einer Abnahme gering qualifizierter Arbeit[40]. Ob der Befund, dass ein verstärkter Einsatz von IuK-Technologien im Zuge von Verlagerungsprozessen nicht nur als Komplement, sondern auch als Substitut genutzt wird, auch auf andere Bereiche der informatisierten Dienstleistungsarbeit zutrifft, bleibt zu erarbeiten.

Fest steht jedoch, dass sich durch die Nutzung entsprechender Automatisierungs- und Self-Service-Technologien auch die Einbindung des Kunden in den Arbeitsablauf ändert. Das Beispiel von Callcentern zeigt, dass Kunden nicht allein Konsumenten von Dienstleistungen sind, sondern auch zu Ko-Produzenten (Büssing/Glaser 2003) werden. Dadurch, dass der Kunde in den Prozess der Leistungserbringung eingebunden wird (Dunkel/Rieder 2003; Voß/Rieder 2005; Rieder/Voß 2006) verändert sich die Arbeitsteilung zwischen Beschäftigten und ko-produzierendem Kunden. So betrifft die Reorganisation technisierter und informatisierter Abläufe, wie zum Beispiel durch die Etablierung von „Self-Service-Anwendungen", auch die Ko-Produktionstätigkeit des „Prosumers" (Toffler 1980). In seiner Ko-Produktionstätigkeit wird der Kunde verstärkt zum Anwender entsprechender IuK-Technologien. Wie bei den Beschäftigten in den Betrieben tritt ihm die Technik als ermöglichende Handlungsressource und die Handlung einschränkender Faktor entgegen. Als positive Konsequenz der zunehmenden Wandlung des Konsumenten zum „Prosumer" ergibt sich, dass durch die Ko-Produktivität des Kunden Dienstleistungen gegebenenfalls schneller und effizienter erbracht werden können. Win-Win-Situationen für Kunde und Unternehmen sind also möglich. Sind sie aber auch wahrscheinlich? Mir erscheint eine etwas düstere Prognose im Hinblick auf die zunehmende Verlagerung von Dienstleistungstätigkeiten zum Kunden angebrachter. Der Kooperationsbedarf des Kunden wird jenseits der Voice-to-Voice-Interaktion am Telefon auf andere Kanäle umgelenkt. Beim Kunden vermag sich so, nicht nur in der Warteschleife und bei der Navigation durch diverse Telefonmenüs, sondern auch bei der Konfrontation mit diversen Self-Service-Anwendungen durchaus ein abstraktes Gefühl der Machtlosigkeit gegenüber den Bestrebungen der Unternehmen, dem Kunden bestimmte Abläufe aufzuzwingen, einstellen.

Im Rahmen der Analyse der Fallstudien wird deutlich, dass zur Erklärung bestehender Arbeitsteilung vor allem der Blick auf Bedingungen und Hindernis-

---

40 Der Befund des Ersatzes einfacher Tätigkeiten im Bereich der Callcenter-Dienstleistungen durch die zunehmende Nutzung von automatisierten IuK-technologisch basierten Abläufen ist auch anschlussfähig an industriesoziologische Debatten zur Auswirkung des Technikeinsatzes auf die Qualifikation der Beschäftigten und die Qualität der Beschäftigung (Bravermann 1977; Shaiken 1985; Kern/Schumann 1984; mit Bezug auf Callcenter: Sieben et al. 2007). Er könnte entsprechend zu Prognosen über die zukünftige Entwicklung von Qualifikationsprofilen der verschiedenen Beschäftigtengruppen aus dem Bereich informatisierter Arbeit im Zuge einer zunehmenden Automatisierung herangezogen werden.

se, auf die Bestrebungen der Entkopplung von Arbeit aus lokalen Zusammenhängen treffen, zielführend ist. Dies gilt sowohl für die räumliche Verteilung zwischen verschiedenen Standorten, Unternehmen oder gar Ländern als auch für die Verteilung von Aufgaben zwischen menschlicher Arbeitskraft und IuK-technologischen Ressourcen sowie im Falle von Self-Service-Anwendungen zwischen Dienstleister und Kunden. Antworten auf die Frage, wie sich die konkrete Verteilung von Arbeit gestaltet, finden sich also, wenn man den Blick auf die Hindernisse richtet, die der Entkoppelung von Arbeit, in Form einer wie auch immer gearteten Bindung von Arbeit an konkrete Orte bzw. menschliche Träger von Wissen, entgegenstehen. Die Befunde aus den Fallstudien legen nahe, die Möglichkeiten, mittels Einsatzes von IuK-Technologien Arbeitsprozesse aus organisationalen Kontexten zu lösen und so Unternehmens- oder Landesgrenzen zu überbrücken, nicht zu überschätzen. Zudem ist eine Überbrückung von Grenzen nicht mit einem Verschwinden derselben zu verwechseln, wie es zum Beispiel durch den Begriff der „grenzenlosen Unternehmung" (Picot et al. 2003) suggeriert wird. Vielmehr lässt sich als ein wichtiges Ergebnis dieser Arbeit festhalten, dass sich deutliche Effekte der räumlichen Bindung und „stickyness" auch bei informatisierter Dienstleistungsarbeit ausmachen lassen. Diese zeigen sich zum Beispiel daran, dass die Verlagerung von Callcenter-Dienstleistungen in Deutschland eher die Form von Outsourcing als von Offshoring annimmt. Eine vermeintliche Ortsungebundenheit informatisierter Arbeit allgemein, wie sie die Forschung auf der Basis von Studien aus dem Bereich der Softwareentwicklung (Boes/Schwemmle 2005b; Boes/Kämpf 2006a, 2006b) mit Begriffen wie „globaler Informationsraum" andeutet (Boes/Kämpf 2011), und eine generelle Tendenz der Abwanderung informatisierter Dienstleistungsarbeit in Niedriglohnländer lassen sich anhand des Beispiels von Callcentern deutlich widerlegen[41]. Die Möglichkeiten des (Re-)Arrangements von Aufgaben und Arbeit in Callcentern sind deutlich begrenzter, als es die oben aufgeführten Forschungsarbeiten zu Outsourcing und Offshoring informatisierter Arbeit zunächst vermuten lassen. Die Fallstudien und sozialwissenschaftliche Studien zur Standortpolitik von Unternehmen verweisen darauf, dass sich Unternehmen oft dagegen entscheiden, neue Standorte im Ausland aufzubauen. Als Gründe für diese Entscheidung lassen sich fehlende Erfahrungen mit dem Outsourcen von Arbeitsprozessen und dementsprechend ein höheres Risiko von Investitionen in das

---

41   Zudem gibt es auch für den Bereich der Software-Entwicklung Befunde, die darauf verweisen, dass auch dort die Arbeitsbedingungen immer noch stark durch diverse institutionelle Umfelder geprägt werden (Holtgrewe/Meil, 2008a: 31). Des Weiteren werden die Prozesse der Transnationalisierung durch unternehmensspezifische Pfadabhängigkeiten überformt, so dass auch im Bereich der Software-Entwicklung von einer einheitlichen Form der Transnationalisierung nicht die Rede sein kann (Holtgrewe/Meil, 2008b: 63; Flecker et al. 2009: 57ff).

Offshoring der Dienstleistungen ausmachen. Die Organisation informatisierter Dienstleistungsarbeit weist zwar auch Globalisierungstendenzen auf, bei der tatsächlichen Verteilung der Arbeit spielen aber – insbesondere bei Dienstleistungen für Kunden aus dem deutschen Sprachraum – lokale Faktoren (immer noch) eine entscheidende Rolle. Der Blick auf die Verlagerung von Callcenter-Dienstleistungen für deutschsprachige Kunden zeigt also, dass Befunde der Forschung zur Internationalisierung oder gar Globalisierung von informatisierter Dienstleistungsarbeit keine Allgemeingültigkeit besitzen. Die bisherige Forschung zur Internationalisierung informatisierter Dienstleistungsarbeit wird den verschiedenen Facetten und Varianten des Phänomens nicht gerecht.

Das Beispiel von Callcentern macht deutlich, dass gerade Dienstleistungsarbeit, die in der Interaktion mit dem Kunden verläuft, eben nicht ortsunabhängig ist. Da Callcenter als Kontaktstelle der Organisation zur Außenwelt fungieren, sind sie zur Erfüllung dieser Funktion auf eine gelingende Interaktion mit dem Kunden angewiesen. Damit diese Interaktion aber gelingt, sind geteilte Kontexte wichtig. Einen wichtigen gemeinsamen Nenner stellt hierbei die Sprache dar, aber auch „kulturelle Nähe" ist zum Gelingen der Interaktion notwendig. Diesen Erfordernissen muss auch die Standortwahl multinationaler Unternehmen gerecht werden. Deswegen sind auch multinationale Unternehmen bei der Auswahl von Standorten, an denen für das Unternehmen Callcenter-Services erbracht werden sollen, eingeschränkt.

Realiter zeigen sich nicht nur Schwierigkeiten Arbeitsprozesse aus lokalen Kontexten zu entkoppeln. Die konkrete Verteilung von Arbeit wird auch dadurch beeinflusst, dass die aus Kontexten gelösten Arbeitszusammenhänge nicht irgendwo im „globalen Raum" frei flottieren. Es bedarf der Wiedereinbettung, des Re-Embeddings, von Arbeitsprozessen in lokale Zusammenhänge und in neue organisationale Kontexte. Wenn sich Unternehmen beispielsweise dazu entscheiden, ihre Aktivitäten (teilweise) outzusourcen, müssen diese daraufhin in ein neues organisationelles Umfeld eingebettet werden. Bei der Analyse der Rolle von Technik hinsichtlich der Reorganisation von Arbeit ist entsprechend nicht nur Prozessen des technisch vermittelten Disembeddings Rechnung zu tragen. Vielmehr ist auch das Zusammenspiel von Technikeinsatz mit (veränderter) Verstandortung und der Etablierung von neuen, lokal verankerten Formen der Arbeit(steilung) in Unternehmensnetzwerken zu berücksichtigen. Hierbei zeigt sich zum einen, dass auf IuK-Technologie basierende Arbeitsprozesse – wie sie auch unter dem Begriff „eWork" subsumiert werden – allein deswegen lokal verankert sind, weil der Einsatz entsprechender Technologien immer auf eine konkrete Anwendung durch Nutzer vor Ort zurückgeht (siehe Abschnitt 5.6ff).

Und selbst wenn keine Rückkopplung des „Informationsraumes" (Boes/ Kämpf 2011) oder des „elektronischen Raumes" (Wagner 1995: 196) an konkrete Kontexte des Arbeitsvollzuges notwendig wäre, so bleibt doch Folgendes zu beachten: Die entsprechenden „Räume" sind bei weitem (noch) nicht global umspannend. Vielmehr verdeutlichen Arbeiten zum „digital divide", dass die Verbreitung von IuK-Technologien nicht so weit fortgeschritten ist, dass „eWork" tatsächlich überall auf der Welt erbracht werden kann (Flecker/ Kirschenhofer 2002: 89). Oder anders formuliert: Allein dadurch, dass IuK-technologische Ressourcen nicht überall auf der Welt verfügbar sind, sondern ihre räumliche Verteilung durch bestehende Infrastrukturen bestimmt wird, beschränken sich Möglichkeiten der räumlichen Reorganisation von Arbeitsprozessen.

Mit dem Blick auf die Wiedereinbettung der zuvor de-kontextualisierten Praktiken der Arbeitsorganisation zeigt sich also Folgendes: Nicht nur ist die Technikanwendung durch ihre Bindung an einen Nutzer immer lokal verankert. Auch durch die Verteilung der IuK-technologischen Infrastruktur sind die Möglichkeiten „eWork" zu verstandorten eingeschränkt. Bei Verlagerungsprozessen entscheidet somit nicht nur das organisationelle Umfeld bei dem Ursprungsunternehmen, sondern auch die Bedingungen bei den Parteien, die den Service übernehmen können, ob bestimmte Services überhaupt verlagert werden können. Neben den Push-Faktoren werden Praktiken und Routinen der Verlagerung auch durch Pull-Faktoren seitens der Dienstleister oder der Standorte im Ausland beeinflusst. Als weitere Besonderheiten der lokalen Kontexte, die die Wiedereinbettung der Praktiken beeinflussen, sind die Charakteristika lokaler Arbeitsmärkte, insbesondere die Qualifikationen der Beschäftigten vor Ort, aufzuführen. Im Falle von Callcenter-Dienstleistungen ist insbesondere die Verfügbarkeit von Beschäftigten mit entsprechenden Sprachkenntnissen entscheidend. Beziehen Unternehmen die o.a. Besonderheiten am neuen Standort nur unvollständig in ihre Standortwahl ein, kommt es nicht nur zu anfänglichen Schwierigkeiten. Vielmehr werden Verlagerungsprozesse dann von langfristigen Divergenzen zwischen Erwartungen und tatsächlicher Praxis im neuen Kontext begleitet.

Offshoringprozesse sind hierbei deutlich voraussetzungsvoller und riskanter. Dies mag neben der Tatsache, dass sich im Ausland kaum Beschäftigte mit entsprechenden Sprachkompetenzen finden, der Grund sein, warum Offshoring von Callcenter-Dienstleistungen für den deutschen Markt eher die Ausnahme als die Regel ist. Wenn sie denn als Ausnahme überhaupt auftreten, nehmen sie durch die Verteilung der deutschen Sprachkenntnisse im Ausland vor allem die Form von Nearshoring an. Umfangreichere Formen von Offshoring finden sich vor allem für den anglo-amerikanischen Markt. Aber auch hier ist die Verlagerung von Callcenter-Dienstleistungen über lange Distanzen nicht die Regel.

In Bezug auf die Verteilung der Standorte von Callcentern, die deutschsprachige Endkunden bedienen, lässt sich also nur bedingt von einer Transnationalisierung der Dienstleistungsarbeit sprechen. Lassen sich jedoch jenseits der (räumlichen) Verteilung von Arbeit und der Standortfrage Prozesse der Transnationalisierung der Dienstleistungsarbeit im Allgemeinen und der Techniknutzung im Arbeitsvollzug im Besonderen ausmachen? Um dies zu überprüfen, wurde die Tatsache genutzt, dass die Callcenter aller Fallstudien Teil von multinationalen Konzernen sind. Zur Untersuchung, ob die Einbettung in multinationale Konzernstrukturen Auswirkungen auf den Technikeinsatz in Callcentern hat bzw. ob mit dem Einsatz bestimmter Technologien die Arbeitsverteilung multinationaler Konzernstrukturen beeinflusst wird, erfolgte der Rückgriff auf Arbeiten zu „glokalisierten" Arbeitsprozessen in multi- bzw. transnationalen Konzernen (Kristensen/Zeitlin 2001, 2005; Whitley 2001; Morgan 2005; Smith 2005; Mense-Petermann 2006). Als Ergebnis der Analyse des „glokalisierten" Einsatzes von IuK-Technologien in Callcentern multinationaler Konzerne lässt sich festhalten: Der Technikeinsatz in den Callcentern der Fallstudien wird kaum durch „global" geltende Strategien und Richtlinien der Konzernzentrale, sondern vielmehr durch deren lokale Umsetzung vor Ort gestaltet. Bezüglich des Einflusses multinationaler Konzernstrukturen auf die Vorgehensweise im Allgemeinen und auf den Technikeinsatz im Besonderen lassen sich in den Fallstudien also kaum Tendenzen einer Transnationalisierung von Techniknutzung in der Dienstleistungsarbeit ausmachen. In lediglich einem Fall wird der Einsatz von Technik länderübergreifend durch die Zentrale festgelegt. In einem anderen Fall zeigen sich sogar Bottom-up-Tendenzen, in denen Praktiken der Techniknutzung eines Unternehmens auf andere Unternehmensbereiche übertragen werden. In einem weiteren Fall wirken sich laterale Beziehungen zwischen den Callcentern auf die Nutzung callcenterspezifischer Technologien in verschiedenen Ländern aus. Als Ergebnis der Analyse des Einflusses multinationaler Konzernstrukturen auf die Techniknutzung in Callcentern bleibt festzuhalten: Wenn es im Bereich der Techniknutzung zu einer Beeinflussung durch die Einbettung in multinationale Konzernstrukturen kommt, so nehmen diese Transnationalisierungstendenzen weniger die Form eines länderübergreifend standardisierenden Einflusses der Konzernzentrale an. Vielmehr zeigt sich, dass lokal etablierte Praktiken einzelner Standorte Auswirkungen auf andere Standorte bzw. Filialen in anderen Ländern nehmen.

Eine Verallgemeinerung dieser Erkenntnis auf andere Formen informatisierter Arbeit erscheint jedoch gewagt. Der geringe Einfluss von Konzernzentralen, der sich in den Fallstudien zeigt, mag nämlich auch auf die Sonderstellung zurückgehen, die Callcenter teils innerhalb einiger Konzerne haben. Somit verweist das Ergebnis auf die unterschiedliche Integration verschiedener

Geschäftsbereiche in multinationalen Konzernen und auf Unterschiede zwischen multinationalen Konzernen, wie sie vorangehend diskutiert wurden. Die Wiedereinbettung von Arbeitsprozessen in lokale Zusammenhänge und neue organisationale Kontexte nimmt also wesentlich Einfluss auf die Möglichkeiten, Arbeit zu restrukturieren. Die organisationalen Kontexte des Re-Embeddings, seien es nun multinationale Konzerne oder unternehmensübergreifende Arbeitsvollzüge, lassen sich dabei als netzwerkförmige Organisation beschreiben. Und auch die Fallstudien legen einen Bezug zur netzwerktheoretischen Perspektive nahe. So lassen sich durch die Fallstudien einzelne Befunde der Netzwerkforschung belegen. Beispielsweise lassen sich anhand der Netzwerkbeziehung zwischen Auftraggeber und Dienstleister, aber auch zwischen verschiedenen Standorten von Inhouse-Callcentern eines Unternehmens, die Motive der Netzwerkbildung bzw. der Beteiligung einzelner Parteien an Netzwerken nachzeichnen. Mit der Vergabe von Callcenter-Dienstleistungen an externe Unternehmen geht eine Reorganisation von Ressourcen, Angebotspalette und Aufgaben sowohl beim Auftraggeber als auch beim Dienstleister einher. Die Reorganisation zielt darauf, flexibler und schneller auf Kundenanfragen – also auf einen Teil der Umwelt des Unternehmens – zu reagieren und sich dadurch einen Vorsprung vor der Konkurrenz zu sichern. Die Netzwerke, die sich im Rahmen von Outsourcing und Offshoring-Prozessen zwischen den beteiligten Unternehmen bilden, lassen sich folglich als Versuche des Managements betrachten, die (vermeintliche) Rigidität und Inflexibilität des eigenen Unternehmens bzw. des inländischen Standortes mittels der Vergabe von Aufgaben an flexiblere externe Abteilungen (an anderen Standorten) zu überbrücken.

Auch die negativen Folgen netzwerkförmiger Organisation – erhöhte Komplexität, volatile Beziehungen durch ständigen Wechsel der „Partner" im Netzwerk etc. – zeichnen sich in den Fallstudien deutlich ab. Hierbei zeigt sich deutlich der Zusammenhang zwischen dem Einsatz bestimmter Technologien und der Gestaltung von Netzwerkprozessen. So macht es die Nutzung von Callrouting-Software nicht nur möglich, schnell ein bestehendes System der Entgegennahme von Anrufen zu ändern. Vielmehr bietet sie auch die Option, Anbieter von Callcenter-Dienstleistungen schnell zu wechseln. Für die unternehmensinternen und -externen Auftraggeber verbessern diese technischen Möglichkeiten – unabhängig von der tatsächlichen Nutzung – die Verhandlungssituation. Gleichzeitig steht der hohe Wettbewerbsdruck auf die internen und externen Callcenter langfristigen Beziehungen und stabilen Strukturen im Netzwerk (Thompson 2005) im Wege. Die geringe Regelhaftigkeit und Instabilität netzwerkinterner Beziehungen äußert sich in den Fallstudien beispielsweise durch häufige Eigentümerwechsel. Zudem kommt es – einhergehend mit einer immer kürzeren Dauer der Verträge – nicht nur zu einer hohen Dynamik bezüglich der Nutzung verschiedener Dienstleister, sondern auch bezüglich der Restrukturierung konzerneigener Standorte. Des Weiteren bestätigen sowohl die Beziehungen von Inhouse-Outsourcing-Netzwerken als auch die Beziehungen innerhalb des Filialnetzwerkes von multinationalen Unternehmen die Beschreibung von Beziehungen in Netzwerken als Coopetition (Brand 2009). Die verschiedenen Standorte, an denen Callcenter-Dienstleistungen erbracht werden, müssen bei der Bearbeitung von Kundenanfragen sowohl auf Vorarbeit anderer interner oder externer Standorte zurückgreifen als auch diesen zuarbeiten. Neben diesem kooperativen Aspekt werden alle Standorte aber auch ständig miteinander verglichen und konkurrieren um Anrufvolumen. In den Fallbeispielen zeigt sich, welche Folgen die Ambivalenz dieser Beziehungen für die Unternehmen im Netzwerk hat. Für die Beschäftigten entsteht eine Situation, die schwer einzuschätzen und zu managen ist (Powell 1996: 257f). Denn in der Folge erhöhter und größtenteils technisierter Kontrolle, u.a. durch Monitoringfunktionen der Callrouting-Software, wird nicht nur versucht, „objektive" Daten zur Leistung der einzelnen Standorte bzw. Unternehmen im Netzwerk zu gewinnen. Vielmehr werden diese Daten im Rahmen von Benchmarking-Prozessen zum Vergleich von Leistungen verschiedener „Netzwerkpartner" genutzt und somit der Wettbewerb zwischen den Standorten verschärft. Dies gilt umso mehr, da diese Daten in der Regel bei der Entscheidung, die die Umverteilung von Aufgaben von verschiedenen Standorten betreffen, hinzugezogen werden. Die Erhöhung der Flexibilität und der Bereitschaft, sich wechselnden Anforderungen anzupassen, ist somit nicht nur eine Reaktion auf tatsächlich stärkeren Wettbewerb. Sie bezieht sich auch auf die mehr oder weniger offensichtliche Drohung, mittels des Einsatzes von Callrouting-Software, Aufgaben- und Anrufverteilung zu Ungunsten des Dienstleisters oder eines Standortes anzupassen.

Im Hinblick auf die Gestaltung netzwerkförmiger Organisation zeigt sich der starke Einfluss technischer Optionen. Dieser Einfluss lässt sich sowohl im Hinblick auf die Beteiligung an Netzwerken als auch bei den – teils problematischen – Folgen von Netzwerken sowie hinsichtlich der Konstitution von Netzwerkbeziehungen allgemein ausmachen. Des Weiteren wirken diese Optionen der Nutzung von IuK-Technologien auch auf grundlegende Dynamiken innerhalb von Netzwerken und von Verlagerungsprozessen ein. Diese Dynamiken lassen sich als Bumerangeffekte und reflexive Verstärkung von Vernetzungs- und Verlagerungsprozessen beschreiben. So gehen in den Unternehmen, die ebenfalls einen Teil der Anrufe inhouse bearbeiten, mit der Strategie, Outsourcing bzw. Offshoring als „Ausweg" aus den eigenen organisationellen Routinen zu nutzen, Rückwirkungen auf die unternehmensinternen Arbeitsprozesse einher. Das Ursprungsunternehmen gibt als Auftraggeber den Marktdruck nicht

7 Fazit

einfach an die freien Dienstleister bzw. an die Filialen im Ausland weiter, sondern spielt diesen anschließend im Rahmen der zuvor beschriebenen technisch gestützten Benchmarkingprozesse an die eigene Callcenter-Belegschaft zurück. Der Prozess der internen Vermarktlichung (Moldaschl 1997; Moldaschl/Sauer 2000) des Unternehmens verläuft bei den Callcenter-Dienstleistungen für den deutschen Markt also nicht (nur) unternehmensintern, sondern vor allem im Zusammenspiel mit externen Dienstleistern. Der Unterschied in den Arbeitsbedingungen zwischen Dienstleistern und Inhouse-Callcentern ist also – in einer rekursiven Schleife (Ortmann 1995) – Resultat und Antriebskraft des Wettbewerbs. Teils werden die Auftraggeber von diesen Rückwirkungen der Verlagerungsprozesse überrascht. Teils nutzt das Management der Ursprungsunternehmen diese Effekte bewusst, um von den eigenen Beschäftigten Zugeständnisse im Hinblick auf Arbeitszeit, -gestaltung und Entlohnung zu gewinnen. Diese Bumerang-Effekte zeigen sich nicht nur bei der Verlagerung, sondern auch in Bezug auf die Vernetzung der Unternehmen. Sie sind Teil einer reflexiven Verstärkung von Verlagerungs- und Vernetzungsprozessen, die die Form einer kombinierten Verlagerungs- und Vernetzungsspirale annehmen. Sowohl im Hinblick auf die Verlagerung – insbesondere beim Outsourcing von Callcenter-Dienstleistungen für den deutschen Markt – als auch im Hinblick auf die Beteiligung an Netzwerken verstärken sich in den Unternehmen genau die Effekte, die eigentlich kompensiert werden sollten.

Einhergehend mit einer zunehmenden Volatilität von Markt- und Konkurrenzbedingungen und mit verstärktem Marktdruck (Hirsch-Kreinsen 2002) erhöhen sich die Flexibilitätsanforderungen. Gerade hinsichtlich der wechselseitigen Steigerung von aktueller und geforderter Flexibilität zeigt das Beispiel der Callrouting-Anwendungen die Rolle der Techniknutzung eindringlich: Callrouting-Anwendungen ermöglichen durch (Re-)Arrangement von Aufgaben bzw. Anrufen in Echtzeit eine schnelle und flexible Reaktion auf Anfragen aus der Umwelt. Gleichzeitig erhöhen sich mit dem Einsatz von Callrouting-Anwendungen die Ansprüche von Unternehmen, Auftraggebern sowie Kunden. Man erwartet nicht nur, dass höhere Servicelevel eingehalten werden können und sich das Unternehmen an Schwankungen im Anrufaufkommen besser und schneller anpassen kann. Auch verlangt man von den einzelnen Callcenter-Agenten eine höhere Anpassungsfähigkeit und die Bewältigung verschiedenster Aufgaben, die unterschiedliche Fähigkeiten erfordern.

Auch das Ziel, komplexe Abläufe im Rahmen von Vernetzungs- und Verlagerungsprozessen durch den Einsatz von IuK-Technologien zu vereinfachen, wird konterkariert. Durch die Komplexität des Netzwerks und der Administration technischer Routinen wird eine Koordination der Eingriffe in das IT-System unmöglich. Die Fallbeispiele zeigen deutlich, dass sich Probleme verteilter

Handlungen in komplexen Netzwerken kaum durch den Rückgriff auf IuK-technologische Ressourcen lösen lassen. Vielmehr erhöht sich durch die zusätzlichen Handlungsoptionen die Komplexität der Netzwerkprozesse deutlich, so dass eine koordinative Steuerung unmöglich wird. Unternehmen werden also nicht nur jeweils durch Netzwerkbildung und Technikeinsatz mit paradoxen Effekten konfrontiert. Die entsprechenden paradoxen Effekte verstärken sich auch wechselseitig. Ein Beispiel hierfür stellt die Gestaltung des Callroutings im Standortnetzwerk dar: Technisch ist es möglich, dass dieses durch unterschiedlichste Abteilungen bzw. an verschiedenen Standorten schnell an verschiedene Bedingungen angepasst wird. Aber dadurch, dass von verschiedenen Seiten diverse Parameter verändert werden, wird gelegentlich statt einer besseren Auslastung des gesamten Netzwerkes genau das Gegenteil erreicht. Trotz all dieser paradoxen Effekte zeigen sich in den Fallstudien sowohl in Bezug auf die Beteiligung von Unternehmen an Netzwerken als auch im Hinblick auf den Einsatz und die Nutzung von IuK-Technologien Pfadabhängigkeiten. Diese führen zu einer Abhängigkeit der Unternehmen von der Beteiligung an Netzwerken und von der Nutzung bestimmter IuK-technologischer Anwendungen.

Was aber bedeutet die wechselseitige Steigerung von aktueller und geforderter Flexibilität sowie die Zunahme von Komplexität und Pfadabhängigkeiten durch Technikverwendung im Hinblick auf die Anforderungen, Möglichkeiten und Praktiken der Einbettung von Handlungszusammenhängen in Arbeitskontexte vor Ort? Aufgrund einer Vielzahl von Kontexten und häufigen Wechseln entsteht ein erhöhter Bedarf an (Wieder-)Einbettung, dem nicht nachgekommen werden kann. Die potentiellen Möglichkeiten der (Wieder-)Einbettung werden nicht nur so zahlreich, dass sie nicht alle zu realisieren sind. Aufgrund der multiplen Bezugsrahmen gestaltet sich auch die Durchführung jeder einzelnen Maßnahme der (Wieder-)Einbettung (oder der Schnittstellenarbeit) entsprechend schwierig. In Bezug auf die Praktiken des Re-Embedding erscheint in der Empirie der einzig praktikable Weg lediglich ein „muddling through" zu sein.

Insgesamt zeigt sich, dass sich sowohl die Ergebnisse der Netzwerkforschung als auch der Technik-, Arbeits- und Organisationssoziologie – und bei Letzteren insbesondere die Forschung zu multinationalen Unternehmen und zur „neuen Arbeitsteilung" – wechselseitig gewinnbringend ergänzen. Als Benefit der Forschung zur Gestaltung multinationaler Unternehmen bleibt festzuhalten, dass sie das Nebeneinander von globalen und lokalen Handlungsbezügen in den Blick nehmen. Die Fallstudien machen jedoch deutlich, dass das Nebeneinander verschiedener Handlungsbezüge nicht unbedingt die Form von lokal – global annehmen muss. Außerdem zeigt sich dieses Nebeneinander nicht nur in multinationalen Konzernen, sondern auch in verschiedenen Formen netzwerkförmiger Organisation von Unternehmen wie zum Beispiel Outsourcing-Auftraggeber-

7 Fazit

Netzwerken. Eine Ausweitung des „Glokalisierungskonzeptes" zur Erforschung von lokalen/nicht-lokalen Handlungsbezügen in Unternehmensnetzwerken erscheint somit vielversprechend.[42] Zu beachten bleibt hierbei aber, dass – wie zuvor im Begriff des Re-Embeddings diskutiert – auch nicht-lokale Handlungsbezüge in lokalen Handlungen rekonstituiert werden.

Aufgrund der Tatsache, dass sich in der Empirie so enge Zusammenhänge zwischen der Nutzung von Technik und der Gestaltung von Netzwerkprozessen zeigen, überrascht es, dass sich kaum Schnittmengen zwischen Techniksoziologie und Netzwerkforschung ausmachen lassen. Zum einen lassen netzwerktheoretische Ansätze im Hinblick auf den Einfluss der Techniknutzung in Netzwerken eine deutliche Lücke, zum anderen stellen die Befunde der sozialwissenschaftlichen Netzwerkforschung einen blinden Fleck der Techniksoziologie dar. Sowohl Vernetzung als auch Technikverwendung sind nicht nur wichtige Charakteristika moderner Arbeitsorganisationen. Vielmehr greifen beide Aspekte auch bei Vollzug und Organisation von Arbeit ineinander. Ein Programm zur Verfeinerung der Methoden zur Erforschung moderner Arbeitsgesellschaften liefe also darauf hinaus, zukünftig nicht nur technik- und organisationssoziologische Perspektiven zu verbinden, sondern insbesondere netzwerktheoretische Ansätze stärker in die Analyse einzubeziehen. Dass das Potential netzwerktheoretischer Ansätze zur Analyse der Organisation nicht genutzt wird, mag am Organisationsbegriff liegen, den man im Bereich der Netzwerkforschung, aber auch der Arbeits- und Organisationssoziologie sowie in der Operationalisierung entsprechender empirischer Studien findet. Häufig wird mit dem Begriff der „Organisation" noch ein einzelnes, klar abzugrenzendes Unternehmen verbunden. Selbst netzwerktheoretische Betrachtungen multinationaler Konzerne (Thompson 2005; Gulati/Gargiulo 1999; Ghosal/Bartlett 2005) behandeln den Forschungsgegenstand häufig als problemlos abgrenzbares Gebilde. Eine Alternative zur Analyse von Restrukturierungsprozessen von Unternehmen basiert auf einem Verständnis von netzwerkförmiger Organisation, das sich nicht auf ein Unternehmen bezieht (siehe Abschnitt 5.1). Eine derartige Auffassung von Organisation findet sich beispielsweise in Forschungsarbeiten zur Restrukturierung der Wertschöpfungskette (Huws 2006; Ramioul/Huws 2009: 24). Eine Kombination von netzwerktheoretischen Perspektiven mit den Forschungsarbeiten zur Restrukturierung der Wertschöpfungskette erscheint angebracht: Die Beachtung der Grundidee der Forschung zur Wertschöpfungskette, dem firmenübergreifenden Produktionsprozess eines Gutes oder einer Dienstleistung zu folgen, wirkt der Gefahr entgegen, sich in der potentiellen Grenzenlosigkeit und Unbestimmtheit des Netzwerkes zu verlieren (Huws/Dahlmann 2009). In der vorlie-

---

42 „Glokalisierung" ist dann allerdings nicht mehr die treffende Bezeichnung für das Nebeneinander von lokalen und nicht-lokalen Handlungsbezügen.

genden Arbeit geschah dies, indem Anrufleitung und -verlauf vom Kunden bis zur Entgegennahme nachgezeichnet wurden. Netzwerktheoretische Perspektiven wirken zudem der Konnotation entgegen, die Erbringung der Dienstleistung als „linearen" Input-Output-Prozess aufzufassen. Vielmehr verweisen sie auf die Komplexität der Beziehungen zwischen den Unternehmen, die an der Erbringung einer Dienstleistung beteiligt sind. Eine Kombination der Ansätze der Netzwerktheorie und der Restrukturierung von Wertschöpfungsketten bietet also ein balanciertes Konzept zur weiteren Erforschung der internationalen Reorganisation von Arbeit.

Literaturverzeichnis

Abel, J. (2000). Netzwerke und Leitbilder. Die Bedeutung von Leitbildern für die Funktionsfähigkeit von Forschungs- und Entwicklungs-Netzwerken. In J. Weyer (Hg.), *Soziale Netzwerke* (S. 161-185). München: Oldenbourg.
Aderhold, J. (2004). *Form und Funktion sozialer Netzwerke in Wirtschaft und Gesellschaft: Beziehungsgeflechte als Vermittler zwischen Erreichbarkeit und Zugänglichkeit*. Wiesbaden: Verlag für Sozialwissenschaften.
Ahluwalia, A. (2005). John & Jane. Indien.
Altvater, E. & Mahnkopf, B. (1997). *Grenzen der Globalisierung: Ökonomie, Ökologie und Politik in der Weltgesellschaft* (3. Auflage). Münster: Westfälisches Dampfboot.
Antràs, P., Garicano, L. & Rossi-Hansberg, E. (2008). Organizing offshoring: middle managers and communication costs. In E. Helpman, D. Marin, & T. Verdier (Hg.), *The organization of firm in a global economy* (S. 311-339). Cambridge: Harvard University Press.
Arndt, S. W. & Kierzkowski, H. (2001). *Fragmentation: New production patterns in the world economy*. Oxford: Oxford University Press.
Arnold, K. & Ptaszek, M. (2003). Die deutsche Call-Center-Landschaft: Regionale Disparität und Arbeitsmarktstrukturen. In F. Kleemann & I. Matuschek (Hg.), *Immer Anschluss unter dieser Nummer – Rationalisierte Dienstleistung und subjektivierte Arbeit in Call Centern* (S. 31-48). Berlin: Edition Sigma.
Arzbächer, S., Holtgrewe, U. & Kerst, C. (2002). Call centres: Constructing flexibility. In U. Holtgrewe, C. Kerst & K. Shire (Hg.), *Re-organizing service work. Call Centres in Germany and Britain* (S. 19-41). London: Ashgate.
Avgerou, C. (2007). *Information Systems and Global Diversity*. Oxford: Oxford University Press.
Bain, P. & Taylor P. (2002). Consolidation, 'Cowboys' and the Developing Employment Relationship in British, Dutch and US Call Centres. In U. Holtgrewe, C. Kerst & K. Shire (Hg.), *Re-organizing service work. Call Centres in Germany and Britain* (S. 42-62). London: Ashgate.
Bain, P. & Taylor, P. (2000). Entrapped by the 'electronic panopticon'? Worker resistance in the call centre. *New Technology, Work and Employment, 15*(1), 2-18.
Baldone, S., Sdogati, F. & Tavoli, L. (2001). Patterns and determinants of international fragmentation of production: evidence from outward processing trade between the European Union and Central Eastern European Countries. *Review of World Economics (Weltwirtschaftliches Archiv), 137*(1), 81-104.
Barley, S. R. & Kunda, G. (2001). Bringing work back in. *Organization Science, 12*(1), 76-95.

Barley, S. R. (1990). The Alignment of Technology and Structure through Roles and Networks. *ASQ, 35* (March 1990), 61-103.
Bartlett, C.A. & Ghosal, S. (1989). *Managing Across Borders: The Transnational Solution*. London: Century Business.
Batt, R. (1999). Work Organisation, Technology, and Performance in Customer Service and Sales. *Industrial and Labor Relations Review, 52*(4), 539-564.
Batt, R., Doellgast, V. & Kwon, H. (2006). Service Management and Employment Systems in U.S. and Indian Call Centers. In S. Collins & Brainard, L. (Hg.), *Brookings Trade Forum 2005: Offshoring White-Collar Work – The Issues and Implications* (S. 335-372). Washington D.C.: The Brookings Institution.
Batt, R., Holman, D. & Holtgrewe, U. (2009). The Globalization of Service Work: Comparative Institutional Perspectives on Call Centers. *Industrial & Labor Relations Review, 62*(4), 453-488.
Baukrowitz, A., Boes, A. & Schmiede, R (2000). Die Entwicklung der Arbeit aus der Perspektive ihrer Informatisierung. *Kommunikation@gesellschaft, 1*. Elektronisch verfügbar unter http://www.uni-frankfurt.de/fb03/K.G/B5_2000_Baukrowitz.pdf (Zugriff vom 12.06.2006).
Baukrowitz, A., Boes, A. & Schmiede, R. (2001). Die Entwicklung der Arbeit aus der Perspektive ihrer Informatisierung. In A. Henninger & F. Kleemann (Hg.), *Neue Medien im Arbeitsalltag: Empirische Befunde – Gestaltungskonzepte – Theoretische Perspektiven* (S. 219-235). Wiesbaden: Westdeutscher Verlag.
Behr, M., Heidenreich, M., Schmidt, G. & von Schwerin, A. (1991). *Neue Technologien in der Industrieverwaltung. Optionen veränderten Arbeitskräfteeinsatzes*. Opladen: Westdeutscher Verlag.
Bergmann, J. & Meier, C. (2000). Elektronische Prozessdaten. In U. Flick, E. von Kardorff & I. Steinke (Hg.), *Qualitative Sozialforschung. Ein Handbuch* (S. 429-437). Reinbek: Rowohlt.
Bijker, W. & Law, J. (1992). Postscript: Technology, Stability, and Social Theory. In W. Bijker & J. Law (Hg.), *Shaping Technology/Builduing Technology* (S. 290-308). Cambridge: The MIT Press.
Bishop, P., Gripaios, P. & Bristow, G. (2003). Determinants for Call Centre Location: Some Evidence for Uk Urban Areas. *Urban Studies 40*, 2751-68.
Bittner, S., Schietinger, M., Schroth, J. & Weinkopf, C. (2002). Call centres in Germany: Employment, training and job design. In U. Holtgrewe, C. Kerst & K. A. Shire (Hg.), *Re-organizing service work. Call Centres in Germany and Britain* (S. 63-85). London: Ashgate.
Blau, P. M. (1982): Structural Sociology and Network Analysis: An Overview. In P.V. Marsden & H.Lin (Hg.), Social Structure and Network Analysis (S. 283-279). Beverly Hills: Sage.
Boegh Nielsen, Peter 2007: International Sourcing -measurement issues. The economic and social impacts of broadband communications: From ICT measurement to policy implications. Elektronisch verfügbar unter https://www.oecd.org/dataoecd/29/8/38698079.pdf (Zugriff vom 20.01.2010).
Boes, A. (2005). Auf dem Weg in die Sackgasse? Internationalisierung im Feld Software und IT-Services. In A. Boes & M. Schwemmle (Hg.), *Bangalore statt Böblingen?* –

Offshoring und Internationalisierung im IT-Sektor (S. 13-65). Hamburg: VSA-Verlag.

Boes, A. & Kämpf, T. (2006a). Internationalisierung und Informatisierung – Zur neuen Produktivkraftstruktur globaler Wertschöpfungsprozesse. In A. Baukrowitz, T. Berker, A. Boes, S. Pfeiffer, R. Schmiede & M. Will (Hg.), *Informatisierung der Arbeit – Gesellschaft im Umbruch* (S. 320-334). Berlin: Edition Sigma.

Boes, A. & Kämpf, T. (2006b). Offshoring und die Notwendigkeit nachhaltiger Informatisierungsstrategien. *Informatik Spektrum, 4*(29), 274-280.

Boes, A. & Kämpf, T. (2011). *Global verteilte Kopfarbeit. Offshoring und der Wandel der Arbeitsbeziehungen*. Berlin: Edition Sigma.

Boes, A. & Schwemmle, M. (2005a). Was ist Offshoring? In A. Boes & M. Schwemmle (Hg.), *Bangalore statt Böblingen? – Offshoring und Internationalisierung im IT-Sektor* (S. 9-12). Hamburg: VSA-Verlag.

Boes, A. & Schwemmle, M. (Hg.) (2005b). *Bangalore statt Böblingen? – Offshoring und Internationalisierung im IT-Sektor*. Hamburg: VSA-Verlag.

Bogner, A. & Menz, W. (2001). Deutungswissen und Interaktion. Zur Methodologie und Methodik des theoriegenerierenden Experteninterviews. *Soziale Welt, 52*(4), 477-500.

Boissevain, J. (1973): Preface. In J. Boissevain/J.C. Mitchell (Hg.), *Network Analysis: Studies in Human Interaction* (S. viii-xiii). Den Haag/Paris: Mouton.

Bommes, M. & Tacke, V. (2006). Das Allgemeine und das Besondere des Netzwerkes. In B. Hollstein & F. Strauss (Hg.), *Qualitative Netzwerkanalyse. Konzepte, Methoden, Anwendungen* (S. 37-62). Opladen: Westdeutscher Verlag.

Bottini, N., Ernst, C. & Luebker, M. (2007). *Offshoring and the labour market: What are the issues?* (Economic and Labour Market Paper 11). ILO: Genf. http://www.ilo.org/wcmsp5/groups/public/---ed_emp/---emp_elm/---analysis/documents/publication/wcms_113922.pdf.

Braczyk, H.-J. (1993). Das Paradox technisierter Kommunikation in Arbeitsorganisationen. In H. J. Weißbach & A. Poy (Hg.), *Risiken informatisierter Produktion* (S. 311-328). Opladen: Westdeutscher Verlag.

Brand, A. (2009). *Softwareentwicklung im Netzwerk*. Mehring: Rainer Hamp Verlag.

Braun-Thürmann, H., Leube, C., Fichtenau, K., Motzkus, S. & Wessäly, S. (2006). Wissen in (Inter-)Aktion: Eine technografische Studie. In W. Rammert & C. Schubert (Hg.), *Technografie. Zur Mikrosoziologie der Technik* (S. 369-396). Frankfurt: Campus.

Braverman, H. (1977). *Die Arbeit im modernen Produktionsprozeß*. Frankfurt: Campus.

Buchanan, R. & Koch-Schulte, S. (2000). *Gender on the Line: Technology, Restructuring and the Reorganization of Work in the Call Centre Industry*. Ottawa: Status of women Canada.

Burkhard, H.-D. & Rammert, W. (2000). Integration kooperationsfähiger Agenten in komplexen Organisationen. Möglichkeiten und Grenzen der Gestaltung hybrider Systeme. Technical University Technology Studies Working Papers, *TUTS-WP*-1-2000. Elektronisch verfügbar unter http://www.ts.tu-berlin.de/fileadmin/fg226/TUTS/TUTS_WP_1_2000.pdf (Zugriff vom 12.01.2010).

Burt, R. S. (1982): *Toward a Structural Theory of Action. Network Models of Social Structure, Perception and Action.* New York: Academic Press.
Büssing, A. & Glaser, J. (2003). *Dienstleistungsqualität und Qualität des Arbeitslebens im Krankenhaus.* Göttingen: Hogrefe.
Castells, M. (1996). *The Rise of the Network Society.* Oxford: Blackwell Publishers.
Castells, M. (2001). *Der Aufstieg der Netzwerkgesellschaft.* Opladen: Leske + Budrich.
Ciborra, C. (2004). Encountering information systems as a phenomenon. In C. Avgerou, C. Ciborra & F. Land (Hg.), *The Social Study of Information and Communication Technology* (S. 17-37). Oxford: Oxford University Press.
Ciborra, C. U. & Lanzara, F. G. (1990). Designing Dynamic Artifacts: Computer systems as formative contexts. In P. Gagliardi (Hg.), *Symbols and Artifacts: Views of the corporate landscape.* (S. 147-165). New York: De Gruyter.
Coombs, R., Knights, D. & Willmott, H. (1992). Culture, Control and Competition; Towards a Conceptual Framework for the Study of Information Technology in Organizations. *Organization Studies, 13*(1), 51-72.
D'Cruz, P. & Noronha, E. (2007). Technical call centres: Beyond 'Electronic Sweatshops' and 'Assembly Lines in Head'. *Global Business Review, 8*(1), 53-67.
Datamonitor (2002). *Callcenters in EMEA to 2007.* London.
DDV (2005). *Wirtschaftszahlen im Bereich Direktmarketing/Telefonmarketing.* Wiesbaden.
De Sanctis, G. & Poole, M. S. (1994). Capturing the Complexity in Advanced Technology Use: Adaptive Structuration Theory. *Organization Science, 5*(2), 121-147.
Deardoff, A. V. (2001). *International provision of trade services, trade, and fragmentation* (Policy Research Working Paper 2548). Washington: World Bank.
Deeke, A. (1995). Experteninterviews – ein methodologisches und forschungspraktisches Problem. In C. Brinkmann, A. Deeke & B. Völkel (Hg.), *Experteninterviews in der Arbeitsmarktforschung* (Beiträge zur Arbeitsmarkt und Berufsforschung 191) (S. 7-22). Nürnberg: IAB.
Deery, S. & Kinnie, N. (2004). Introduction: The Nature and Management of Call Centre Work. In S. Deery & N. Kinnie (Hg.), *Call centres and human resource management* (S. 1-22). London: Macmillan.
Delany, E. (1998). Strategic development of multinational subsidiaries in Ireland. In J. Birkinshaw & N. Hood (Hg.), *Multinational corporate evolution and subsidiary development* (S. 239-267). Houndsmill: Macmillan Press.
Djelic, M.-L. & Bensedrine, J. (2001). Globalization and its Limits: The making of international regulation. In G. Morgan, P. H. Kristensen & R. Whitley (Hg.), *The multinational firm. Organizing across institutional and national divides* (S. 253-280). New York: Oxford University Press.
Doellgast, V. & Greer, I. (2007). Vertical Disintegration and the Disorganization of German Industrial Relations. *British Journal of Industrial Relations, 45(*1), 55-76.
Doellgast, V., Holtgrewe, U. & Deery, S. (2009). The effects of national institutions and collective bargaining arrangements on job quality in front-line service workplaces. *Industrial and Labor Relations Review, 62*(4), 489-509.
Dolata, U. & Werle, R. (2007). „Bringing technology back in": Technik als Einflussfaktor sozioökonomischen und institutionellen Wandels. In U. Dolata (Hg.), *Gesellschaft*

und die Macht der Technik: sozioökonomischer und institutioneller Wandel durch Technisierung (S. 13-43). Frankfurt am Main: Campus.

Dollhausen, K. (1997). *Technik-Konstruktionen: Neue Technologien als soziologisches Theorieproblem*. Aachen: Centaurus.

Dörre, K. & Röttger, B. (2006). *Im Schatten der Globalisierung. Strukturpolitik, Netzwerke und Gewerkschaften in altindustriellen Regionen*. Wiesbaden: Verlag für Sozialwissenschaften.

Dossani, R. & Kenney, M. (2003). *Went for cost, stayed for quality? Moving the back office to India*. Elektronisch verfügbar unter http://repositories.cdlib.org/cgi/viewcontent.cgi?article=1020&conten=brie (Zugriff vom 14.11.2007).

Dunkel, W. & Rieder, K. (2003). Interaktionsarbeit zwischen Konflikt und Kooperation. In A. Büssing & J. Glaser (Hg.), *Qualität des Arbeitslebens und Dienstleistungsqualität im Krankenhaus* (S. 163-180). Göttingen: Hogrefe.

Dunning, J. H. (2001). The Key Literature on IB Activities: 1960-2000. In A. C. Rugman & T. L. Brewer (Hg.), *The Oxford Handbook of International Business* (S. 36-68). Oxford: Oxford University Press.

Egger, P. & Stehrer, R. (2003). International outsourcing and the skill-specific wage bill in Eastern Europe. *The World Economy*, 26(1), 61-72.

Feenstra, R. C. & Hanson, G. H. (1996). *Globalization, outsourcing and wage inequality* (NBER Working Paper 5424). Cambridge: National Bureau of Economic Research. Elektronisch verfügbar unter http://www.nber.org/papers/w5424.pdf?new_window=1 (Zugriff vom 12.01.2012).

Fischer, J. & Gensior, S. (1995). Einleitung: Netz-Spannungen. In J. Fischer & S. Gensior (Hg.), *Netz-Spannungen. Trends in der sozialen und technischen Vernetzung von Arbeit* (S. 11-48). Berlin: Edition Sigma.

Flecker, J. (2000). Transnationale Unternehmen und die Macht des Ortes. In C. Dörrenbächer & D. Plehwe (Hg.), *Grenzenlose Kontrolle? Organisatorischer Wandel und politische Macht multinationaler Unternehmen* (S. 45-70). Berlin: Edition Sigma.

Flecker, J. (2003). Restrukturierung von Unternehmen und die Folgen für die Arbeit. Das Beispiel der Verlagerung von eWork. In M. Birgit (Hg.), *Management der Globalisierung: Akteure, Strukturen und Perspektiven* (S. 211-230). Berlin: Edition Sigma.

Flecker, J. (2006). *Network economy or just a new breed of multinationals? Relocating of e-work and the global restructuring of value chains* (FORBA Schriftenreihe 3/2006). Wien: FORBA. Elektronisch verfügbar unter http://www.forba.at/data/downloads/file/178-SR%203-06.pdf (Zugriff vom 12.01.2012).

Flecker, J. & Kirschenhofer, S. (2002). *Jobs on the Move: European Companies Relocating eWork. The EMERGENCE Case Study Report* (FORBA Research Report 6). Wien: FORBA. Elektronisch verfügbar unter http://www.forba.at/data/downloads/file/176-FORBA%20Research%20Report%206_2002.pdf (Zugriff vom 12.01.2012).

Flecker, J. & Kirschenhofer, S. (2003). *IT verleiht Flügel? Aktuelle Tendenzen der räumlichen Verteilung von Arbeit* (ITA manu:skript, 1/2003). Elektronisch verfügbar unter http://epub.oeaw.ac.at/ita/ita-manuscript/ita_03_01.pdf (Zugriff vom 29.01.2012).

Flecker, J., Holtgrewe, U., Schönauer, A., Dunkel, W. & Meil, P. (2009). Restructuring across value chains: case study evidence from the clothing, food, IT and public sectors. In U. Huws, S. Dahlmann, J. Flecker, U. Holtgrewe, A. Schönauer, M. Ramioul & K. Geurts (Hg.), *Value chain restructuring in a global economy* (S. 49-83). Leuven: HIVA.

Flick, U., von Kardorff, E. & Steinke, I. (2000). Was ist qualitative Forschung? Einleitung und Überblick. In U. Flick, E. von Kardorff & I. Steinke (Hg.), *Qualitative Forschung* (S. 13-29). Reinbek: Rowohlt.

Forster, N. (1994). The Analysis of Company Documentation. In C. Cassell & C. Symon (Hg.), *Qualitative Methods in Organizational Research. A Practical Guide* (S. 147-166). Thousand Oaks: SAGE.

Froschauer, U. (2002). Artefaktanalyse. In S. Kühl & P. Strodtholz (Hg.), *Methoden der Organisationsforschung* (S. 361-395). Reinbek: Rowohlt.

Geppert, M. & Williams, K. (2006). Global, national and local practices in multinational corporations: towards a sociopolitical framework. *Journal of Human Resource Management, 11*(1), 49-69.

Geppert, M., Matten, D. & Schmidt, P. (2006). Hintergründe und Probleme der Transnationalisierung multinationaler Unternehmungen: Globale Isomorphismen, national business systems und ‚transnationale soziale Räume'. In U. Mense-Petermann & G. Wagner (Hg.), *Transnationale Konzerne. Ein neuer Organisationstyp?* (S. 85-120). Wiesbaden: Verlag für Sozialwissenschaften.

Gereffi, G., Humphrey, J. & Sturgeon, T. (2005). The governance of global value chains. *Review of International Political Economy, 12*(1), 78-104.

Ghosal, S. & Bartlett, C. A. (2005). The Multinational Corporation as an Inter-Organizational Network. In S. Ghosal & E. D. Westney (Hg.), *Organizational theory and the multinational corporation* (S. 68-92). Basingstoke: Palgrave Macmillan.

Ghoshal, S. & Nohria, N. (1989). International differentiation within multinational corporations. *Strategic Managment Journal, 10*(4), 323-337.

Giddens, A. (1984). *The constitution of society: Outline of the theory of structuration.* Cambridge: Polity Press.

Giddens, A. (1990). *The consequences of modernity.* Cambridge: Polity Press.

Glucksmann, M. A. (2004). Call configurations: varieties of call centre and divisions of labour. *Work, Employment and Society, 18*(4), 795-811.

Grabher, G. & Powell, W. W. (2004). Introduction. In G. Grabher & W. W. Powell (Hg.), *Networks* (Volume 1) (S. xiii-xxxi). Cheltenham: Elgar Refererence Collection.

Granovetter, M. (1973). The strength of weak ties. *The American Journal of Sociology, 78*(6), 1360-1380.

Greenan, N., Kocoglu, Y., Walkowiak, E., Csizmadia, P. & Makóm, C. (2009). *The role of technology in value chain restructuring.* Leuven: HIVA.

Grimshaw, D. & Marchington, M. (2005). Introduction: Fragmenting Work Across Organizational Boundaries. In D. Grimshaw, M. Marchington, J. Rubery & H. Willmott (Hg.), *Fragmenting Work. Blurring Organisational Boundaries and Disordering Hierarchies* (S. 1-38). Oxford: Oxford University Press.

Grimshaw, D., Willmott, H. & Rubery, J. (2005). Inter-Organizational Networks: Trust, Power, and the Employment Relationship. *Fragmenting work. Blurring organiza-*

tional boundaries and disordering hierarchies (S. 39-61). Oxford: Oxford University Press.
Grossman, G. M. & Helpman, E. (2002). *Outsourcing in a global economy* (NBER Working Paper 8728). Cambridge: National Bureau of Economic Research.
Grugulis, V. & Vincent, S. (2005). Changing boundaries, shaping skills: The fragmented organizational form and employee skills. In M. Marchington, D. Grimshaw, J. Rubery & H. Willmott (Hg.), *Fragmenting work. Blurring organizational boundaries and disordering hierarchies* (S. 199-216). Oxford: Oxford University Press.
Gulati, R. & Gargiulo, M. (1999). Where do interorganizational networks come from? *The American Journal of Sociology, 104*(5), 1439-1493.
Hedlund, G. (1986). The hypermodern MNC – a heterarchy? *Human Resource Management, 25*(1), 9-36.
Heidenreich, M. (2000). Regionale Netzwerke in der globalen Wissengesellschaft. In J. Weyer (Hg.), *Soziale Netzwerke* (S. 87-110). München: Oldenbourg.
Heidling, E. (2000). Strategische Netzwerke. Koordination und Kooperation in asymmetrisch strukturierten Unternehmensnetzwerken. In J. Weyer (Hg.), *Soziale Netzwerke* (S. 63-85). München: Oldenbourg.
Helg, R. & Tajoli, L. Patterns of international fragmentation of production and the relative demand for labor. *North American Journal of Economics and Finance, 16*, 233-254.
Hennen, L. (1992). *Technisierung des Alltags – Ein handlungstheoretischer Beitrag zur Theorie der Vergesellschaftung*. Opladen: Westdeutscher Verlag.
Hessinger, P. (2006). Zwischen Weltmarkt und Weltgesellschaft: Transnationale Unternehmen im Umbruch der globalen Warenketten. In U. Mense-Petermann & G. Wagner (Hg.), *Transnationale Konzerne. Ein neuer Organisationstyp?* (S. 35-62). Wiesbaden: Verlag für Sozialwissenschaften.
Hild, P. (2003). Call Center in markt- und ressourcenbasierter Strategieperspektive. In F. Kleemann & I. Matuschek (Hg.), *Immer Anschluß unter dieser Nummer: rationalisierte Dienstleistung und subjektivierte Arbeit in Call Centern* (S. 65-84). Berlin: Edition Sigma.
Hirsch-Kreinsen, H. (1994). Die Internationalisierung der Produktion: Wandel von Rationalisierungsstrategien und Konsequenzen für Industriearbeit. *Zeitschrift für Soziologie, 6*, 434-446.
Hirsch-Kreinsen, H. (2002). Unternehmensnetzwerke revisited. *Zeitschrift für Soziologie, 31*(2), 106-124.
Hirsch-Kreinsen, H. & Anja Schulte (2002): Internationalisierung von Unternehmen: Das Phänomen der Rückverlagerung. *WSI-Mitteilungen, 7/2002*, 389-396.
Hirsch-Kreinsen, H., & Schulte, A. (2000). Einführung: Standortentscheidungen zwischen Globalisierung und Regionalisierung. In H. Hirsch-Kreinsen & A. Schulte (Hg.), *Standortbindungen. Unternehmen zwischen Globalisierung und Regionalisierung* (S. 9-27). Berlin: Edition Sigma.
Hirst, P. & Thompson, G. (1996). *Globalization in Question*. Cambridge: Polity Press.
Hollstein, B. (2006). Qualitative Methoden und Netzwerkanalyse – ein Widerspruch? In B. Hollstein & F. Strauss (Hg.), *Qualitative Netzwerkanalyse. Konzepte, Methoden, Anwendungen* (S. 11-35). Opladen: Westdeutscher Verlag.

Holman, D., Batt, R. & Holtgrewe, U. (2007) *The global call center report: International perspectives on management and employment.* Elektronisch verfügbar unter http://www.ilr.cornell.edu/globalcallcenter/upload/Gcc-Intl-Rept-US-Version.pdf (Zugriff vom 21.09.2007).

Holman, D., Wood, S. & Stride, C. (2005). *Human Resource Management in U.K. Call Centers.* Institute of Work Psychology in association with the Call Center Association, University of Sheffield: Sheffield.

Holtgrewe, U. (2002). Callcenter und Callcenterforschung: Was gibt es Neues? In K. Edelgard & K. Kock (Hg.), *Dienstleistungen am Draht – Ergebnisse und Perspektiven aus der Callcenterforschung.* Dortmund: SFS.

Holtgrewe, U. (2006). *Flexible Menschen in flexiblen Organisationen. Bedingungen und Möglichkeiten kreativen und innovativen Handelns.* Berlin: Edition Sigma.

Holtgrewe, U. (2009). Callcenter: nicht ganz global, aber hochflexibel. Ein internationaler Überblick. In E. Ahlers & A. Ziegler (Hg.), *Beschäftigte in der Globalisierungsfalle* (S. 137-155). Baden-Baden: Nomos.

Holtgrewe, U. & Kerst, C. (2002). Zwischen Kundenrorientierungen und organisationaler Effizienz – Callcenter als Grenzstellen. *Soziale Welt, 53*(2), 141-160.

Holtgrewe, U. & Meil, P. (2008a). Bringing research to the market, IT research and development. In J. Flecker, U. Holtgrewe, A. Schönauer, W. Dunkel & P. Meil (Hg.), *Restructuring across value chains and changes in work and employment, case study evidence from the clothing, food, IT and public sector* (S. 31-46). Leuven: Hiva.

Holtgrewe, U. & Meil, P. (2008b). Not "one best way" of offshoring. Software development. In J. Flecker, U. Holtgrewe, A. Schönauer, W. Dunkel & P. Meil (Hg.), *Restructuring across value chains and changes in work and employment, case study evidence from the clothing, food, IT and public sector* (S. 47-64). Leuven: Hiva.

Holtgrewe, U., Longen, J., Mottweiler, H. & Schönauer, A. (2009). Global Or Embedded Service Work? The (Limited) Transnationalisation of the Call-Centre Industry. *Work Organisation, Labour and Globalisation* 3(1), 9-25.

Huws, U. (2003). *When Work takes Flight. Research Results from the EMERGENCE Project* (IES-report 397). Brighton: Institute for Employment Studies.

Huws, U. (2006). *The transformation of work in a global knowledge economy: towards a conceptual framework.* Leuven: HIVA.

Huws, U. (2009). Working at the interface: call-centre labour in a global economy. *Work Organisation, Labour and Globalisation, 3*(1), 1-8.

Huws, U. & Ramiol, M. (2006). Globalisation and the restructuring of value chains. In U. Huws (Hg.), *The transformation of work in a global knowledge economy: towards a conceptual framework* (S. 13-28). Leuven: HIVA

Jansen, D. (2000). Netzwerkanalyse und soziales Kapital. Methoden zur Analyse struktureller Einbettung. In J. Weyer (Hg.), *Soziale Netzwerke* (S. 35-62). München: Oldenbourg.

Jones, M. & Orlikowski, W. J. (2007). Information Technology and the dynamics of organizational change. In R. E. Mansell, C. Avgerou, D. Quash, & R. Silverstone (Hg.), *The Oxford handbook of information and communication technologies* (S. 293-313). Oxford: Oxford University Press.

Jütte, W. (2006). Netzwerkvisualisierung als Triangulationsverfahren bei der Analyse lokaler Weiterbildungslandschaften. In B. Hollstein & F. Strauss (Hg.), *Qualitative Netzwerkanalyse. Konzepte, Methoden, Anwendungen* (S. 199-220). Opladen: Westdeutscher Verlag.

Kadritze, U. (2003). „It's not personal, it's business." – Einige Gedanken zur Dienstleistungsarbeit unter Globalisierungsdruck. In B. Mahnkopf (Hg.), *Management der Globalisierung: Akteure, Strukturen und Perspektiven* (S. 211-230). Berlin: Edition Sigma.

Kallinikos, J. (2007). ICT, organizations and networks. In R. E. Mansell, C. Avgerou, D. Quash, & R. Silverstone (Hg.), *The Oxford handbook of information and communication technologies* (S. 273-292). Oxford: Oxford University Press.

Kämper, E. & Schmidt, J. F. K. (2000). Netzwerke als strukturelle Kopplung. Systemtheoretische Überlegung zum Netzwerkbegriff. In J. Weyer (Hg.), *Soziale Netzwerke* (S. 211-235). München: Oldenbourg.

Kennedy P. W. (1994). Information processing and organisation design. *Journal of Economic Behaviour and Organisation, 25*, 37-51.

Kenworthy, L. (1997). Globalization and Economic Governance. *Competition and Change, 2*, 1-64.

Kern, H. & Schumann, M. (1984). *Das Ende der Arbeitsteilung? Rationalisierung in der industriellen Produktion*. München: Beck.

Kerst, C. & Holtgrewe, U. (2003). Interne oder externe Flexibilität? Call Center als kundenorientierte Organisationen. In F. Kleemann & I. Matuschek (Hg.), *Immer Anschluss unter dieser Nummer – Rationalisierte Dienstleistung und subjektivierte Arbeit in Callcentern* (S. 85-108). Berlin: Edition Sigma.

Kleemann, F. & Matuschek, I. (2003). Subjektivierung in Informatisierter Kommunikationsarbeit: Manufacturing Consent in High Quality Call Centern. In K. Schönberg & S. Springer (Hg.), *Subjektivierte Arbeit* (S. 117-142). Frankfurt: Campus.

Klemm, M. & Popp, M. (2006). Die Lokalität transnationaler Unternehmen. In U. Mense-Petermann & G. Wagner (Hg.), *Transnationale Konzerne. Ein neuer Organisationstyp?* (S. 189-221). Wiesbaden: Verlag für Sozialwissenschaften.

Klepper, R. (1995). The management of partnering development in IS outsourcing. *Journal of sociology, 10*(4), 249-258.

Kling, R. (1996a). The Centrality of Organizations in the Computerization of Society. In R. Kling (Hg.), *Computerization and Controversy* (S. 108-132). San Diego: Morgan Kaufmann.

Kling, R. (1996b). Computerization at Work. In R. Kling (Hg.), *Computerization and Controversy* (S. 278-308). San Diego: Morgan Kaufmann.

Knoke, D., & Kulinski, J. H. (1991). Network Analysis: Basic Concepts. In G. Thompson, J. Frances, R. Levacid, & J. Mitchell (Hg.), *Markets, Hierarchies and Networks* (pp. 173-182). London: Sage.

Koechlin, T. (1995). The Globalization of Investment. *Contemporary Economic Policy, 13*, 92-100

Korcynski, M. (2002). Call centre consumption and the enchanting myth of customer sovereignty. In U. Holtgrewe, K. Shire & C. Kerst (Hg.), *Re-Organising Service Work* (S. 163-182). London: Ashgate.

Krenn, M., Flecker, J. & Stary, C. (2003). *Die informationstechnische Revolution – Fortschritte und Rückschritte für die Arbeit. Zum Zusammenhang von Informations- und Kommunikationstechnologien und neuen Formen der Arbeitsorganisation.* (Forba Forschungsbericht 8/2003). Wien: FORBA. Elektronisch verfügbar unter http://www.forba.at/data/downloads/file/58-FB%208_03%20%20IT-AO%20Manfred.pdf (Zugriff vom 12.01.2012).

Kristensen, P. H. & Zeitlin, J. (2001). The making of a global firm: Local pathways to the multinational enterprise. In G. Morgan, P. H. Kristensen & R. Whitley (Hg.), *The Multinational Firm. Organizing Across Institutional and National Divides* (S. 172-195). New York: Oxford University Press.

Kristensen, P. H. & Zeitlin, J. (2005). *Local Players in Global Games: The Strategic Constitution of a Multinational Corporation.* Oxford: Oxford University Press.

Krücken, G. (2003). Learning the 'New, New Thing': On the Role of Path Dependency in University Structures. *Higher Education, 46*, 315-339.

Krücken, G. & Meier, F. (2003). ‚Wir sind alle überzeugte Netzwerktäter'. *Soziale Welt, 54*, 71-92.

Kühl, S. & Strodtholz, P. (2002a). Qualitative Methoden der Organisationsforschung – ein Überblick. In S. Kühl, S. und P. Strodtholz (Hg.), *Methoden der Organisationsforschung* (S. 11-29). Reinbek: Rowohlt.

Kuhlmann, M. (2002). Beobachtungsinterview. In S. Kühl und P. Strodtholz (Hg.), *Methoden der Organisationsforschung* (S. 103-138). Reinbek: Rowohlt.

Lane, C. (2001). The emergence of German Transnational Companies: A Theoretical Analysis and Empirical Study of the Globalization Process. In G. Morgan, P. H. Kristensen & R. Whitley (Hg.), *The Multinational Firm. Organizing Across Institutional and National Divides* (S. 69-96). New York: Oxford University Press.

Lazonick, W. (2004). Corporate Restructuring. In S. Ackroyd, R. Batt & P. Thompson (Hg.), *The Oxford Handbook of Work and Organization, Oxford* (S. 577-601). Oxford: Oxford University Press.

Lazonick, W. (2007). Globalization of the ICT labour force. In R. E. Mansell, C. Avgerou, D. Quash, & R. Silverstone (Hg.), The Oxford handbook of information and communication technologies (S. 75-99). Oxford: Oxford University Press.

Leamer, E. (1996). The effects of trade in service, technology, transfer and delocalisation on local and global income inequality. *Asia-Pacific Economic Review, 2*(1), 44-60.

Liebold, R. und Trinczek, R. (2002). Experteninterview. In S. Kühl und P. Strodtholz (Hg.), *Methoden der Organisationsforschung* (S. 33-71). Reinbek: Rowohlt.

Luhmann, N. (2000). *Organisation und Entscheidung.* Opladen: Westdeutscher Verlag.

Marchington, M., Grimshaw, D., Rubery, J. & Willmott, H. (2005a). *Fragmenting Work. Blurring Organisational Boundaries and Disordering Hierarchies.* Oxford: Oxford University Press.

Marchington, M., Rubery, J. & Willmott, H. (2005b). Conclusion: Redrawing Boundaries: Reflections on Practice and Policy. In M. Marchington, D. Grimshaw, J. Rubery & H. Willmott (Hg.), *Fragmenting Work. Blurring Organizational Boundaries and Disordering Hierarchies* (S. 261-287). Oxford: Oxford University Press.

Martin, X. & Salomon, R. (2003). Tacitness, learning and international expansion: A study of foreign direct investment in a knowledge intensive industry. *Organization Science, 14*(3), 297-311.
Massey, D. (1995). *The spatial division of labour: Social structures and the geography of production* (2. Auflage). New York: Routledge.
Matuschek, I., Arnold, K. & Voß, G. (2007). *Subjektivierte Taylorisierung. Organisation und Praxis medienvermittelter Dienstleistung*. Mehring: Rainer Hampp Verlag.
McPhail, B. (2002). *What is on the Line in Call Centre Studies?* University of Toronto, Toronto.
Mense-Petermann, U. (2006). Transnationalisierung als glokale Restrukturation von Organisationsgrenzen. In U. Mense-Petermann & G. Wagner (Hg.), *Transnationale Konzerne. Ein neuer Organisationstyp?* (S. 63-83). Wiesbaden: Verlag für Sozialwissenschaften.
Mirchandani, K. (2004). Practices of global capital: gaps, cracks and ironies in transnational call centres in India. *Global Networks-a Journal of Transnational Affairs, 4*(4), 355- 373.
MITIAL (2003). *2002/2003 UK Call and Contact Centre Report*. London.
Moldaschl, M. (1997). Internalisierung des Marktes. Neue Unternehmensstrategien und qualifizierte Angestellte. In ISF-München, INIFES-Stadtbergen & SOFI-Göttingen (Hg.), *Jahrbuch sozialwissenschaftliche Technikberichterstattung. Schwerpunkt: Moderne Dienstleistungswelten* (S. 200-250). Berlin: Edition Sigma.
Moldaschl, M. & Sauer, D. (2000). Internalisierung des Marktes – Zur neuen Dialektik von Kooperation und Herrschaft. In H. Minssen (Hg.), *Begrenzte Entgrenzungen* (S. 205-224). Berlin: Edition Sigma.
Morgan, G. (2001). The Multinational Firm: Organizing Across Institutional and National Divides. In G. Morgan, P. H. Kristensen & R. Whitley (Hg.), *The Multinational Firm. Organizing Across Institutional and National Divides* (S. 1-24). New York: Oxford University Press.
Morgan, G. (2005). Understanding multinational corporations. In S. Ackroyd, R. Batt, & P. Thompson (Hg.), *The Oxford Handbook of Work and Organization* (S. 554-576). Oxford: Oxford University Press.
Noronha, E., D'Cruz, P. (2006). Organising Call Centre Agents: Emerging Issues. *Economic and Political Weekly, 27* (May 2006), 2115-2121.
Orlikowski, W. J. (1992). The duality of technology: Rethinking the concept of technology in organisations. *Organization Science, 3*(3), 398-527.
Orlikowski, W. J. (2000). Using technology and constituting structures: A practice lens for studying technology in organizations. *Organization Science, 11*(4), 404-428.
Orlikowski, W., Yates, J., Kazuo, O., Massyo, F. (1994). Shaping Electronic Communication – The metastructuring of Technology in Use. Elektronisch verfügbar unter http://ccs.mit.edu/papers/CCSWP167.html (Zugriff vom 11.03.2004).
Ortmann, G. (1995). *Formen der Produktion. Organisation und Rekursivität*. Opladen: Westdeutscher Verlag
Ortmann, G., Windeler, A., Becker, A. & Schulz, H.-J. (1990). *Computer und Macht in Organisationen*. Opladen: Westdeutscher Verlag.

Osterloh, M. & Weibel, A. (1996). Handlungsspielräume eines multinationalen Unternehmens – Das Beispiel ABB. In P. Meil (Hg.), *Globalisierung industrieller Produktion und Strategien, Strukturen. Ergebnisse des Expertenkreises „Zukunftsstrategien"* (S. 123-148). Frankfurt: Campus.

Picot, A., Reichwald, R. & Wigand, R. T. (2003). *Die grenzenlose Unternehmung* (5. Auflage). Wiesbaden: Gabler.

Piskurek, E. & Shire, K. A. (2006). *The Global Call Centre Industry Project. Ergebnisse der Telefonumfrage in Polen* (Duisburger Beiträge zur soziologischen Forschung 4/2006). Elektronisch verfügbar unter http://www.uni-due.de/imperia/md/content/soziologie/dubei_0406.pdf (Zugriff vom 29.02.2012)

Powell, W. W. (1990). Neither market nor hierarchy: Network forms of organization. *Research in Organizational Behavior, 12*, 295-336.

Powell, W. W. (1996). Weder Markt noch Hierarchie. Netzwerkartige Organisationsformen. In P. Kenis & V. Schneider (Hg.), *Organisation und Netzwerke. Institutionelle Steuerung in Wirtschaft und Politik* (S. 213-271). Frankfurt: Campus.

Powell, W. W. & Grodal, S. (2006). Networks of Innovators. In J. Fagerberg, D. C. Mowery & R. R. Nelson (Hg.), *The Oxford Handbook of Innovations* (S. 56-85). Oxford: Oxford University Press.

Powell, W. W. & Smith-Doerr, L. (1994). Networks and Economic Life. In N. J. Smelser & R. Swedberg (Hg.), *The Handbook of Economic Sociology* (S. 368-402). New York: Princeton University Press.

Preisendörfer, P. (2005). *Organisationssoziologie – Grundlagen, Theorien und Problemstellungen.* Wiesbaden: VS Verlag für Sozialwissenschaften.

Ramioul, M. (2006). Organisational change and the demand for skills. In U. Huws (Hg.), *The transformation of work in a global knowledge economy: towards a conceptual framework* (S. 97-118). Leuven: HIVA.

Ramioul, M. & Huws, U. (2009). The current situation. In U. Huws, S. Dahlmann, J. Flecker, U. Holtgrewe, A. Schönauer, M. Ramioul & K. Geurts (Hg.), *Value chain restructuring in a global economy* (S. 23-34). Leuven: HIVA.

Rammert, W. (1993). Akteure und Technologieentwicklung. In W. Rammert (Hg.), *Technik aus soziologischer Perspektive* (S. 93-106). Opladen: Westdeutscher Verlag.

Rammert, W. (2006). *Technik, Handeln und Sozialstruktur: Eine Einführung in die Soziologie der Technik* (TUTS-WP-3-2006). Elektronisch verfügbar unter http://www.ts.tu-berlin.de/fileadmin/fg226/TUTS/TUTS_WP_3_2006.pdf (Zugriff vom 12.01.2010).

Rammert, W. (2007). *Technografie trifft Theorie. Forschungsperspektiven einer Soziologie der Technik* (TUTS-WP-1-2007). Elektronisch verfügbar unter http://www.ts.tu-berlin.de/fileadmin/fg226/TUTS/TUTS_WP_1_2007.pdf (Zugriff vom 12.01.2010).

Rammert, W. & Schubert, C. (2006). Technografie und Mikrosoziologie der Technik. In W. Rammert & C. Schubert (Hg.), *Technografie. Zur Mikrosoziologie der Technik* (S. 11-22). Frankfurt: Campus.

Richardson, R., Belt, V. & Marshall, N. (2000). Taking Calls to Newcastle: The Regional Implications of the Growth in Call Centres. *Regional Studies, 34*, 357-369.

Rieder, K. & Voß, G. (2006). Interaktionsarbeit im Call Center – Interaktive Kontrolle. In A. Büssing, F. Böhle, J. Glaser & S. Weishaupt (Hg.), *Arbeit in der Interaktion – In-*

teraktion als Arbeit. Arbeitsorganisation *und Gestaltung von Interaktionsarbeit in der Dienstleistung* (S. 279-285). Wiesbaden: Westdeutscher Verlag.

Robertson, R. (1998). Glokalisierung: Homogenität und Heterogenität in Zeit und Raum. In U. Beck (Hg.), *Perspektiven der Weltgesellschaft* (S. 192-220). Frankfurt: Suhrkamp.

Rokkan, S. (2000). *Staat, Nation und Demokratie in Europa*. Frankfurt: Suhrkamp.

Rosenkopf, L. & Tushman, M. L. (1998). The coevolution of community networks and technology. *Industial and Corporate Change, 7*, 311-346.

Rubery, J., Earnshaw, J. & Marchington, M. (2005). Blurring the Boundaries to the Employment Relationship: From Single to Multi-Employer-Relationships. In M. Marchington, D. Grimshaw, J. Rubery, & H. Willmott (Hg.), *Fragmenting Work. Blurring Organisational Boundaries and Disordering Hierarchies* (S. 63-87). Oxford: Oxford University Press.

Rubery, J., Earnshaw, J. & Marchington, M. (2005). Employment Policy and Practice: Crossing Borders and Disordering Hierarchies. In M. Marchington, D. Grimshaw, J. Rubery, & H. Willmott (Hg.), *Fragmenting Work. Blurring Organisational Boundaries and Disordering Hierarchies* (S. 157-177). Oxford: Oxford University Press.

Ruigrok, W. & van Tulder, R. (1995). *The logic of international restructuring*. London, New York: Routledge.

Sassen, S. (2004a). *Local Actors in Global Politics*. Elektronisch verfügbar unter http://transnationalism.uchicago.edu/LocalActorsinGlobalPolitics.pdf (Zugriff vom 20.02.2012).

Sassen, S. (2004b). Towards a sociology of information technology. In C. Avgerou, C. Ciborra & F. Land (Hg.), *The Social Study of Information and Communication Technology* (S. 77-99). Oxford: Oxford University Press.

Schamp, E. W. (2000). *Die Stabilität regionaler Unternehmenscluster – Ergebnisse der wirtschaftsgeographischen Forschung* (Standortbindungen. Unternehmen zwischen Globalisierung und Regionalisierung). Berlin: Edition Sigma.

Scheitor, D. (2005). Eingespart oder schön gerechnet? Ist Offshoring wirklich billiger? In A. Boes & M. Schwemmle (Hg.), *Bangalore statt Böblingen? – Offshoring und Internationalisierung im IT-Sektor* (S. 110-117). Hamburg: VSA-Verlag.

Schmiede, R. (2005). Netzwerke, Informationstechnologie und Macht. In G. Gamm (Hg.), *Unbestimmtheitssignaturen der Technik* (S. 311-335). Bielefeld: transcript.

Schneider, V. (1992). Kooperative Akteure und vernetzte Artefakte. In G. Bechmann & W. Rammert (Hg.), *Jahrbuch Technik und Gesellschaft (Band 6). Großtechnische Systeme und Risiko* (S. 113-139). Frankfurt am Main: Campus.

Scholten, J., & Holtgrewe, U. (2006). *The Global Call Centre Industry Project - Deutschland: Erste Ergebnisse der Telefonumfrage für Deutschland*. (Duisburger Beiträge zur soziologischen Forschung 2/2006). Elektronisch verfügbar unter http://www.uni-due.de/imperia/md/content/soziologie/dubei_2_2006.pdf (Zugriff vom 20.02.2011).

Scholz, C. (1990). The Symbolic Value of Computerized Information Systems. In P. Gagliardi (Hg.), *Symbols and artifacts: Views of the corporate landscape* (S. 233-254). New York: De Gruyter.

Shaiken, H. (1985). *Work transformed*. New York: Holt, Rinehart and Winston.

Shire, K., Holtgrewe, U. & Kerst, C. (2002). Re-organising Customer Service Work. In U. Holtgrewe, C. Kerst & K. Shire (Hg.), *Re-organising service work in Europe: Call centres in Germany and Britain* (S. 1-16). London: Ashgate.

Sieben, I., De Grip, A., Longen, J. & Sørensen, O. H. (2009). Technology, selection and training in callcenters. *Industrial and Labor Relations Review*, *62*(4), 553-572.

Sieber, P. (2001). Internet-Unterstützung virtueller Unternehmen. In J. Sydow (Hg.), *Management von Netzwerkorganisation* (S. 179-213). Wiesbaden: Gabler/Westdeutscher Verlag.

Siebert, H. (2001). Ökonomische Analyse von Unternehmensnetzwerken. In J. Sydow (Hg.), *Management von Netzwerkorganisation* (S. 7-27). Wiesbaden: Gabler/Westdeutscher Verlag.

Smith-Doerr, L. & Powell, W. W. (2005). *Networks and economic life*. Elektronisch verfügbar unter http://people.bu.edu/ldoerr/Networks%20and%20Economic%20Life%20FINAL.pdf (Zugriff vom 29.02.2012).

Smith, C. (2005). Beyond convergence and divergence: exploring variations in organizational practices and forms. In S. Ackroyd, R. Batt & P. Thompson (Hg.), *The Oxford Handbook of Work and Organization* (S. 602-625). Oxford: Oxford University Press.

Soete, L. (2001). Internationalisation of services: A technological perspective. *Technological Forecasting and Social Change*, *67*(2/3), 169-185.

Stamm, W., Lenssen, C. & Beutler, K. (2000). Erfahrungen aus der Beratungspraxis zur Gestaltung von Arbeit und Technik – Die Globalisierungspraxis. *WSI-Mitteilungen*, *1*, 75-77.

Suchman, L. (1999). *Plans and situated actions*. Cambridge: University Press.

Suchman, L. (2000). *Located Accountabilities in Technology Production*. Elektronisch verfügbar unter http://www.comp.lancs.ac.uk/sociology/papers/Suchman-Located-Accountabilities.pdf (Zugriff vom 28.03.2006).

Sydow, J. (1993). *Strategische Netzwerke: Evolution und Organisation*. Wiesbaden: Gabler.

Sydow, J. (1995). Netzwerkorganisation: Interne und externe Restrukturierung von Unternehmen. *WiSt*, *12*, 629-634.

Sydow, J. (2001). Management von Netzwerkorganisationen – Zum Stand der Forschung. In J. Sydow (Hg.), *Management von Netzwerkorganisation* (S. 293-339). Wiesbaden: Gabler/Westdeutscher Verlag.

Sydow, J. & Van Well, B. (2001). Wissensintensiv durch Netzwerkorganisation – Strukturationstheoretische Analyse eines wissensintensiven Netzwerks. In J. Sydow (Hg.), *Management von Netzwerkorganisation* (S. 107-150). Wiesbaden: Gabler/Westdeutscher Verlag.

Sydow, J. & Windeler, A. (1998). Organizing and evaluating interfirm networks: a structuration perspective on network processes and effectiveness. *Organization Sciene*, *9*(3), 265-284.

Taylor, P. & Bain, P. (1999). "An Assembly Line in Head": Work and employment in call centre. *Industrial Relations Journal, 30*, 101-17.

Taylor, P. & Bain, P. (2005). "India calling to the far away towns": the call centre labour process and globalization. *Work Employment and Society 19*(2), 261-282.

Teubner, G. (1996). Die vielköpfige Hydra: Netzwerke als kollektive Akteure höherer Ordnung. In P. Kenis & V. Schneider (Hg.), *Organisation und Netzwerk* (S. 535-561). Frankfurt: Campus.

Thompson, G. (2005). Interfirm relations as networks. In S. Ackroyd, R. Batt & P. Thompson (Hg.), *The Oxford Handbook of Work and Organization* (S. 508-529). Oxford: Oxford University Press.

Thompson, J. D. (1969). *Organizations in Action*. New York: McGrawhill.

Toffler, A. (1980). *The third wave*. New York: Bantam Books.

Trinczek, R. (1995). Experteninterviews mit Managern: Methodische und methodologische Probleme. In C. Brinkmann, A. Deeke & B. Völkel (Hg.), *Experteninterviews in der Arbeitsmarktforschung* (Beiträge zur Arbeitsmarkt und Berufsforschung 191) (S. 59-68). Nürnberg: IAB.

Trommel, W., Bannik, D. & Hoogenboom, M. (2007). *Outsourcing number information services. The use of contact centres by Dutch Telecom and its impact on labour and Organisational development*. Enschede: Universiteit Twente. Elektronisch verfügbar unter www.worksproject.be/documents/Netherlands3.doc (Zugriff vom 12.01.2012).

UNCTAD. (2004). *World investment report 2004. The shift towards service*. New York, Genf: United Nations.

Uzzi, B. (1997). Social structure and competition in interfirm networks: The paradigm of embeddedness. *Administrative Science Quarterly*, 42, 35-67.

Voß, G. & Rieder, K. (2005). *Der arbeitende Kunde*. Frankfurt: Campus.

Waddington, D. (1994). Participant observation. In G. Cassell & C. Symon (Hg.), *Qualitative Methods in Organizational Research. A Practical Guide* (S. 107-122). Thousand Oaks: SAGE.

Wagner, G. & Mense-Petermann, U. (2006). Zur Einleitung: Transnationale Konzerne als neuer Organisationstyp? Glokalität als Organisationsproblem. In U. Mense-Petermann & G. Wagner (Hg.), *Transnationale Konzerne. Ein neuer Organisationstyp?* (S. 9-31). Wiesbaden: Verlag für Sozialwissenschaften.

Wagner, I. (1992). Formalisierte Kooperation. In T. Malsch (Hg.), *ArByte* (S. 197-217). Berlin: Edition Sigma.

Wagner, I. (1993). Neue Reflexivität – Technisch vermittelte Handlungsrealitäten in Organisationen. In I. Wagner (Hg.), *Kooperative Medien. Informationstechnische Gestaltung moderner Organisationen* (S. 7-66). Frankfurt: Campus.

Wagner, I. (1995). Komplexe Geographien – computergestützte Kooperation. In J. Fischer & S. Gensior (Hg.), *Netz-Spannungen. Trends in der sozialen und technischen Vernetzung von Arbeit* (S. 189-212). Berlin: Edition Sigma.

Walgenbach, P. (2001). Institutionalistische Ansätze in der Organisationstheorie. In A. Kieser (Hg.), *Organisationstheorien* (S. 319-353). Stuttgart: Kohlhammer.

Wallraff, G. (2007). Undercover. *Die Zeit* vom 24.05.2007.

Wasserman, S. & Galaskiewicz, J. (1994). *Advances in social network analysis: research in the social and behavioral sciences*. Thousand Oaks: Sage Publications.

Wehrsig, C. & Tacke, V. (1992). Funktionen und Folgen formalisierter Organisation. In M. Thomas (Hg.), *ArByte* (S. 219-239). Berlin: Edition Sigma.

Weyer, J. (1997a). Einleitung. Technikgenese und Techniksteuerung. In J. Weyer, U. Kirchner, & L. Riedl (Hg.), *Technik, die Gesellschaft schafft. Soziale Netzwerke als Ort der Technikgenese* (S. 17-21). Berlin: Rainer Bohn Verlag.

Weyer, J. (1997b). Konturen einer netzwerktheoretischen Techniksoziologie. In J. Weyer, U. Kirchner & L. Riedl (Hg.), *Technik, die Gesellschaft schafft. Soziale Netzwerke als Ort der Technikgenese* (S. 23-52). Berlin: Rainer Bohn Verlag.

Weyer, J. (1997c). Weder Ordnung noch Chaos – Die Theorie sozialer Netzwerke zwischen Institutionalismus und Selbstorganisationstheorie. In J. Weyer, U. Kirchner & L. Riedl (Hg.), *Technik, die Gesellschaft schafft. Soziale Netzwerke als Ort der Technikgenese* (S. 53-99). Berlin: Rainer Bohn Verlag.

Weyer, J. (1997d). Partizipative Technikgestaltung. Perspektiven einer neuen Forschungs- und Technologiepolitik. In J. Weyer, U. Kirchner & R. Lars (Hg.), *Technik, die Gesellschaft schafft. Soziale Netzwerke als Ort der Technikgenese* (S. 329-346). Berlin: Rainer Bohn Verlag.

Weyer, J. (2000a). Einleitung. Zum Stand der Netzwerkforschung in den Sozialwissenschaften. In J. Weyer (Hg.), *Soziale Netzwerke* (S. 1-34). München: Oldenbourg.

Weyer, J. (2000b). Soziale Netzwerke als Mikro-Makro-Scharnier. Fragen an die soziologische Theorie. In J. Weyer (Hg.), *Soziale Netzwerke* (S. 237-254). München: Oldenbourg.

Whitley, R. (2001). How and why are international firms different? The consequences of cross-border managerial coordination for firm characteristics and behaviour. In G. Morgan, P. H. Kristensen & R. Whitley (Hg.), *The multinational firm. Organizing across institutional and national divides* (S. 27-68). New York: Oxford University Press.

Willcocks, L., Lacity, M. & Cullen, S. (2007). Information technology sourcing: Fifteen years of learning. In R. E. u. Mansell (Hg.), The Oxford handbook of information and communication technologies (S. 244-272). Oxford: Oxford University Press.

Williamson, O. E. (1981). The economics of organisation. The transaction cost approach. *American Journal of Sociology, 87*(3), 548-577.

Zuboff, S. (1988) In the age of the smart machine: the future of work and power. New York: Basic Books.

Zündorf, L. (1999). Dimensionen weltwirtschaftlicher Vergesellschaftung. Weltmärkte, transnationale Unternehmen und internationale Organisationen. In A. Eckardt, H.-D. Köhler & L. Pries (Hg.), *Global Players in lokalen Bindungen. Unternehmensglobalisierung in soziologischer Perspektive* (S. 31-52). Berlin: Edition Sigma.

The manufacturer's authorised representative in the EU is Springer Nature Customer Service Centre GmbH, Europaplatz 3, 69115 Heidelberg, Germany. If you have any concerns regarding our products, please contact ProductSafety@springernature.com

Printed and bound by CPI Group (UK) Ltd, Croydon, CR0 4YY
23/03/2026
02076675-0002